国家重点研发计划项目《东西方交流与丝路文明的发展和演化》（2018YFA0606402）成果

兰州大学铸牢中华民族共同体意识研究培育基地成果

贯通草原和绿洲丝路的古代民族

徐黎丽◎著

人民出版社

目 录

绪　论

　　无论古今，中国西北各个民族的生产生活均离不开绿洲丝绸之路。因为在这片由沙漠戈壁绿洲构成的生态文化区域内，有水的地方人类才能生存，有水的地方就是绿洲，绿洲与绿洲连接起来就构成了纵横交错的道路，中国汉文史籍中称这一区域为"西域"。直到1877年德国地理学家李希霍芬将"西域"改为丝绸之路，且很快得到东西方的认同，于是绿洲丝绸之路如同作为这个区域的大动脉被书写在文字中，而以前流传了2000年的包含着丝绸之路这个大动脉在内的"西域"则淹没在历史的长河中。在从"西域"走向"丝绸之路"的2000多年中，因为汉文文献的完整性，使得这2000多年中每一个民族的兴衰起伏的历史发展脉络非常清楚，作品汗牛充栋，在没有更多的考古或历史资料出现之前，产出具有创新性的成果比较困难，因为"巧妇难为无米之炊"。但是2000年以前有哪些民族曾经在现在我们所说的丝绸之路上走过，留下走过的痕迹，且因前期资料不足研究有限，目前随着科技手段和出土遗存不断出土，就为研究者提供了探索、研究的空间，也为不同层次的读者提供认识丝绸之路上的古代民族的历史知识。而2000年左右则正是东西方文明对接、通西域的时代。因此本书即以绿洲丝绸之路开通前后曾经活动在这一区域的民族入手，一是利用不断发掘出土的实物和资料补足这一时期研究的不足；二是探究在绿洲丝绸之路上迁徙和交融的古代民族在整个中国成为国家的发展过程中发挥了什么样的作用；三是以绿洲丝绸之路为大动脉的民族交往交流交融为我们今天铸牢中华民族共同体意识提供历史借鉴和启示。这就是本书写作的起因。

除了绿洲丝绸之路外，在东起大兴安岭、西到喀尔巴阡山的欧洲，还有一条草原丝绸之路，在绿洲丝绸之路贯通前的 7000 多年时间内，发挥着连接亚欧两个老大陆的作用。只是因为这条草原丝绸之路在如此漫长的岁月中因亚欧板块在印度和非洲板块挤压下不断北移，使得草原丝绸之路的气候越来越不适宜人类居住，加之草原本身人类人口不断繁衍发展，寒冷的草原本身没有足够的人畜承载力，于是草原丝绸之路地带的游牧人向南迁徙进入绿洲丝绸之路区域就成为历史必然。

由于亚欧大陆的草原和绿洲丝绸之路的形成是地球自然环境不断演化的结果，丝绸之路的贯通也经历了东西方文明对接的漫长历史时期，因此本书就以北温带和北寒带的变迁中形成的陆上草原和绿洲丝绸之路为基础，从考古学和体质人类学提供的丝绸之路沿线的不同人类文化遗存着手，以大规模的民族迁徙和交融为主线，先界定"西域""古丝绸之路""一带一路"等基本概念，然后重点论述曾经在草原和绿洲丝绸之路留下足迹的古人类、斯基泰人（萨迦人、塞人）、戎、狄、羌、月氏、乌孙、匈奴、汉等民族，最后分析为什么绿洲丝绸之路在汉匈帝国和亚历山大帝国时期开通及丝绸之路在中华民族形成和中国形成国家中的作用；从写作范围上来说，则主要限于亚欧陆上丝绸之路，包含绿洲丝绸之路和草原丝绸之路。但由于人类活动的能动性，有时会延伸到相邻区域。从写作时间来说，从公元前 9000 年左右西方的斯基泰人和东方的夏家店遗址到绿洲丝绸之路开通的两汉匈奴时期（公元前 202—公元 220）。

第一章　丝绸之路成为亚欧人类
通道的演变过程

自从陆上"丝绸之路"代替"西域"成为东西方对贯通亚欧大陆的这条通道的名称后的一百多年时间内，人类利用科技手段对陆上丝绸之路及其人类在这条道路上的活动进行探索，尽管还存在臆断和不同学科解释差异，但使我们对陆上丝绸之路成为亚欧人类通道的演变过程有了大致的了解。本章就以地质学、考古学、体质人类学的资料为基础，从物种在北半球的迁徙中探索陆上丝绸之路成为亚欧人类通道的必然性。

第一节　从物种北移探讨北亚热带到北寒温带的演变

1973 年 1 月 20 日，在属于长城与丝绸之路交汇地带的甘肃省庆阳地区合水县板桥公社马莲河畔河口电站的工地上，民工挖砂时发现了两枚"身高 4 米，体长 8 米，门齿长 3.03 米"的"龙骨"。经甘肃、北京有关部门勘查组研究，定名为"黄河古象"，定时间"距今约 200 至 250 万年"。[①] 如今这个名不见经传的板桥公社已改为板桥镇，镇所在海拔 1027 米，介于北纬 35°89′、东经 107°96′之间，气候属暖温带半干旱半湿润大陆性季风气候，年平均气温 10℃，年均降雨量 480 毫米，全年无霜期

---

① 赵鸿藻、丑万涛主编：《合水史话》，甘肃文化出版社 2005 年版，第 3—35 页。

160 天。全镇的地形则均处黄土高原中部山区。从现在板桥镇所处的纬度、海拔、气候和地形来看，是典型北温带半干旱半湿润内陆山地，根本养育不出"黄河古象"这样的热带或亚热带动物。但是"黄河古象"确实出土于这个长城与丝绸之路交汇的地方。那么我们不禁要问，为什么？

无独有偶。2003 年 10 月 28 日，记者王万杰报道：据最近召开的中国和地县新生代哺乳动物化石国际研讨会的专家认定：甘肃省和政县出土的古动物化石种类繁多、数量庞大，保存完好，品种珍贵，占据了 6 项世界之最。这 6 项世界之最是：拥有世界上独一无二的和政羊化石，填补了我国哺乳动物化石收藏中的一个空白，仅羊头骨就有 700 多个；拥有世界上最大的三趾马动物化石基地；拥有世界上最丰富的产齿象化石和世界上独一无二的一套产齿象个体发育史系列头骨标本；拥有世界上最早的披毛犀化石；拥有世界上最大的真马——埃氏马；拥有世界上最大的鬣狗——巨鬣狗化石。[①] 但是，地处黄河上游青藏高原与黄土高原交汇地带，位于甘肃省中南部、临夏回族自治州南部，介于东经 103°5′—30′、北纬 35°7′—32′之间，属高寒性湿润半湿润大陆性季风气候区[②]的和政县，无论从气候、海拔、纬度、地形来说，都不足以生产出三趾马、产齿象这样的大型动物，虽然和政县现在的地理位置可以养羊，但羊的个头绝对不能与出土的古羊化石相媲美。但是在藏彝走廊与丝绸之路的交汇地带——和政县的确发现了以上如此多元的古动物化石，且是在亚热带或热带区域才能生存的三趾马、产齿象化石。为什么？

专家们给出的答案是：合水县板桥乡之所以出土黄河古象，是因为"那时，甘肃陇东属于热带、亚热带地区，地势平缓，气候炎热，雨水充足，河湖交错，一片草原景象。"[③]因此早在距今 250—200 万年期间，这

---

① 蒋波：《甘肃和政县出台化石占据 6 项世界之最》，2020 年 1 月 11 日，见 http://www.people.com.cn/GB/wenhua/1088/2155322.html。

② 百度百科：《和政县》，2020 年 1 月 11 日，见 https://baike.baidu.com/item/%E5%92%8C%E6%94%BF%E5%8E%BF/4676587？fr=aladdin。

③ 文静：《漫话"黄河古象"》，《丝绸之路》2001 年第 5 期。

里就是大型剑齿象生活的地方。和政县之所以出土这么多古动物化石，也是因为"在距今 2400 万年至 520 万年的中新世纪，青藏高原还完全没有抬升，印度洋暖湿气流可以进入北部的临夏盆地，带来亚热带—暖温带气候环境，水草丰沛，河流交错，以铲齿象为例，状如铲子般的一对硕大前齿可以切断并铲起水中植物，得以生存栖息。"① 至于为什么现在同处北纬 35 度的合水县与和政县没有这些大型动物，则是因为"随着青藏高原的隆升，环境逐渐演变为炎热半干旱的稀树草原环境，再到早更新世气候寒冷干燥，铲齿象灭绝"②。但是仅仅是青藏高原的隆升吗？如果说印度次大陆向东北方向挤压亚洲和非洲大陆向北挤压欧洲大陆，其力量是挤和压同时进行，那么青藏高原隆升和向北方、东北方向移动则是同时进行的，只是隆升的结果比较明显，而向北方和东北方向移动因为是在漫长久远的历史过程中逐渐移动，在没有时间观念的早期人类群体往往感受不到这种移动的效果，即使从气候的逐渐变冷中感受到需要改变生产和生活方式或不得不向温暖的地方迁徙时，也总是将原因归纳为天气变化，就像我们现在总是说气候变暖了、今天冬天没有往年冷，天气预报的主持人在报道某些极端性的雪灾、旱灾或洪水灾害时，往往用这是近几十年来最大的雪灾、洪涝灾害等等。也就是说，上溯 250 万年前的青藏高原抬升之前的地质时期，"抬升之前的青藏高原是有海洋有陆地的热带地区，由于地壳的板块运动，印度板块与亚欧板块碰撞，印度板块插入亚洲大陆板块之下，把青藏高原地块不断地托顶起来。喜马拉雅山脉是其外缘，隆起程度最大，向东北延伸则呈递减状态。青藏高原为第一台阶，黄土高原、蒙古高原是第

---

① 百度百科数字博物馆：《和政古动物化石博物馆》，2020 年 1 月 11 日，见 https：//baike.baidu.com/item/%E5%92%8C%E6%94%BF%E5%8F%A4%E5%8A%A8%E7%89%A9%E5%8C%96%E7%9F%B3%E5%8D%9A%E7%89%A9%E9%A6%86/12646743 ？fr=aladdin。

② 百度百科数字博物馆：《和政古动物化石博物馆》，2020 年 1 月 11 日，见 https：//baike.baidu.com/item/%E5%92%8C%E6%94%BF%E5%8F%A4%E5%8A%A8%E7%89%A9%E5%8C%96%E7%9F%B3%E5%8D%9A%E7%89%A9%E9%A6%86/12646743 ？fr=aladdin。

二台阶。第一台阶与第二台阶之间落差很大。……青藏高原阻挡了从印度洋吹来的暖湿气流，成为海洋气流难以逾越的屏障。中国的西北部地区因此越来越干旱，那里曾是远古地中海在亚洲的延伸部分，地中海残留下来的浅水湖泊也终于干涸，大面积的沙漠戈壁遍布这一地区。"[①] 其他区域同样经历了印度次大陆碰撞的隆升和推移，如"中三叠世末，强烈的印支运动，不仅使华南地块的上古生界全部褶皱，并局部发生低级变质作用，而且基底变质岩系亦经受深刻改造，部分地段，特别是邻断裂带附近，则发生叠加的进变质或退变质作用与混合岩化作用。华南地块印支期的褶皱、纵断裂与片理等主要构造线多为北东向，并与扬子地块印支期构造线一脉相承。"[②] 因此隆升和平移同时作用的结果，就有可能逐渐地使处于丝绸之路与长城和藏彝走廊交汇处的甘肃省和政县和合水县从北亚热带变为北温带中的中温带，体形上大型动物如大象、三趾马等不可能在北温带的中温带环境中生存，代之而起的则是体形上的中等物种。关于此点，从现在北温带的中温带物种中就可以得到证明。现在这里是人类人口最集中的区域，也是中等大小的动植物生活的区域。因为春夏秋冬四季分明的气候和亦农亦牧的生产方式能够养育更多的人口，对于没有掌握科技和文化的古代人类来说更是如此。马、牛、羊、驼、狼、狸等中等动物和介于阔叶与针叶之间的各种植物为人类提供了食物和住所。但由于地球板块移动和相应的气候变迁，前面提及的和政县和合水县出土的大型动物黄河古象、三趾马、产齿象的地方从北亚热带变成了北温带的中温带，那么以前是北温带的中温带区域就有可能变成寒带。但由于北极是北冰洋所在区域，只有少数适应寒带的物种才能生存，如苔藓、麋鹿、北极熊等等，物种的生存与发展受到了极大的限制，因此距离北极圈最近的北温带中的寒温带则成为物种驻足的北部界线，在物种数量不断增长、不可能再向北冰洋移居时就

[①]　徐江伟：《"血色曙光——华夏文明与汉字的起源"之一：华夏文明生成的人文地理环境探析》，《社会科学论坛》2012 年第 1 期。

[②]　梁继涛等：《华夏古陆考异》，《中国地质科学院南京地质矿产研究所所刊》1991 年第 2 期。

只能向南迁徙、不同物种寻找适合生存的区域。但历史、考古、体质人类学发掘的资料是否支持这种理论上的推断，则是下一节需要解决的问题。

第二节　从古人类从北向南的迁徙探讨人类宜居之地

由于其他物种的资料相对缺乏，本节则主要以留下记载的人类为主，看看史前人类是否存在由北方的寒冷地带向南温暖地带迁徙的历史。如果在不同历史时期均有人类由北向南迁徙的历史事件，那么我们就需要分析一下是什么因素导致了人类不断从北向南迁徙。

我们由近及远来说吧。在中国蒙古高原北部的温带寒温区即草原丝绸之路区域就存在过曾创造了较高文明的人类。据《北史·突厥传》载："突厥之先，出于索国，在匈奴之北。其部落大人曰阿谤步，兄弟七十人，其一曰伊质泥师都，狼所生也。阿谤步等性并愚痴，国遂被灭。泥师都既别感异气，能征召风雨，娶二妻，云是夏神、冬神之女，一孕而生四男。其一变为白鸿，其一国于阿辅水、剑水之间，号为契骨；其一国于处折水；其一居跋斯处折施山，即其大儿也。"其中坚昆生活的阿辅水、剑水流域，处折水生活的白鸿即丁零均为叶尼塞河支流，呼揭（乌揭）则生活在跋斯处折施山，为叶尼塞河上源，即他们均生活在叶尼塞河流域，且有冬夏之分。其中"居于索国之呼揭，据希腊瓶饰和波斯大流士浮雕可知其体貌特征是深目、高鼻、多须，属高加索人种，操印欧系语言；丁零即古之狄人，属黑发、黑睛的蒙古利亚人种，操阿尔泰系语言。坚昆既与此二族存在亲缘关系"①，说明现在属于北温带寒温区的叶尼塞河流域，竟然生活着不同人种之间从生产到生活之间融合的人类。叶尼塞河是一条界于西伯利亚和中西伯利亚之间由南向北流入北冰洋的河流，其纬度大约在北纬 55 度到 70 度之间，即使坚昆、丁零等古代民族生活的叶尼塞河上游或支流区域，也在北纬 50 度以上的区域；即使他们对火的使用为他们在

---

① 薛宗正：《黠戛斯的崛兴》，《民族研究》1996 年第 1 期。

寒冷区域生活提供了一些保障，但物产、气候相对北温带中温区还是多有限制，这就是在地球寒冷期到来时居住在这里的民族向南迁徙的主要原因。而他们是绿瞳、金发的体质特征，也说明是长期与寒冷气候相适应的结果。如"《魏略西戎传》中有两个丁零，一曰北海之南丁零，这是在坚昆国东；二曰北丁零，在乌孙之西，坚昆国在中央。北海之南丁零在北魏时南下，华夏人称谓高车、高车丁零。他们是丁零人的一部分，另一部分丁零留在原地南西伯利亚，或乌孙之西。"① 魏晋时期是蒙古高原上的人向黄河流域迁徙、黄河流域人向长江流域迁徙的中国内部大迁徙时期，丁零的南迁只是跨越绿洲丝绸之路和长城的诸多民族南迁中的一波而已。与丁零同时代的鲜卑人则在不断南迁的基础上建立了分布在丝绸之路和长城沿线的 14 个政权，其中前燕、后燕、南燕、北燕、西燕以及吐谷浑为慕容部所建；代、北魏、东魏、北齐为拓跋部所建；西魏、北周为宇文部所建；西秦为乞伏部所建，南凉为秃发部所建，以上 14 个由鲜卑人建立的政权，最西到达甘肃省河西走廊和青海北部，最东到过朝鲜半岛，将蒙古高原、华北平原、青藏高原通过长城和丝绸之路联系在一起，有利于中国内部蒙古高原与黄河流域的中国人互相交流与融合。他们南迁的原因也是因为此时地球正处于第二个寒冷期。关于此点，朱可桢先生有明确的论述，此处不再赘述。

西方的史籍中同样也记载了在我们今天看来比较寒冷、但在当时未必就寒冷的北方生活的人。如 19 世纪的一些考古学者和历史学者认为驾驭马拉战车的迈锡尼人发展成为种植葡萄、在海上航行的希腊人②；罗马帝国北部边境地区的日耳曼民族与罗马帝国之间存在既相互敌视又互相依存的历史。③ 20 世纪 50 代在亚美尼亚塞凡湖地区的拉琛（Lchashen）发

---

① 卡哈尔曼穆汗：《塞、匈奴、月氏、铁勒四部名称考》，《西域研究》2000 年第 4 期。

② Robert Drews, *The Coming of the Greeks*：*Indo-European Conquests in the Aegean and the Near East*, Princeton：Princeton University, 1988, pp.165-167.

③ Peter Wells, *The Barbarians Speak*, Princeton：Priceton University, 1999. 转引刘欣如《从雅利安人到欧亚游牧民族：探索印欧语系的起源》，《专题研究》2011 年第 6 期。

现的公元前 1500 年左右的包括战车在内的 23 件交通工具也表明：纬度较高的高加索山区就是人类文明保存地之一，因为"塞凡湖位于高加索山区，山林茂密，各种交通工具的木质构件所需木材在这里均可找到；高加索山脉北麓草原地区生产马匹；南麓为亚拉腊山（Ararat），是古代农业产区。"① 1992 年，俄文著作《新塔式塔》（Sintashta）"公布了在乌拉尔山脉以东北方草原上发现的一个早期手工业聚落的考古发现，该地距离古代农业城市化社会十分遥远。俄罗斯考古学者发现的第一个遗址为一座圆形防御聚落，其中布满青铜冶炼作坊。不久，众多相似聚落相继发现，其中包括一座位于阿尔凯姆（Arkaim）的保存完好的遗址。到目前为止，在新塔式塔—阿尔凯姆（Sintashta-Arkaim）遗址群，至少在 9 座墓地发现了 16 个车马坑，年代在公元前 1900—前 1750 年之间。"② 在西欧北部也同样存在人类。如"托勒密朝在公元前 2 世纪末开通了经红海直达印度的海上商路，马赛的希腊人彼提亚斯为探寻锡和琥珀的产地，沿大西洋海岸北行，几乎到达北极圈。他带回了关于那些地区居民、生产、市场的报告。"③ 那么可以说整个欧洲大陆的北部区域都有人类生存。欧洲北部大陆的人类同样也经历了向南迁徙的历史。如刘欣如认为："印欧语系的一支从中亚进入南亚并带来他们的物质文化包括马车文化。他们在中亚曾与伊朗语的一支征战并决裂，在进入印度平原后继续分裂为不同世系。他们之间的战争与和平、分裂与重组，成为印度古代史诗的题材。"④ 生活在欧洲北部的维京人、哥特人、日耳曼人等等均经历过从北到南的

---

① 刘欣如：《从雅利安人到欧亚游牧民族：探索印欧语系的起源》，《专题研究》2011 年第 6 期。

② David Anthony, *The Horse*, *The wheel*, *and Language*: *How Bronze-age Riders from theEurasion Stepes Shaped the Modern World*, Princeton: Priceton University, 2007, p.397.

③ Glotz, Gustave, *Ancient Greece at Work*: *An Economic History of Greece*, America: Alfred A Knopf, 1926, pp.357-375. 杨巨平：《希腊化文明的形成、影响与古代诸文明的交叉渗透》，《陕西师范大学学报》1998 年第 3 期。

④ 刘欣如：《从雅利安人到欧亚游牧民族：探索印欧语系的起源》，《专题研究》2011 年第 6 期。

迁徙。

如果以上在公元前后生活在寒冷地带的人类还不足为证的话，我们再看看历史更为久远一些的北温带中寒温带的人类生活。8000 年至 3000 年前生活在亚欧大陆北部的斯基泰人就是一样的人类，前文中考古发现的高加索山区就是他们的居住地，在公元 9000——2000 年之间，他们逐渐向西南方向的黑海北岸、多瑙河下游、第聂伯河流域克里米亚及里海以南区域迁徙①，移动过程中被其他民族逐渐融合。而斯基泰人的南迁也只是跨越草原和绿洲丝绸之路、从北向南迁徙中较早的一次。关于他们南迁的原因也与气候寒冷和人口增长有关。

如果以上的案例都比较早的话，那么我们再看看超过万年以上的生活在北温带寒温区的古人类。全世界发现了非常多的古人类化石，吴新智教授的研究成果表明："在过去的大约十万年里，已知共存的人类有四种：早期现代人、尼安德特人、弗洛勒斯人和丹尼索瓦人，早期现代人是我们当代人最近的祖先，形态与我们基本上一致；尼安德特人比早期现代人稍矮但身体和四肢粗壮，平均脑量稍大，晚更新世广布于欧洲，在西亚和中亚也有分布，消失于大约 3 万年前。古代 DNA 和形态学上的证据都证实，尼安德特人和早期现代人发生过基因交流。当代人基因组中携带的源自尼安德特人的 DNA 对当代人的生理机能、形态乃至对某些疾病的患病风险都有影响。弗洛勒斯人化石只出土于印度尼西亚弗洛勒斯岛，身材特别矮小，脑量仅为现代人的三分之一，生活于距今 10—6 万年前，其来源与其他人类的关系至今仍是个谜。丹尼索瓦人化石只出土于俄罗斯南西伯利亚阿尔泰地区的丹尼索瓦山洞，生活在大约 4 万年前，出土了一根手指骨和两颗齿。DNA 显示其为与尼安德特人和现代人共存的另一种人。美拉尼西亚人基因组中有 4.8% ± 0.5% 来自丹尼索瓦人，有学者提示丹尼索瓦人与西藏人的基因交流对西藏人适应高原环境有帮助。另有研究称除了

---

① 胡果文：《碰撞与迁徙：公元前九至七世纪欧亚草原上的历史场景》，《华东师范大学学报》2000 年第 5 期。

上述四种人以外，也许还有另外一种人尚未被发现。"① 那么在以上已知的四种古人类中，其中的尼安德特人和丹尼索瓦人则都与现在的陆上丝绸之路相关。如"丹尼索瓦人手指骨化石的主人是一名女孩，她的眼睛、头发和皮肤都是棕色的，生活在 7.4 万年前至 8.2 万年前之间，死于西伯利亚。研究人员将丹尼索瓦人的基因组序列与尼安德特人的基因组序列、11 名来自世界各地的现代人的基因组序列进行了对比。结果发现，丹尼索瓦人和尼安德特人是姐妹群关系（由同一祖先衍生的两个分支），他们的祖先早前便与现代人祖先分道扬镳。令人惊奇的是，研究人员发现丹尼索瓦人与现代人类祖先有过跨种交配，他与巴布亚新几内亚人有最多的相同基因，与亚洲和南美洲人的亲密关系高于欧洲人。但这也可能反映了现代人类与丹尼索瓦人近亲尼安德特人之间的跨种交配，而不是来自丹尼索瓦人本身的基因流动。此前的研究提示，在古人类和现代人类的祖先从非洲出现之后，他们之间有两次独立的杂交繁殖事件：一次事件涉及尼安德特人，并且产生了今天的非洲人群；而另一次事件涉及丹尼索瓦人，产生了今天的大洋洲人。这一发现意味着人类族谱至少有 3 个截然不同的成员，分别是现代人、丹尼索瓦人和尼安德特人。"② 也就是说，由于出自欧洲北部尼安德特人和阿尔泰山区域丹尼索瓦人不断向南迁徙，才有可能与现代非洲和亚洲南部的人类接触。如华大基因项目组"通过与来自全世界的多个现代人人群及古人类基因组数据比较，研究人员发现这个受到定向选择的单体型仅以高频率形式存在于现代藏族人和古丹尼索瓦人中，和以非常低的频率存在于汉族人中，而在包括欧洲人、非洲人的其他主要现代人群中频率都为零。以上两个发现，使研究者确信藏族人中该受选择的单体型源于古丹尼索瓦人或古丹尼索瓦相关人与其基因交流。研究人员推测这个单体型流入到现代人的时间要早于汉族和藏族人群分离的时间，而且在藏族人定居在青藏高原之后受到了明显的定向选择作用，并因此在藏族

① 吴新智、崔娅铭：《过去十万年里的四种人及其间的关系》，《科学通报》2016 年第 2 期。
② 奇云、李大可：《丹尼索瓦人基因组——2012 年生命科学研究的六大突破之一》，《生命世界》2013 年第 5 期。

人中扩散开来并保持下来。"① 由于尼安德特人与丹尼索瓦人分离时间早于该化石代表的 43 万年前。② 尼安德特人向欧洲南部迁徙,丹尼索瓦人则向亚洲南部迁徙,如最近甘肃甘南藏族自治州夏河县发现的丹尼索瓦人人骨的时间则为 16 万年以前;付巧妹团队则"基于现代人类和阿尔泰尼安德特人共同的单倍型数量(单倍型长度要求在 5 万碱基或者更长),进一步计算出这些早期现代人类的基因渗入阿尔泰尼安德特人祖先是发生在距今 230000—100000 年。这个基因渗入的时间比从前公布的尼安德特人基因渗透欧亚大陆现代人的时间(47000—65000 年前)更老。"③ 那么,我们可以从以上古人类研究成果中得出以下结论:第一,虽然现在的研究成果还不能确定尼安德特人和丹尼索瓦人的生活范围,但就尼安德特人骨发现的德国尼安德特山谷和丹尼索瓦人人骨发现的阿尔泰山丹尼索瓦山洞来说,都在北纬 50 度上下,从现在这里的气候来看,属于北温带中的寒温带,相当寒冷,但为什么这两种为现代人类的发展和繁衍作出如此重要贡献且在距今几十万年前科技和文化均不发达的条件下能够大规模地生活在这些相当寒冷区域?答案只有一个,那就是那时的这些区域就是现在的北温带中温区或热温区,适宜亚欧人类祖先尼安德特人和丹尼索瓦人居住。第二,从他们的古 DNA 不断向南迁徙的研究结果来看,他们也同样经历了亚欧板块向北移动、气候逐渐变冷后则向南迁的过程。比如在四川省广汉市西北部距今已有 5000 至 3000 年历史的三星堆遗址,出土了青铜神树

---

① Meyer M., Fu Q., Aximu-Petri A., et al., *A mitochondrial genome sequence of a hominin from Sima de los Huesos*, Nature, 2014, pp.403-406; Meyer M., Arsuaga J.L., de Filippo C., et al., *Nuclear DNA sequences from the Middle Pleistocene Sima de los Huesos hominins*, Nature, 2016, pp.504-507; Lahr M.M., Foley R.A., *Towards a theory of modern human origins: geography, demography, and diversity in recent human evolution*, American Journal of Physical Anthropology, 1998, pp.137-176; Lycett S.J., *Understanding ancient hominin dispersals using artefactual data: A Phylogeographic Analysis of Acheulean Handaxes*, PLOS One, 2009, p.4.

② 华大基因:《藏族人高原适应能力或源于已灭绝的丹尼索瓦人》,《青海科技》2015 年第 5 期。

③ 付巧妹:《阿尔泰尼安德特人含有早期现代人类基因》,《化石》2016 年第 2 期。

（高 384 厘米，3 簇树枝，每簇 3 枝、共 9 枝，上有 27 果九鸟，树侧有一龙缘树透迤而下）；金杖（长 142 厘米，直径 2.3 厘米，重 700 多克，刻画人头、鱼鸟纹饰）；青铜大立人像（通高 262 厘米，重逾 180 公斤）；青铜纵目人像（高 64.5 厘米，两耳间相距 138.5 厘米）。而且青铜人头像和面具多达 50 多件。① 从这些发掘的器物来看，与曾在亚欧草原地带长期活动的斯基泰人（萨迦人、塞种）的金属器物有很多相似之处，虽然现在还没有确定三星堆文化的创造者是哪类人群，但至少我们从中看到了人类从北向南迁徙的案例。因此板块北移造成的气候变冷是人类向南迁徙、寻找温暖的宜居区域的客观原因。

第三节　陆上丝绸之路在北中温带形成的必然性

众所周知，亚欧非之所以是老大陆，主要原因是人类对整个地球的认识源于人类自己居住在亚欧非三大洲，如亚洲是丹尼索瓦人的故乡，欧洲是尼安德特人的家园，非洲是南方古猿的发源地。在人类的科技和文化创造能力还不足以在热带和寒带生活时，主要依靠居住在温带或迁徙到温带区域生活，保障人类的繁衍与发展。

之所以选择在温带居住，就是因为温带适宜人类这种中等体型的物种生存。从地理学的角度来说，介于热带与寒带之间，太阳斜射，得到中等程度的热量，为温带。北回归线与北极圈之间为北温带，南回归线与南极圈之间为南温带。广义的温带包括亚热带、暖温带、中温带、寒温带和亚寒带。狭义的温带一般又分为三个带，即：暖温带、中温带、寒温带。温带冬冷、夏热，气温比热带低，比寒带高；昼夜长短和四季的变化明显。温带的大多数地区位于西风带内，因此气候既包括比较温和多雨的海洋气候，也包括四季分明且比较干燥的大陆性气候，温带处于中纬度地

---

① 搜狗百科：《三星堆遗址》，2020 年 2 月 21 日，见 https://baike.sogou.com/v10407.htm?fromTitle=%E4%B8%89%E6%98%9F%E5%A0%86%E9%81%97%E5%9D%80。

区。又由于温带占地球总面积的 50%，其中南温带的陆地较少，因此北温带占地球温带面积较多，其中北温带的中温带是横穿整个亚欧大陆的北纬 40—50 度之间，四季分明的气候和斜射的太阳光有利于物种的生长，昼夜长短变化明显有利于人类辨别时间与空间、地形介于北温带寒温区草原与北温带暖温区的平原之间的山区则有利于人类利用从山脉到河流之间的任何自然资源，因此温带中温区是比较适宜人类这种物种生存与发展的区域。即使随着地球板块缓慢向北移动及气候变迁，人类在气候稍暖的时候会因人口增长继续北移，但也会随着气候变冷人口增长向比较温暖的中温带和暖温带迁徙。但迁徙大体都没有走向温带这个大范围。这就是为什么尼安德特人生活在欧洲北部、丹尼索瓦人生活在亚洲北部并不断向南迁徙的主要原因，也是南方古猿生活在南温带的南非境内并逐渐向北迁徙的原因，也是后来人类遗址较多分布于此的原因，如安纳托利亚的小麦文明，黄河流域的龙山、仰韶、马家窑、齐家文化等等。当我们人类进入文明的门槛后创造的古埃及、古巴比伦、古印度和古中国四大文明古国均在温带的暖温或中温带，也说明人类适宜在温带区域生存与发展。

那么接下来就能理解为什么丝绸之路在北温带的中温带区域开通的原因了。虽然整个温带适宜人类的生存与发展，但相对来说，温带的中温带比暖温带和寒温带更好，因为这一地带正好处于平原与草原的过渡山区，采集（农业）和狩猎（牧业）并存，春夏秋冬四季分明的气候为人类提供了充实的物质生活和精神生活，这样居住在寒温带的人类会因板块北移、气候变冷而南下中温带，居住在亚热或暖温带的人类也会因为板块北移、气候变凉而居于中温带。随着居住在中温带的人口越来越多，人类组建的国家沿中温带向亚欧大陆的两端延伸，国家与国家之间因领土、资源、文化而交流，形成相互走动的道路，这条道路就是丝绸之路，它因印度板块和非洲板块向北移动挤压亚欧板块而使得以前在中温带的草原丝绸之路变成寒温或寒带，又使以前的北亚热带变成北中温带，草原丝绸之路区域的人类南适，人类在草原丝绸之路和绿洲丝绸之路之间定居与迁徙，于是这两条丝绸之路就成为亚欧民族迁徙与交融的大动脉。

　　关于绿洲丝绸之路在北温带中温区开通的原因，我们又可以用从汉匈与亚历山大帝国时期开通，1000 年后的隋唐突厥帝国时期衰落后的丝绸之路来印证。经过 1000 年左右的运行，原来在北温带中温区的丝绸之路又在印度次大陆和非洲大陆推移亚欧大陆的过程中移到了寒温带，进一步隆起的处于西风带的青藏高原阻挡了暖湿气流的到来，绿洲丝绸之路因寒冷的气候、越来越少的水资源及植被而最终使穿越亚欧大陆的丝绸之路衰落。它的衰落，再次证明板块北移的渐进效果。当然，即使在板块北移的情况下，气候相对温暖时期，草原丝绸之路地带仍然可以在人类技术和文化越来越发达的情况下生存；绿洲丝绸之路在海上丝绸之路兴起后由连接亚欧的通道逐渐变为中国西北与中亚局部通道，草原丝绸之路也在气候寒冷时期受到影响，但却一直存在。现在当"一带一路"倡议以陆上和海上丝绸之路为基础向西开放时，陆上丝绸之路自然重放光芒。

第二章 为什么丝绸之路这个名称被广泛认同

本书的主要内容是陆上丝绸之路开通前后的古代民族迁徙与交融，那么首先有必要界定丝绸之路概念和范围。根据对以往研究成果的梳理和本成果作者对丝绸之路的研究，本章对为什么"丝绸之路"这个名称被广泛认同、古丝绸之路、"一带一路"倡议等概念进行界定，以便梳理为丝绸之路开通作出贡献及沿陆上丝绸之路迁徙和融合的民族奠定概念和范围基础。

第一节 为什么"丝绸之路"这个名称被东西方广泛认同

"丝绸之路"这个名称不是这条横贯亚欧通道的最初名称，而是在陆上丝绸之路从欧亚通道变成为中国西北通道若干世纪以后的 1877 年，德国地理学家费迪南·冯·李希霍芬在这一年出版的《中国——我的旅行成果》①提出的名称。虽然法国学者 Thierry Zarcone 在其专著《玉石之路》中认为德国人"李希霍芬的'丝绸之路'是异国想象的历史幻想……历史上并不存在一条明晰的'丝绸之路'，而是欧亚大陆间诸多贸易路线的统称，欧亚商贸往来的不仅有丝绸、茶叶，更有玉石、黄金、青铜、大

---

① 孟群：《古丝绸之路的兴衰》，《中国投资》2014 年第 9 期。

麻、犬、马等，而且玉石之路比丝绸之路更为古老也更为清晰。更重要的是，玉石在政治、经济、宗教和文化上均具有重要意义。因此，应将传统的'丝绸之路'修正更名为'玉石之路'。"① 但时至今日，"丝绸之路"之名却被广泛采用。这就是本节下面主要论述的问题。

一、中国古代汉文文献中对这一道路及所在区域的名称记载

中国汉文文献保存最好最多的便是官修二十四史，鉴于后人依据二十四史进行的西北历史研究成果很多，我们就以这些成果为主，看看这条贯通欧亚的大通道及其所在区域如何被称谓。

从二十四史及后世西北史地的研究成果来看，最初对这一通道所在区域的称谓均以"西"加族群来表示，表明这一区域在中国的西部且是某个或某些族群居住和生活的区域。如在戎族居住在这一区域时，称为西戎。早在秦晋强大时的战国时期，"西戎八国服于秦，故自陇以西有縣诸、绲戎、翟、豲之戎，岐、梁山、泾、漆之北有义渠、大荔、乌氏、朐衍之戎。"② 由此可见"西戎"是战国时期对这一区域的称谓。后来匈奴强大后占据了这一区域，将其称为"西方"。如匈奴"至冒顿而匈奴最疆大，尽服从北夷，而南与中国为敌国。"置左右贤王，其中"诸左方王将居东方，直上谷以往者，东接秽貉、朝鲜，右方诸王将居西方，直上郡以西，接月氏、氐、羌，而单于之庭直代、云中，各有分地，逐水草移徙。"③ 由此可见，月氏、氐、羌居住的西方是匈奴对其称谓。从战国时期的西戎到汉匈时期的西方，其地理空间随着人类居住范围的不断拓展而扩大。

秦汉统一王朝的建立，则为王朝向西拓展奠定了基础。我们现在所说的丝绸之路所在区域的名称也随王朝不断西进而从表示方向的"西"加族群逐渐演变为表示地理范围的"西域"。如西汉武帝时期派张骞出使

---

① 唐启翠：《"玉石之路"研究回顾与展望》，《上海交通大学学报》2013 年第 6 期。

② （汉）司马迁：《史记》，中华书局 1959 年版，第 2893 页。

③ （汉）司马迁：《史记》，中华书局 1959 年版，第 2890—2893 页。

"大宛、大月氏、大夏、康居，而传闻其旁大国五六。"① 张骞正使的副使则到达"大宛、康居、大月氏、大夏、安息、身毒、于阗、扜罙及其旁诸国"②，"其后岁余，骞所遣使通大夏之属者皆颇兴其人俱来，于是西北国始通于汉矣。"③ 在此基础上，西汉在其西部设立"河西四郡"和"西域都护府"。这两个名称中均有"西"字。其中河西四郡分布在今天甘肃省河西走廊上，但河西四郡并不是同时设置的，而是首先于"匈奴昆邪王和休屠王降汉后的公元前122年（元狩二年）以其地为武威、酒泉郡。公元前111年（元鼎六年）分置张掖、敦煌郡。"④ 西域都护府的设置也经历了诸多变迁。首先西汉政府"从公元前102年设'使者校尉'，到公元前68年改置'使护鄯善以西校尉'，直到公元前60年建立的西域都护府，前后经历了四十多年，这是一个随着区域统治加强和经济发展而不断完善的过程。"⑤ 管辖范围"西逾葱岭，并有大宛，北越天山，而囊乌孙。""汉宣帝初建都护时的三十六个城郭国应该是：鄯善（楼兰）、且末、精绝、扜弥、渠勒、于阗、皮山、莎车、婼羌、小苑、戎卢、乌秅、西夜、子合、蒲犁、依耐、无雷、捐毒、疏勒、尉头、姑墨、温宿、龟兹、渠犁、乌垒、尉犁、危须、焉耆；车师前国、车师后国、卑陆、卑陆后国、蒲类、蒲类后国、西且弥、东且弥。"⑥ 由此可见，经过西汉到东汉的长期使用，西域之名就成为汉文史籍中对这一区域的称谓，并为后世所继承。

三国两晋南北朝时期，因为中国西北政权林立，西域就成为对这一区域的泛指。如成书于南北朝时期的《三国志·魏书·鲜卑》中这样记载："自虞暨周，西戎有白环之献，东夷有肃慎之贡，皆旷世而至，其遐远也如此。及汉氏遣张骞使西域，穷河源，经历诸国，遂置都护以总领

---

① （汉）司马迁：《史记》，中华书局1959年版，第3160页。
② （汉）司马迁：《史记》，中华书局1959年版，第3160页。
③ （汉）司马迁：《史记》，中华书局1959年版，第3169页。
④ 谷苞：《论西汉政府设置河西四郡的历史意义》，《新疆社会科学》1984年第4期。
⑤ 贾应逸：《汉代西域都护府的由来——兼谈郑吉的历史功绩》，《新疆大学学报》1977年第4期。
⑥ 周振鹤：《西汉西域都护所辖诸国考》，《新疆大学学报》1985年第2期。

之，然后西域之事具存，故史官得话音未落载焉。魏兴，西域虽不能尽至，其大国龟兹、于阗、康居、乌孙、疏勒、月氏、鄯善、车师之属，无岁不奉朝贡，略如汉氏之故事。"① 从此条史料中可以看出，南北朝时期仍承袭汉例统称以上地方为"西域"。成书于唐朝的《周书》则将突厥、吐谷浑、高昌、鄯善、焉耆、龟兹、于阗、厌哒、粟特、安息、波斯列在《异域列传》下，但仍以沿袭汉朝西域说法，如在记载高昌时，写道："高昌者，车师前王之故地也。东去长安四千九百里，汉西域长史及戊己校尉，立治于此。"在此列传结尾处，作者写道："四夷之为中国患也久矣，而北狄尤甚焉。"② 那么四夷中除北狄外，则有东胡、西戎、南蛮，加之作者对此一时期"戎夏离错、风俗混并"③ 的论述，我们可以看出，除西域外，西戎也是唐及以前诸朝对西方的称谓，只是西域是地理称谓，西戎是对西域诸多族群的称谓而已。隋唐时期再次统一中国后，向西通道再次统一在一个政权管辖下，因此我们从唐朝在西域设立的管理机构可以看出其名称的变化。如贞观十四年（公元 640 年）九月，"侯君集平高昌国，于西州置安西都护府，治交河城。""显庆二年（公元 657 年），始移龟兹。"④ 西州则改为都督府，龟兹作为安西都护府治所主管伊、西、庭州军事。后来唐朝又在今天新疆北疆设立北庭都护府⑤，由此安西、北庭两个都护府就成为唐朝对西域之地的称谓。蒙元时期，通过第一、二、三次西征，将现在丝绸之路所在区域囊括于蒙元帝国的版图，其中河西走廊和新疆北疆、南疆分别成为阔端、窝阔台、察合台的封地。忽必烈建立元朝后，将全国人分为蒙古人、色目人、汉人和南人，其中色目人就居住在以上亲王的封地上。后来的研究者则将在色目人面前加上"西域"两字⑥，

---

① （晋）陈寿：《三国志》，《魏书》卷三十，中华书局 1959 年版，第 840 页。

② （唐）令狐德棻等：《周书》，《异域列传下》，中华书局 1959 年版，第 914 页。

③ （唐）令狐德棻等：《周书》，《异域列传下》，中华书局 1959 年版，第 921 页。

④ 柳洪亮：《安西都护府西州境内时期的都护及年代考》，《新疆社会科学》1986 年第 2 期。

⑤ 李明伟：《安西大都护府的伟大功绩和突厥对丝绸之路的贡献》，《西北民族研究》2001 年第 3 期。

⑥ 匡晔：《元代色目人对中国经济和文化的贡献》，《史学月刊》1958 年第 9 期。

以示他们所在区域。明朝"洪武五年（公元 1372 年），冯胜下河西，在肃州（今酒泉）以西 70 里的汉朝遮虏障之地，嘉峪山之麓，初筑土城 220丈。关内肃州设'镇'为西北大军之所在；关外设'关西七卫'，其中四个设在今敦煌西南青海柴达木盆地一带。……另一卫所设在哈密。明朝以此地为出发点，对西域诸国广事招徕，历时六十年之久。永乐时，通西域的使臣往来频繁，在一叫陈诚的人历经十七国，写有《西域蕃国志》一书，所记重要邦国有别失八里、撒马尔罕和哈烈。"① 说明西域在明朝仍是对这一区域的名称。清朝前期仍然沿袭西域说法，如"清朝在平定准噶尔及其大小和卓叛乱之前，仍沿用'西域'一名来称呼今新疆及其以西地区，甚至把青海和西藏也包括在内。十八世纪五六十年代，随着清朝政府对准噶尔和大小和卓叛乱平定以及统一天山南北两路战争的结束，清政府直接统治了今新疆及其以西的广大地区，这时'新疆'一词在清朝官方文书中才开始出现。"② 因此可以说，从西汉设立的西域都护府的"西域"称谓，直到今天仍然是民间和国家管理经常应用的称谓。尽管它不是路的名称，但它却是包括今天我们所说的丝绸之路在内的这一区域的通称。

除此之外，汉文中保存的一些行记也印证了西域的说法。如后魏宋云《魏国以西十一国事》及其《行记》，唐玄奘的《西域记》，元李志常的《长春真人西行记》等均以西域称今天丝绸之路经过的中国西部区域。

那么我们就不得不问这样一个问题，为什么如此重要的一条连接东西方文明之路在中国史籍中以西域的名称出现？本书作者认为有以下原因。首先，西汉出现的西域之名比较宽泛，尽管以后历代王朝对西域的经略有增有减，但西域这个名称都能涵盖他们所经略的西方之域。其次，西域的重点在于经略和畅通。我们从大量西北历史地理文献内容指向西域范围内的更加密集和详细的管理机构及治所的发展中可以深切体会到此点。

---

① 赵俪生：《明朝的西域关系》，《东岳论丛》1980 年第 1 期。

② 齐清顺：《西域、新疆与新疆省》，转引自甘肃省社会科学学会联合会、甘肃省图书馆编《丝绸之路文献叙录》，兰州大学出版社 1989 年版，第 100 页。

再次，西域在陆权时代体现了中国作为国家对陆地领土的需求。尽管西域能够适合人类居住的区域主要集中在我们现在所说的丝绸之路沿线，但对于中国来说，"西域"不仅需要穿过西域的道路畅通，更需要整个西域之地作为国家领土的组成部分的安定和居住在此区域内的民众安居乐业。因此"西域"之名比丝绸之路更具有代表性。以上三点，也许能够解释为什么中国汉文文献中以"西域"之名涵盖这条道路的名称。

二、丝绸之路沿线各国文献中对这一道路及所在区域的记载

由于语言文字限制、亚欧大陆交通条件和运输工具的限制及翻译工作起始较晚等原因，丝绸之路沿线各国有关这条道路的记载很有限。本成果仅从丝绸之路沿线各国文献及其研究者的成果来记录他们对这一道路名称的看法。

首先看看在丝绸之路欧亚交汇处的塔里木盆地诸语言文字中保存的有关这条道路经过的一些绿洲记载。根据语言文字学者多年的努力，基本上澄清了塔里木盆地曾经使用过的语言和文字情况，如耿世民认为："在公元之后数百年间，这里住有说伊兰语（喀什到和田一带）和印欧语（即所谓的'吐火罗语'，约于阿克苏、库车、焉耆、吐鲁番一带）的民族，有说印度语系（古代鄯善、即从尼雅到罗布泊一带）的民族和有说藏语的民族。当突厥族（即回鹘人，亦即古代的维吾尔人）在公元七、八世纪从北方进入新疆之后，逐渐形成为当地的主要民族，突厥语代替了其它各种语言，终于占据了统治地位。"[①] 其中吐火罗语分为甲种和乙种。"甲方所在地约在焉耆、高昌一带，中国古称焉耆语，梵文称之为阿耆尼（Agni），回纥经文称之为 Toxri 语，与西方吐火罗无关，而与甘肃西部之 Ttaugara 相连系，仍为 Tocharisch（吐火罗）之方言 A（Arsi）。乙方言所在地约为龟兹一带，中国古称龟兹语，梵文称屈支（Kucha），回纥经文称之为 Kusan（苦先、曲先），也有人称之为库车语（Kutcheen），另有人则称之

---

① 耿世民：《新疆古代语文的发现和研究》，《新疆大学学报》1979 年第 3 期。

为 Tocharish（吐火罗）语之方言 K（Kuca）。上述为西方学者研究所得结论。但我国学者近年对吐火语多称之为焉耆、龟兹语。"①那么属于阿兰语系中的和田文书中提到："沙州曹氏与于阗王室数世通婚，当时沙州地区的许多汉人来往、居住、仕官在于阗。"②除此之外，还涉及甘州、西夏的历史。龟兹语作为龟兹国的母语，在龟兹音乐、佛教东传中原的过程中起到了巨大作用。用龟兹记载的龟兹史，也让我们对这个丝绸之路重镇的历史有了详细的了解。如"公元八世纪末叶，龟兹佛教学术及音乐仍尚昌盛，此后二百年，龟兹历史沦为黑暗时代，至公元 1001 年，龟兹之名重见于中国史书时，中亚与东亚情况已有巨大变化，唐室已亡于藩镇，其强敌突厥、吐蕃、回鹘忆次第瓦解。宋朝建都开封，中国北方为契丹所据，回教徒已侵取西域于佛教徒之期不远矣"③。虽然由于以上文字书写的文书发掘和破译不足而无法得知这些丝绸之路重镇的发展全貌，但毕竟有了一些发现。

除此之外，在中亚乌浒河和阿姆河之间的粟特人遗失在敦煌的信札（粟特文，中国又称窣利语、康居语）中也发现了对这条道路的记载。这一信札是英国考古学家斯坦因在 1907 年第二次中亚考察时在敦煌附近的长城烽燧遗址中发现的八封信札之一，被命名为"二号信札"，时间约在东晋初年。"这个信札的收信人纳奈德巴尔住在粟特某地，是向写信人出资或发放贷款的粟特巨商。写信人纳奈凡达克，是纳奈德巴尔的商务代理人，是住在中国姑臧的一个庞大的粟特集团的首领。这个商团至少有 150 人左右，活动范围遍及河西走廊、黄河中游地区和淮河流域。信中提到的地方就有敦煌、酒泉、姑臧、金城、长安、洛阳、黎阳、南阳、淮阳、蓟城等。从信文还可以看出粟特商人向中国销售的商品有大麻织物、毛毡（毛毯）、香料等；从中国则收购丝绸、麝香等。信札是向收信人报告在中

---

① 王斐烈：《论吐火罗语》，《学术界》1944 年第 5 期。
② 黄盛璋：《和田塞语七件文书考释》，《新疆社会科学》1983 年第 3 期。
③ ［法］列维：《所谓乙种吐火罗语即龟兹国语考》，冯承钧译，《师大学术季刊》1930 年第 4 期。

国的经商情况和中国的政治形势。"① 从这个信札提及的许多地名来看，就分布在现在我们所说的丝绸之路沿线，但对于从撒马尔罕到长安的整条道路的名称却没有记载。

突厥人作为在公元 7—10 世纪与唐朝交替控制这条道路的主人，他们留下的突厥文石碑中也有这方面的记载。最早破译的石碑是 1889 年在鄂尔浑河流域和硕柴达木湖畔发现的"阙特勤碑"和"毗伽可汗碑"，因这两块石碑上也刻有汉文，才被俄国考古队判定属于突厥文。1891 年，俄国考古队又在蒙古翁金河畔发现了"翁金碑"。后来"突厥文碑铭和写本在西伯利亚、蒙古、叶尼塞河流域、新疆和中亚均有发现，其使用时间大约在七至十世纪之间。"② 除以上石碑外，还有暾欲谷碑、回纥英武威远毗伽可汗碑、铁尔浑碑等。这些突厥文石碑和写本最终就成为在柏林兴起的突厥学的基础。可以说这些宝贵的突厥文资料不仅印证、补充了汉文史料和其他文献中有关突厥记载，而且从语言学的角度厘清了回纥汗国、高昌汗国与突厥汗国之间的继承关系，更重要的是从这些碑文和写本出土的地点来说，它均与现在所说的绿洲和草原丝绸之路相关。

在唐朝时期兴盛的吐蕃留下的吐蕃文史料中也有关于这条道路若干部分驿站的记载。1980 年 6 月，陈庆英、端智嘉在敦煌县文化馆检阅敦煌古藏文写卷资料时，在"十万般若颂"写本的数千经页中，发现了抄写在经文上下及字行的空隙中的一些吐蕃文书。经过翻译后，发现是吐蕃在安史之乱后攻占河西、陇右及安西四镇的驿递文书。这份文书的大意有以下几点："1. 吐蕃时期设立一种驿站制度，即在各条交通线上设有驿站，负责接送过往信使和官员，传达政令，递送公文、书信、报告等等，以此保持吐蕃王朝与各地官员和驻军的联络。在敦煌和安西四镇地区设有严密的驿站组织，这说明吐蕃管辖的所有地区都实行驿站制度。2. 吐蕃驿站的组织，设有置顿官、置顿副手、书吏、伙夫、护送骑士等。信使在各站

---

① 王冀青：《斯坦因所获粟特文〈二号信札〉译注》，《西北史地》1988 年第 1 期。

② 陈宗振：《突厥文及其文献》，《中国史研究动态》1981 年第 11 期。

可以住宿、换马、办理通行手续等。每个驿站只对所管的一段路程负责。3. 信使在路上持有一种驿递文书，凭此文书在沿途驿站得到食物供应、马匹、护送人员等，对不同的信使接待规格不同。信使的行程记录在驿递文书上，并须各驿站加盖印章作证。4. 王庭在派遣信使时对前往的目的地和途径的路线，到达日期、沿途供应标准等预先都有规定，如出现遗失信件、延误日期、失密等情况，信使和驿站官员均要受到处分。5. 吐蕃在边境地区的驿站除传送书信、护送过往信使外，还要负责本地的侦察巡逻等事项，在战争时期又可起到军事上的作用。"① 由于吐蕃统治河西走廊的时间长达百年之久，而敦煌作为吐蕃统治河西和安西四镇的基地，那么此条吐蕃文书所反映的吐蕃在河西和安西四镇的驿站制度则对维系这条东西方文明之道的畅通功绩不能抹杀。

除此之外，在西方早期的一些历史书籍中，有关于这条道路的部分区域的记载，如反映亚历山大帝国、罗马帝国、东罗马帝国的一些西方文本有关从西向东延伸的道路、城堡及城镇的建设等等。对这条道路涉及的东方区域的记载有一个逐渐详细的过程。如"'秦'的称呼见于希腊文《厄立特里亚海周航记》（公元一世纪中叶）。三世纪的马尔丁努斯说秦国位于世界尽头。五世纪摩西的亚美尼亚文著作提到'秦尼斯坦'，也提到秦国。六世纪东方希腊人科斯马斯和印度人也称为'秦尼斯坦'。罗马人托勒密所提到的两个都会，将其拉丁文汉译，无疑是指洛阳和长安。七世纪初埃及希腊人西摩卡达的著作看来与后期阿拉伯人的记述关系更为密切，而与拉丁文和希腊文著作关系却更远。他们把中国称为桃花石，还说桃花石（洛阳?）和库布（姆）丹（长安）是亚历山大大帝所建。"② 以后随着丝绸之路的贯通，对这条道路到达的东方中国则有个更为详细的记载，如 9 世纪的阿拉伯地理学家阿布扎依德提到长安、成都、安西；12 世纪伊德里西提及杭州、苏州、福州或泉州、开封或长安、广州，还有靠

---

① 陈庆英、端智嘉：《一份敦煌吐蕃驿递文书》，《社会科学》（甘肃）1981 年第 3 期。

② ［英］唐·丹·莱斯利：《阿拉伯和波斯文献中有关中国的史料》，陈海龙译，《中国史研究动态》1984 年第 4 期。

近河内的龙编等；波斯文著作《世界境域志》（约公元 982—983 年）提到中国的沙州、瓜州、甘州、肃州等。成书于公元 1310 年的《史集》（拉施特用波斯文写成的著作）则列举了中国的 12 个省和二三十个城市；哈菲兹－依－阿布鲁约则在公元 1422 年写成的波斯使臣访问记中提到肃州、甘州、汗八里、兰州（?）、真定府（?）、平阳（?）等。① 由此可见，这些著作虽然是对中国的记载，但对中国的记载则多为丝绸之路和长城沿线的城镇。

总之，我们从有限的丝绸之路沿线国家的文本记载来看，多数是对国家和经过城镇的记载，缺少对这条道路名称及整体运行的记载。这说明虽然从理论上来说这是一条从气候、地形到交通的东西方理想通道，但由于这条道路贯通亚欧大陆及沿途人种、国家、族群复杂，致使这条道路时续时断，记载的人只能依据当时的道路情况记载。因此呈现在后人面前的只是沿线部分国家、驿站和城镇的记载，即只见树木不见森林。即使有统一强大的东西方王朝出现，但总是此起彼伏，表现在对这条沟通东西大通道的记载上就是零散和缺失。

三、为什么"丝绸之路"这一名称为东西方广泛认同

从以上中国及沿线国家有关这条道路的记载来看，虽然沿线各国都知道这条东西方交通要道，但在陆权时代这条道路始终没有一个约定俗成的名称。这不仅与这条道路经过的国家及族群比较多、历时又比较长相关，也与这条道路包含许多条子道路而难以用一个统一的名称来命名密切相关。但起名的困境直到"丝绸之路"这一名称出现得以解决。"'丝绸之路'这一名称，首先是十九世纪德国学者李希霍芬（1833—1905）提出来的。他在《中国》第一卷中，把'从公元前 114 年—公元 127 年中国与河间（阿姆河和锡尔河之间）、中国与印度间以丝绸贸易为媒介的这条西

---

① ［英］唐・丹・莱斯利：《阿拉伯和波斯文献中有关中国的史料》，陈海龙译，《中国史研究动态》1984 年第 4 期。

域通道'叫作'Seiden Strassen'（德文，直译为绢的街道），'丝绸之路'（Silk Road）是它的英译名。在其中一幅地图中，他标题为'马利奴斯丝绸之路'。1901年德国的东洋史学家赫尔曼出版了《中国和叙利亚之间的古代丝绸之路》的著作，主张把'丝绸之路'这一名称的涵义，从中国到河间地域，'进而扩大到遥远西方的用叙利亚'。因为这一名称较为恰当地表达了这条道路的特色，很快便被学术界和人民所接受。"① 中国学者和政府也在1949年以后开始使用这一名称，以后逐渐广泛出现于学术著作或报刊宣传当中，直到今日。为什么？这是本节需要论述的问题。

众所周知，公元3世纪古希腊对中国的称谓是"赛里斯"，即丝绸之意。说明经西域胡商之手转运到欧洲的丝绸，的确是欧洲人所喜爱的商品，但是"丝绸"这种技术复杂且经过长途贩运衣服原料无论对于产地国中国或销售国来说只能是有钱人家的奢侈品而已。从中国来说，汉朝匈奴—唐朝突厥时期是陆上丝绸之路兴盛时期，但由于夹在中间的三国两晋南北朝是中国内部的分裂时期，陆上丝绸之路总是被一些割据政权所控制，欧亚之间的商贸受到了很大的限制。因此只有两汉匈奴和隋唐突厥统治时期，无论农业和牧业得到长足的发展，农业和牧业社会及文化发展水平也较高。即使这样，由于制作丝绸必需的桑蚕受气候和地形条件的限制，如"桑树的栽培在气候和土壤上的要求更为严苛；至于养蚕，从育种到吐丝，从收茧到成丝再到能够使用的丝绸要经过许多环节，绫罗锦缎，富贵华丽，其中讲究却极其繁复，非内行人不得其详。明清的蚕桑手册指出，如果蚕宝宝在饥饱、干湿、冷热之间失衡，就会染病死亡，蚕在干燥的气候中方能健旺生长，而植桑却需要潮湿，如此一来，养蚕和植桑在阳光与雨水、干燥与湿润之间便形成冲突。"② 因此并不是汉匈和隋唐突厥境内所有区域都既能植桑又能养蚕。用这种珍贵的原料和复杂的工艺流程织成的衣料成本当然就要高得多，普通老百姓根本消费不起，只有这些王朝

① 贾应逸：《丝绸之路初探》，《新疆大学学报》1980年第4期。
② 郭卫东：《丝绸、茶叶、棉花：中国外贸商品的历史性易代》，《北京大学学报》2014年第4期。

的达官显贵们才有能力消费。如果有多余的话，则作为奢侈商品沿丝绸之路向西方国家销售，一来为汉唐帝国赚取利润，二来彰显东方大国的国力。关于丝绸并不是平民百姓衣裳原料的论断可以从中国北方从古至今的普通百姓生活中体会到这一点。无论以农耕或游牧为生计，丝绸这种衣料均不适合体力劳动者穿戴，因为它易破且生产成本高、生产流程复杂，且北方气候寒冷。"布衣"是对中国农牧民传统的称谓。元朝初年的人对丝、麻和棉花的优劣就有比较："比之蚕桑，无采养之劳，有必收之效；埒之枲苎，免绩缉之工，得御寒之益。可谓不麻而布，不茧而絮。"① 棉、麻直到20世纪80年代以前仍然是中国北方农业区或农牧交界地带普通百姓的主要衣料，一是他们仍然保存纺棉和制麻布技术，并将棉、麻布制作成衣服、口袋、绳索、床单等。二是他们的麻衣或棉布衣服吸汗、透气。三是麻和棉布比丝绸更暖和。四是麻棉布更耐磨。五是麻棉布比丝绸的价格要便宜得多，普通老百姓能够消费得起。只有从事非体力劳动的富贵人家，才有可能穿戴丝绸。现在已是21世纪第二个十年，中国丝绸产量达到历史最高水平，但丝绸仍然只是少数人夏季面料之一或睡衣，多数家庭仍然是内衣为棉布制品，外衣则由耐磨的化纤加棉麻等面料做成。因此从中国人自汉以来的生活实践来看，丝绸作为衣料中的极品，只适合不从事体力劳动且有足够的货币和精力消费这样衣料的人。对于欧亚通道上的其他国家的人们来说，对丝绸的需要也主要局限于富贵人家。如吐蕃王朝坐落于世界屋脊的青藏高原上，高寒气候使藏袍成为实用的衣服，丝绸作为昂贵、珍稀的衣料仅仅用来镶边或作为贵族贴身衣服而已。中亚的波斯帝国、中东的阿拉伯帝国、欧洲的罗马帝国的贵族们也使用从中国运来的丝绸，但相对于普通老百姓的人口数量来说，只占少数。但由于世界古代的时尚发展潮流掌握在以王权为代表的富贵阶层手中，因此丝绸就成为富贵的标志而为统治者阶层所宣传，致使后来者感觉丝绸在贸易中占着举足轻重的地位。

---

① 汪灏等编：《广群芳谱》卷一二，康熙四十七年内府刻本，第184页。

我们再从丝绸的贸易上来看,同样证实此点。实际上丝绸只是作为东方向西方输出的商品之一,且贸易额并不大。有些作者认为西汉武帝派遣张骞通西域就是为了与西方做丝绸贸易的说法已经为西汉时期的史料证实是不合当时实际的。因为以西北为政治经济文化中心的西汉政府立国之际就遭受强大的匈奴攻击,为了巩固政权,不得不对付匈奴,因此"断匈奴右臂"才是其真实意图。三国两晋南北朝时期,一是由于中国境内由西向东的道路总是为一些割据政权所阻断,所有贸易都受到不同程度的影响,丝绸贸易自然也受到影响。二是在有限的贸易商品中,丝绸只是商品之一。尽管丝绸作为奢侈品利润要高一些,但除丝绸之外,既能赚钱又能使更多东西方民众受益的商品可能会被商人贩运。如粟特商人从中亚带来的商品有毛织品、金属制品,从中国贩运回去的商品则除了丝绸之外,还有火药、药材、农作物种子等商品。另外从塔里木盆地挖掘出来的古墓衣着尽是毛织品、麻织品的实际情况来看,丝绸并不是这些丝绸之路沿线重要区域的民众消费品。三是以畜力为基础的交通和运输工具不可能承载大量商品,如骆驼、马、骡、驴等。据估计,"一支由 30 只骆驼组成的沙漠商队,只能装载 9000 公斤的货物,而一艘海船可载货 60 万至 70 万公斤,相当于两千头骆驼的运输量,二者优劣显而易见"①。四是遥远的距离也使商品运输受到影响。鉴于以上原因,丝绸贸易量在丝绸之路兴盛的汉到唐之间并没有我们想象得那样大。唐末以后,西北沙漠戈壁绿洲区域生态环境的进一步恶化和中国东部南方进一步开发,中国政治经济文化中心逐渐东移南迁,以长安为起点的丝绸之路逐渐从国家通道变成西北区域通道,虽然丝绸之路仍然发挥着人行、商贸的作用,但五代十国时期、宋辽金元时期的长期战乱与生态环境的继续恶化,则使这条道路的使用率明显下降。加上南方丝绸产量的不断上升和海上丝绸之路的兴起,最终这条道路上的丝绸贸易规模都不能过高地评价。

---

① 郭卫东:《丝绸、茶叶、棉花:中国外贸商品的历史性易代》,《北京大学学报》2014 年第 4 期。

　　既然丝绸并非丝绸之路上交易额最大的商品，那么为什么德国地理学家李希霍芬提出这一名称后不但没有遭到东西方各国和各职业群体的反对，反而完全接受呢？本成果认为有以下几点原因：

　　第一，欧洲对中国的认识始于丝绸。"古希腊人和罗马人将安息人辗转贩运的光滑而美丽的丝绸称作'西尔克'（silk），而称生产丝绸的中国为'赛里斯'（seres），中国人为'赛里斯人'。"赛里斯，即丝绸，说明欧洲人对中国的了解始于丝绸。丝绸柔软的质地、鲜艳的色彩及出自中国不同区域的图案，不仅使欧洲人了解了中国人的丝绸制作技术和中国人的色彩与图案的审美观，也使欧洲富贵阶层享受了丝绸作为衣料的舒服和安逸，因此欧洲人在众多的商品中选择了丝绸作为中国的代表性商品。

　　第二，李希霍芬提出这一名称之时，正是以中国南方为基地的中国与欧洲丝绸贸易持续发展的时期，欧洲这时作为世界上经济最发达的区域使上到权贵下到百姓均有经济实力来消费这种日常生活离不开的商品。根据北京大学郭卫东教授的统计："1679 年，英国东印度公司董事部命令购买丝织品 18500 匹，丝绒 300 匹，还有生丝 40 捆。数目及价格是：披肩丝 9500 匹（每匹 2300 铜钱），苏炫丝 5000 匹（每匹 1300 铜钱），毛丝 2000 匹（每匹 5500 铜钱），薄绸 2000 匹（每匹 1350 铜钱）。……1694 年，名为'多萝西号'的公司船只（Dorothy）到厦门，该船主要'投资于精细货品——在指定的购货项目中 30000 匹为丝织品，而生丝在每磅不超过 6 先令的价钱内，尽量买入'。1697 年 7 月，装载 400 吨的'纳索号'（Nassau）从伦敦放洋厦门，公司要求的购货品种是生丝 30 吨，丝织品 108000 匹，优质丝绒 600 匹。"① 由此可见，中国的丝织品在新航路开辟后的几个世纪中通过海上通道进入欧洲市场，进一步加深了欧洲传统上对中国以丝绸为代表的商品的认识。

---

① 郭卫东：《丝绸、茶叶、棉花：中国外贸商品的历史性易代》，《北京大学学报》2014 年第 4 期。

第三，中国人很快从"丝绸之路"的名称中体会到中国的价值，进而很快认同了这个名称。虽然这条道路涉及欧亚大陆，但其名称却以中国的代表性商品"丝绸"作为名称，这是中国人无论权贵或平民都愿意看到的事情。尽管丝绸在陆上丝绸之路时期并不是贸易规模最大的商品，而是欧洲开辟新航路后丝绸从南方海上通道进入欧洲。但只要将这条道路以中国的商品作为道路的名称，对于提高中国作为国家的知名度和国际地位来说都是好事，再说丝绸光滑顺达的质地也赋予这条以丝绸为名的道路美好的象征意义。因此从政府到民众，很快接受了由德国地理学家李希霍芬提出的这一名称。

总体来说，丝绸之路是东西方共同开拓和认同的道路，而提出这一名称的德国地理学家李希霍芬则是充分反映了东西方国家及民众期望这条通道如同丝绸一样畅通的象征意义。日本历史学家前岛信次在《丝绸之路的 99 个谜》一书中，以诗化了的语言赞美丝绸之路："这个名称象征着，以许多民族的智慧作为梭子，来回往复地交织着这片由东西文化交流而成的、雄伟绚烂的织锦。"从这一点来说，作为学者的李希霍芬，其归纳抽象的"丝绸之路"名称的功绩不可磨灭。

第二节　古丝绸之路、"一带一路"倡议

鲁迅先生曾经在其随笔中说过："本来这世上并没有路，只是走的人多了，也便成了路。"这句话道出了路之所以成为路，是因为人的缘故。丝绸之路也一样，她是东西方人类共同走出来的道路。但这条路，也和其他路不同，不同之处就在于分支多、道路遥远、路况复杂、历时长等。本节着重对这一道路的古代区域和现代区域进行界定。

一、古丝绸之路

本书涉及的古丝绸之路主要是指古代陆上丝绸之路。在中国境内，这条古代陆上丝绸之路包括三条支线：即居于中间的绿洲道、居于南部的

青海道和居于北部的草原道。下面分别论述。

　　绿洲道是古代陆上丝绸之路中国段中交通最方便、驿站最齐全的道路。也是东西方人类走得最多的一条道路。即"从关中过陇山，经河西走廊入西域，即所谓的'河西路'"①。此道分东、中、西三段，其中东、中段与中国相关。东段"以东安为出发点，从东往西进入走廊，则有南、北、中三条路线可走，北道经平凉、固原、景泰到武威，这条路线最捷，但经腾格里沙漠边缘，比较艰苦。南道经陇西、渭源、临洮、西宁入扁都口到达张掖，此道绕路最多，但除扁都口一段外，沿途都是农业区，易于行走。中道系由南道衍化而来，即到临洮后，转北经兰州、永登，翻乌鞘岭。此道比北道稍长，比南道便捷，除乌鞘岭较为险峻外，沿途人烟稠密，行旅方便。据史书记载，秦、汉、魏、晋时期，行人多从南北二道入河西，中道似入唐以后，才成为东西主要干线。"②中段在《汉书·西域传》记载中有两条："西域以孝武时始通，本三十六国，其后稍分至五十余，皆在匈奴之西，乌孙之南。南北有大山，中央有河，东西六千余里，南北千余里。东则接汉，厄以玉门、阳关，西则限以葱岭。其南山，东出金城，与汉南山属焉。其河有两源：一出葱岭出，一出于阗。于阗在南山下，其河北流，与葱岭河合，东注蒲昌海。蒲昌海，一名盐泽者也，去玉门、阳关三百余里，广袤三四百里。其水亭居，冬夏不增减，皆以为潜行地下，南出于积石，为中国河云。自玉门、阳关出西域有两道：从鄯善傍南山北，波河西行至莎车，为南道；南道西逾葱岭则出大月氏、安息。自车师前王廷随北山，波河西行至疏勒，为北道；北道西逾葱岭则出大宛、康居、奄蔡焉。"③两汉之后，中国进入三国两晋南北朝时期，此路因战乱而为众多民族政权所控制，一部分东西方商贸文化交流活动则改由青海道进行，另一部分则沿草原丝路进行。直到隋再次建立了统一多民族国家后，绿洲丝绸之路逐渐恢复和拓展。《隋书·裴矩传》记载的"丝绸之路"

---

① 张得祖：《古玉石之路与丝绸之路青海道》，《青海师范大学学报》2008 年第 5 期。

② 齐陈骏：《丝路考察纪略》，《兰州大学学报》1982 年第 4 期。

③ 高建新：《"丝绸之路"开拓与"胡文化"的输入》，《阴山学刊》2013 年第 6 期。

有三条："发自敦煌，至于西海，凡为三道，各有襟带。北道从伊吾，经蒲类海铁勒部突厥可汗庭，度北流河水，至拂菻国，达于西海。其中道从高昌、焉耆、龟兹、疏勒、度葱岭，又经钹汗、苏对沙那国、康国、曹国、何国、大小安国、穆国，至波斯，达于西海。其南道从鄯善，于阗，硃俱波、喝槃陀，度葱岭，又经护密、吐火罗、挹怛、帆延、漕国，至北婆罗门，达于西海。其三道诸国，亦各自有路，南北交通。其东女国、南婆罗门国等，并随其所往，诸处得达。故知伊吾、高昌、鄯善，并西域之门户也。总凑敦煌，是其咽喉之地。"① 即北路从现在新疆北疆进入中亚西去，中路从塔里木盆地北缘西去，南路则从塔里木盆地南缘西去。其中北路与草原丝绸之路重合。唐朝沿袭此道并继续拓展，使丝绸之路成为连接东方文明和欧洲文明的陆路大通道。但随着安史之乱的爆发，绿洲丝绸之路沿线再次沦为诸多民族政权统治区域，直到蒙古帝国和元朝建立后，又通过驿站和道路的修建恢复了绿洲丝绸之路，如早在成吉思汗时期，蒙古人就将驿站修建至中亚地区。成吉思汗在天山附近"凿石理道，刊木为四十八桥，桥可并车。"② 在攻打花剌子模国时，"当地突厥蛮向导很熟悉大道小经，带领蒙古人走一条少有人走的道路，这条路以后就称为汗之路。"③ 第一次西征完成后，成吉思汗在回师途中消灭了盘踞在河西走廊、阻塞陆上丝绸之路交通的西夏，这样从草原和中原通向西域的道路因蒙古人第一次西征而敞开。窝阔台即位后，则设置了从哈喇和林到察合台封地、再从察合台封地到拔都封地的驿道。为此，窝阔台将修建驿站作为自己一生所做四件好事之一加以记载。窝阔台时期能够将驿站从漠北的和林修至东欧伏尔加河流域的金帐汗国，与蒙古第二次西征有密切的关系。金帐汗国的驿站则远比伏尔加河流域更远。因为普兰·迦尔宾和鲁不鲁克经过金帐汗国右翼管辖范围时，曾经得到撒儿塔宗王的驿站帮助。13 世纪

---

① 高建新：《"丝绸之路"开拓与"胡文化"的输入》，《阴山学刊》2013 年第 6 期。
② 李志常：《长春真人西游记》，商务印馆 1937 年版，第 24 页。
③ [伊] 志费尼：《世界征服者史》上册，何高济译，翁独健校，内蒙古人民出版社 1980 年版，第 118 页。

50 年代蒙古人举行的第三次西征又使东亚、中亚、中东直到地中海东岸的交通为之畅通。可以说，因蒙古军队的三次西征，东西交通再次畅通。志费尼为此写道："他们（指蒙古人）的领土日旷，重要事件时有发生，因此了解敌人的活动变得更加重要起来，而且把货物从西方运到东方，或从远东运到西方，也是必需的。因此，他们在国土上遍设驿站，给每所驿站的费用和供应做好安排，配给一定数量的人和兽，以及食物、饮料等必需品。"① 在蒙古帝国诸位大汗的倡导下，陆上丝绸之路再次畅通。除草原丝绸之路外，此路"当然还有从中原经河西走廊直通中亚的传统商道。"② 即绿洲丝绸之路在蒙元时期再次畅通。但这却是陆上丝绸之路的最后畅通时期。因为早在唐代后期开始的中国政治经济中心东移南迁，东部运河的修建、海上航行技术不断完善，最终海上丝绸之路代替陆上丝绸之路成为中国与世界联系的国家通道。

青海道是指"由祁连山南坡沿湟水至青海湖，再经柴达木盆地而达今新疆若羌的古'青海路'"③。因为"湟水两旁地广肥沃，宜于人类居住，况且湟河河谷文化发达，由史前至汉，皆为人类活动甚盛地方，史前遗物，比比皆是，与渭河及洮河流域相类似"④，因此也就成为丝绸之路的南道。"1948 年著名考古学家裴文中从陶器在河湟流域的东西交流出发，认为古青海路（由祁连山南部沿湟水至青海湖，再经柴达木盆地而达今新疆若羌）是汉以前中西交通的最主要通道。当时玉器虽然尚未引起重视，但裴先生勾勒的这条通道却实实在在穿越盛产美玉的昆仑山，极有可能就是昆仑玉东输之路。"⑤ 此道在魏晋南北朝时期因河西走廊先后出现了前凉、后凉、南凉、西凉、北凉等地方割据政权之间战祸频繁，导致

① ［伊］志费尼：《世界征服者史》上册，何高济译，翁独健校，内蒙古人民出版社 1980 年版，第 34 页。
② 张来仪：《蒙古帝国与丝绸之路的复兴》，《甘肃社会科学》1991 年第 6 期。
③ 张得祖：《古玉石之路与丝绸之路青海道》，《青海师范大学学报》2008 年第 5 期。
④ 裴文中：《史前时期之东西交通》，《边政公论》1948 年第 7 期。
⑤ 张得祖：《古玉石之路与丝绸之路青海道》，《青海师范大学学报》2008 年 5 月；唐启翠：《"玉石之路"研究回顾与展望》，《上海交通大学学报》2013 年第 6 期。

绿洲道时常阻塞而出现的由吐谷浑控制的道路。立国长达 350 年的吐谷浑国是由鲜卑慕容部建立的在今甘肃西南部及青海草原的国家,"经过树洛干、阿豺、慕瑇、慕利延等几代人的开拓经营,成为地跨东西数千里,包括鄯善、于阗在内的中国西部强国。"① 在吐谷浑控制下的这条道路,由东部的河南道和中部的湟中道组成,其中河南道古称羌氏道,因沟通古雍、梁二州,亦称雍梁道。道路具体经过区域是:"由吐谷浑早期牙帐所在地莫贺川(今青海贵南县茫拉河流域)沿黄河南东达洮河上游,经龙涸再沿岷江南下至益州;或经洪和(今甘肃临潭县)沿嘉陵江或汉江入长江,而后自长江而下抵达康巴的道路,即是丝绸青海路河南道东段的主要干线。"② 中部的湟中道则"从关中过陇西,渡黄河进入湟水流域,经鄯州(今青海乐都)抵达西平(今青海西宁),并向西、向南、向北辐射,西接羌中道(指沿青海湖南北两岸西行,横贯柴达木盆地进入南疆的道路),南连河南道(指黄河),北面通过乐都武威道、西平张掖道至凉州、张掖。人们把湟水流域这条四通八达的主干通道称之为湟中道。"③ 也就是说,在战乱频繁的魏晋南北朝时期,这条道路代替绿洲道成为中东方主要通道。

草原道是指从"今河(黄河)南北上经漠南阴山山脉至居延海绿洲(今内蒙古额济纳旗境内弱水下游),西向天山南北麓至西域,即所谓的'居延路'或'草原路'"④。"2009 年从地质矿物学的视角重构的和田玉东进中原的路线为:自和田向西北穿过塔里木盆地,到达阿克苏西行经库车、吐鲁番到哈密向东,经内蒙古西北草原道,穿居延海、黑水城(今额济纳旗),过阴山到包头,再南下太原到河南洛阳、郑州;或南下经陕西华县到西安。也许是知晓金属(青铜、铁)、玻璃、玉石镶嵌等制作技术的胡里安人和斯基泰人将技术和材料传至中亚,经由中国西北游牧部落传

① 张得祖:《古玉石之路与丝绸之路青海道》,《青海师范大学学报》2008 年第 5 期。
② 张得祖:《古玉石之路与丝绸之路青海道》,《青海师范大学学报》2008 年第 5 期。
③ 张得祖:《古玉石之路与丝绸之路青海道》,《青海师范大学学报》2008 年第 5 期。
④ 张得祖:《古玉石之路与丝绸之路青海道》,《青海师范大学学报》2008 年第 5 期。

至中国内地，通行时间在1500B.C—500B.C.。"① 说明这条日后被称为草原丝绸之路的道路在公元前1500年就已存在。后人也根据不断出土的考古资料，提出"在公元前1500—500年间古代玻璃器以及玉石材料从西向东和从北到南的转移路线图，这也是以古代草原之路为基础，从西亚和中亚进入中国内地。"② 在蒙元时期，草原丝绸之路"北穿南俄，南贯伊朗，其中有一条则从中亚细亚沿天山北麓直通蒙古和林，再从那里通到大都（北京）。另一条从西伯利亚南部沿萨彦岭北麓直通哈剌和林和大都。"③ 这条道路之所以开通，"一方面，由于欧洲对中国的丝绸和其他东方贵重商品的需要不断增加；另一方面，由于蒙古建国以后，驿道畅通，东西使节往来频繁。尤其经黑海东南俄草原，天山北路来中国的一条路线最便捷兴旺。"④ 当南面的绿洲丝绸之路阻塞时，全球气候又处于暖湿期时，这条道路就成为西方国家通过陆路进入中国的通道。与绿洲道和青海道相比，草原道自开通以来很少阻塞，一方面由于其处于草原的地理位置和比较寒冷的气候自然阻隔了更多的人在欧亚草原通过；另一方面，草原内部的游牧生活保障了这条道路始终处于开通状态，这也是中原王朝往往借道草原道借兵、贸易的原因。

总之，本书涉及的陆上丝绸之路，它包括绿洲道、青海道和草原道，三条道内部相通，商人、使节或其他东西方人士根据自己的需要选择较近的路线行走。

二、"一带一路"倡议

在中国境内的古丝绸之路在唐朝以后随着中国王朝不断东移南迁而

---

① 干福熹：《玻璃和玉石之路——兼论先秦硅酸盐质文物的中外文化和技术交流》，《广西民族大学学报》（自然科学版）2009年第4期；唐启翠：《"玉石之路"研究回顾与展望》，《上海交通大学学报》2013年第6期。

② 干福熹：《玻璃和玉石之路——兼论先秦硅酸盐质文物的中外文化和技术交流》，《广西民族大学学报》（自然科学版）2009年第4期。

③ 张来仪：《蒙古帝国与丝绸之路的复兴》，《甘肃社会科学》1991年第6期。

④ 孙培良：《丝绸之路概述》，《陕西师范大学学报》1978年第3期。

变成中国西北区域通道。中国王朝东移南迁与古丝绸之路沿线生态环境急剧恶化有关，也与东部运河及海上通道兴起有关。从此古丝绸之路就降为中国西北与中亚连接的通道。

峰回路转，古丝绸之路在从国家通道变成西北区域通道长达 1100 多年以后的 20 世纪 90 年代，复兴丝绸之路的讨论得到了不同国家、国际组织、知识分子以及文化界和商人的热烈响应。如 1993 年，在印度尼西亚举行的联合国会议上把复兴丝绸之路作为促进国际交流与合作的重要渠道。1998 年 9 月 7—8 日，在阿塞拜疆共和国首都巴库举行的会议上提出创建连接欧洲—高加索—亚洲地区的国际运输走廊。"1998 年，联合国教科文组织发起一个为期十年的项目，题为'丝绸之路的整合性研究'。在这个项目的带动下，大量的学术会议和讨论会，电影、图书、宣传册及各种文章纷纷面世；修复了一些在考古学和建筑学研究领域非常重要的纪念碑；建立了民族学研究中心和博物馆；复兴了当地民族经济，发展了手工制品行业；强化了教育活动。一些专门研究机构还发起了对丝绸之路连通印度、中国、日本和斯里兰卡的研究。"[①]2001 年，联合国开发计划署在丝绸之路地区的分支机构，甚至还提出过通过新丝绸之路促进沿途宗教之间的合作和发展。

新亚欧大陆桥诞生的背景则是 1990 年 9 月 12 日我国境内的北疆铁路与苏联的土西铁路在阿拉山口接轨。新亚欧大陆桥东起我国连云港，西至荷兰鹿特丹港，全长 1080 公里。连接和辐射亚欧两大陆 40 多个国家和地区，途经中、哈、俄、白、波、德等 7 个国家，即把太平洋和大西洋连结起来。[②]"与西伯利亚大陆桥相比，新亚欧大陆桥具有明显的优势：第一，地理位置和气候条件优越。整个陆桥避开了高寒地区，港口无封冻期，自然条件好，吞吐能力大，可以常年作业。第二，运输距离短。新亚欧大陆桥比西伯利亚大陆桥缩短陆上运距 2000—2500 公里，到中亚、西亚各国，优势更为突出。一般情况下，陆桥运输比海上运输运费节省 20%—

---

①　昆都：《丝绸之路的连通和地区运输走廊》，《俄罗斯研究》2013 年第 6 期。

②　姚建华、郎一环、沈镭：《古丝绸之路与新亚欧大陆桥——河西走廊经济发展思考》，《干旱区地理》1996 年第 1 期。

25%，而时间缩短一个月左右。第三，辐射面广。新亚欧大陆桥辐射亚欧大陆 30 多个国家和地区。第四，对亚太地区吸引力大。除我国（大陆）外，日本、韩国、东南亚各国、一些大洋洲国家和我国的台湾，港澳地区，均可利用此线开展集装箱运输。"① 因此新亚欧大陆桥是中国古代长城与丝绸之路不断延伸和拓展的结果。美国新丝绸之路战略的思想被认为源自约翰霍 – 普金斯大学高等国际研究院中亚高加索研究所的 F. 斯塔尔（S.Frederik Starr）教授。2005 年斯塔尔教授提出了大中亚的概念，这一概念曾流行一时。2007 年，由他主编的《新丝绸之路：大中亚的交通和贸易》出版。2009 年，美国开辟了经波罗的海、高加索、俄罗斯和中亚通向阿富汗的北方运输网（Northern DistributionNetwork），斯塔尔又提出利用北方运输网已形成的欧亚交通联系成为欧亚大陆的经济桥梁。美国国际战略研究中心的卡钦斯教授（A.Kuchins）等也是这一思想的倡导者。在美国准备从阿富汗撤军并寻求阿富汗未来安排之时，斯塔尔教授提出了以推动地区联系带动地区经济，以此来发展和巩固阿富汗经济。这些思想在斯塔尔发表的《在阿富汗国家建设的迷雾背后：给经济战略一个机会》以及他和卡钦斯教授联合发表的《阿富汗成功的钥匙：现代丝绸之路战略》等报告中集中地表达出来。但是，斯塔尔教授和美国政府的新丝绸之路战略不是完全等同的概念，前者是学术思想，后者是外交政策。斯塔尔教授也强调存在着两个新丝绸之路的概念：一个是一直在进行的欧亚大陆的交通和能源等的连接过程，另一个是美国的外交政策，它们之间虽有许多联系，但它们是两个概念。新丝绸之路战略的目标是以阿富汗为中心，把中亚和南亚连接起来。新丝绸之路不是指一条路线，而是指广泛的地区交通和经济的联系网络。按照美国官方的解释，新丝绸之路战略的建设包括软件和硬件两个方面。软件建设是指贸易自由化、减少贸易壁垒、完善管理制度、简化过境程序、加快通关速度、克服官僚作风、消除贪污腐败、改

---

① 　搜狗百科：《新亚欧大陆桥》，2020 年 1 月 21 日，见 https：//baike.sogou.com/v691318. htm？fromTitle=%E6%96%B0%E4%BA%9A%E6%AC%A7%E5%A4%A7%E9%99%86 %E6%A1%A5。

善投资环境等等。硬件建设则是指修建连接中亚、阿富汗和南亚的铁路、公路、电网、油气管道等基础设施。① 因此可以看出，美国的新丝绸之路战略是想通过软件和硬件两方面的建设，以阿富汗为切入点，连接中亚与南亚，对中国形成战略包围。

中国国家主席习近平于 2013 年 9 月在哈萨克斯坦纳扎尔巴耶夫大学演讲时提出了"丝绸之路经济带"概念，这是在古丝绸之路概念基础上形成的一个新的经济发展区域。包括西北五省区陕西、甘肃、青海、宁夏、新疆；西南四省区市重庆、四川、云南、广西。10 月，习主席又提出了"21 世纪海上丝绸之路"的合作倡议②；2014 年又进一步上升为"一带一路"。因此"一带一路"是"丝绸之路经济带"和"21 世纪海上丝绸之路"的简称。旨在借用古代丝绸之路的历史符号，高举和平发展的旗帜，积极发展与沿线国家的经济合作伙伴关系，共同打造政治互信、经济融合、文化包容的利益共同体、命运共同体和责任共同体。主要内容是依靠中国与有关国家既有的双多边机制，借助既有的、行之有效的区域合作平台。正如习近平总书记在博鳌亚洲论坛上指出的："一带一路"秉持的是共商、共建、共享原则，不是封闭的，而是开放包容的；不是中国一家的独奏，而是沿线国家的合唱。在此这一倡议的本质就是在共商中建立利益共同体，在共建中形成责任共同体，在共享中迈向命运共同体，最终实现"一带一路"沿线国家在和谐中合作、在发展中共存的人类利益、责任和命运共同体。在"一带一路"倡议中，有六条经济走廊与周边国家相通，这"六大经济走廊，指的是中国与'一带一路'沿线国家一道规划的一个经济带，建设包含中蒙俄、新亚欧大陆桥、中国—中亚—西亚、中国—中南半岛、中巴、孟中印缅六大经济走廊。"③ 如与蒙古国"草原之路"战略

---

① 赵华胜：《美国新丝绸之路战略探析》，《新疆师范大学学报》2012 年第 6 期。

② 人民网：《正确认识"一带一路"》，2018 年 2 月 26 日。

③ 搜狗百科：《六大经济走廊》，2020 年 2 月 21 日，见 https://baike.sogou.com/v140940 133.htm? fromTitle=%E5%85%AD%E5%A4%A7%E7%BB%8F%E6%B5%8E%E8%B5% B0%E5%BB%8A。

的对接，中国将华北、东北地区港口向蒙古国开放，使其能够通过这些港口走向海洋；中国—中南半岛经济走廊构建离不开中国云南和广西两省区的区域经济合作；东南亚的大湄公河次区域经济合作机制、东盟—湄公河流域开放合作机制和澜沧江—湄公河次区域合作机制在不断发挥区域合作作用；孟中印缅经济走廊、中巴经济走廊是中国与南亚尤其是与巴基斯坦联手合作的重要平台，也是丝绸之路经济带六条走廊中进展最顺利和最快的合作走廊。① 从以上"一带一路"及其包含的六大经济走廊来说，则是中国以草原和绿洲丝绸之路为起点，连接南方丝绸之路和海上丝绸之路，重返亚欧大陆、全方位开放与发展的战略蓝图。

---

① 邢广程编：《边疆蓝皮书：中国边疆发展报告（2019）》，社会科学文献出版社 2019 年版，第 1—10 页。

第三章　开通草原丝路的斯基泰人

斯基泰人是欧洲希腊、罗马时代记载较多的一个曾建立过横跨亚欧两洲并不断向欧洲迁徙的民族的名称。欧洲人曾将公元前 9000—前 2000 年活动于从东欧到中国蒙古高原区域的人通称为斯基泰人，就如同中国将整个北方草原的人通称为"北狄"一样。但斯基泰人只是希腊人对他们的称谓，波斯人将他们称为萨迦人，中国人则称他们为塞种。但由于欧洲人对亚欧草原游牧人的记载时间比较早，成果也比较多，加之新大陆发现后的学术话语权掌握在欧美国家，因此以斯基泰人这个名称称谓史前曾在亚欧草原活动 7000 多年的民族早已得到国内外的认同，因此本书在认同将这一时期活动于整个亚欧草原的民族通称为斯基泰的人基础上，也根据考古和历史文献资料，论述曾向西迁徙到黑海北岸的斯基泰人、向南迁徙到中亚和南亚的萨迦人和向东南或东迁徙的塞种人。

第一节　斯基泰人的起源

也许因为斯基泰人生存年代久远，因此对于斯基泰人的起始年代、生活方式、迁徙及最终去向的记载都比较零散，这也是至今人们对斯基泰人的认识仍然比较模糊的原因。本节即从零散的考古和历史资料中探究斯基泰人生活年代、生存地域，从而确定其起源和起源地。

一、关于斯基泰人的生活年代

关于斯基泰人的生活年代，有不同的说法，比如张瑞认为："公元前8世纪，活跃于欧亚大草原的斯基泰人自称是世界上最年轻的民族，他们尚武，崇拜黄金，弓箭所指之处无人能挡，建立起了横贯欧亚大陆最早的游牧帝国。斯基泰人强盛于公元前8世纪到公元前2世纪。"[1] 张龙海则认为："公元前1千纪期间，从中国边界至多瑙河岸边的'新月形'草原地带漫游着斯基泰人游牧族群。他们的出现使几乎整个欧亚草原早期铁器时代文化呈现出很大程度上的一致性。因此，欧亚草原的公元前9世纪—公元前3世纪时期又被学术界称为'斯基泰时代'。"[2] 在欧洲学者中，有些人认为斯基泰人自公元前8世纪即已出现在南俄草原[3]，至公元3世纪渐趋消亡[4]；有些人则认为"在公元前第七世纪到第三世纪期间也如往常一样仍是为俄罗斯草原上的主人"[5]。也就是说，中外学者们研究成果表明，斯基泰人生活年代的上限在公元前9000—前7000年之间，下限则在公元前3000—前2000年之间。但是将时间跨度7000年间生活在亚欧草原上的人均称为斯基泰人，只是泛称而已。那么我们就有必要梳理下这一漫长时期内在亚欧草原上活动过的人群，从中分析究竟斯基泰人具体指哪些人。

二、亚欧草原公元前9000—前2000年考古发现的人类文化遗址

欧洲学者之所以将公元前9000—前2000年左右在亚欧草原上生存的人类均称为斯基泰人，是因为这些文化遗址中均发现了符合他们总结的斯

---

① 张瑞莲：《飞越草原的格里芬》，《中国艺术》2017年第8期。

② 张龙海：《欧亚草原斯基泰时代铜镜初论》，《温州大学学报》2018年第4期。

③ Oswald Szemerényi. *Four old Iranian ethnic names*：*Scythian*；*Skudra*；*Sogdian*；*Saka*，österreichische Akademie der Wisésenschaften，1980，p.5.

④ Denis Sinor. *The Cambridge History of Early Inner Asia*，Cambridge：Cambridge University，1990，p.108.

⑤ [法] 勒内·格鲁塞：《原帝国》，蓝琪译，项英杰校，商务印书馆1998年版，第27页。

基泰人文化三要素（马具、兵器和野兽风格的纹样[1]）的遗物，那么本书以从东到西的顺序来罗列这些曾在亚欧草原上活动的人类，论述他们的文化因素和名称之间是否一致。

第一，夏家店文化。其范围北至西拉木伦河，东抵医巫间山麓，西达张家口，分布于内蒙古、辽西和河北一带。夏家店文化分为上层和下层。其中下层文化年代为公元前 2000—前 1500 年，属于先商文化，而后向南迁徙，它们与商文化的形成有关。从出土的文物来看，既有装饰虎、鹿、鸟、蛇等造型的銎柄曲刃、直刃、短茎、丁字曲刃等短剑，也有戈、斧、盾、镞和头盔，还有双联罐、鬲、鼎、豆形器等器皿。出土的车马具有三环形、马镫形和两端装饰猛兽造型的衔镳，还有当卢、镳、铃、銮铃、轭等，动物造型有鹿、虎、鸟、蛇、鸭、蛙、山羊、兔等。[2] 以上器物均具有斯基泰文化"三要素"。

第二，内蒙古林西大井的铜矿遗址。属于夏家店上层文化的繁荣期，具体时间为西周晚期至春秋早期约公元前 9—前 8 世纪。在遗址中不仅发现兵器和工具的石范，也发掘出南山根、小黑石沟等大型石撑墓，出土各类青铜器多达四五百件。青铜器的种类包括生活用品、兵器、工具、车马器及丰富多彩的动物纹装饰艺术品。生活用器有罐、鼎、扁、豆形器、勺、匙等；兵器有短剑、剑鞘、矛、管鉴斧和戈、盔、盾、链等短剑，包括銎柄曲刃或直刃剑、短茎或丁字形曲刃剑、直刃匕首式剑等多种，有些短剑装饰人形或虎、鹿、鸟、蛇等动物形象。车马器包括衔、镳、铃、銮铃、扣等。衔、镳制作精制，形式多样。衔有马镫形、三环形或两端做成倒刺，有的衔两端装饰伫立状虎或卷曲成环的猛兽形象[3]。从以上内容来看也完全具备了所谓"斯基泰三要素"——兵器、马具和"野兽纹"艺术。

---

① 沈爱风：《"斯基泰三要素"探源——上古亚欧草原艺术述略之一》，《苏州工艺美术职业技术学院学报》2009 年第 3 期。

② 沈爱风：《"斯基泰三要素"探源——上古亚欧草原艺术述略之一》，《苏州工艺美术职业技术学院学报》2009 年第 3 期。

③ 乌恩：《欧亚大陆草原早期游牧文化的几点思考》，《考古学报》2002 年第 4 期。

第三，陕北神木县纳林高兔村战国时期匈奴墓葬："1957 年，陕北神木县纳林高兔村的一座战国时期匈奴墓葬中，出土了一件钩喙蹄足鹿形金冠饰。这件冠饰长 11 厘米，高 11.5 厘米，鹰喙鹿身，眼部凸出，头角内曲，角分四叉，上有浮雕格里芬像，为立耳环眼鸟形。鹿身前肢挺立，后肢前跨，弯颈低头做角斗状，通身饰云纹，双角及钩喙饰棱纹，站在花瓣形底座上，造型奇特，雕工考究。"① 这一鹿形金冠饰具有鹿和金冠等典型的斯基泰文化因素。

第四，阿尔泰巴泽雷克文化遗址。该文化分布于苏联丘雷什曼河及其支流巴什考斯河之间的巴泽雷克谷地。公元前 8 —前 7 世纪该谷地的墓地出土的器物有蘑菇形首短剑、柳叶形链、青铜刀、马蹄形衔、节约、带扣、镜形饰，以及镀金青铜猛鸟头像、角制三孔马镳等。② 公元前 5 —前 4 世纪，因高寒山区的环境而得以保存得很好的文物有：丝织品、毛织品、皮革制品、木制品、角制品、金银铜制品、宝石制品等。③ 这里的文物即有斯基泰三要素，也有其他文物。

第五，图瓦阿尔然王陵遗址。图瓦地区早于公元前 7 世纪的文化遗存以阿尔然王陵为代表，出土的随葬品有：青铜短剑、啄锤、衔、镳、卷曲成环的虎纹牌饰、圆雕山地绵羊顶饰、用鹿角雕刻的马头等④，完全符合斯基泰文化特征。

第六，叶尼塞河中游米奴辛斯克盆地卡拉苏克遗址。早于公元前 7 世纪的是卡拉苏克文化，通常将该文化划分为卡拉苏克期和石峡期。石峡期的年代断为公元前 10 —前 8 世纪，这一时期的兵器有短剑、矛、镞等；工具和装饰品有刀、锥、凿、镜、牌饰、弓形器等。也属于典型的斯基泰文化类型。

---

① 张瑞莲：《飞越草原的格里芬》，《中国艺术》2017 年第 8 期。

② 乌恩：《欧亚大陆草原早期游牧文化的几点思考》，《考古学报》2002 年第 4 期。

③ 赤新：《斯基泰等文化对鄂尔多斯青铜器鸟（首）纹饰影响浅析》，《艺术探索》2009 年第 2 期。

④ 杨建华、包曙光：《俄罗斯图瓦和阿尔泰地区的早期游牧文化》，《西域研究》2014 年第 2 期。

第七，咸海沿岸、谢米列奇耶和天山地区的北塔吉斯肯“塞种”文化遗址：这是早期萨基人的遗址。萨基人在西方文献中也被称为斯基泰人，也就是中国文献中所称“塞种”的活动地域。公元前10—前8世纪咸海沿岸属于青铜时代晚期的文化遗存主要分布于北塔吉斯肯，发现的文化遗存有青铜兵器，主要是有昙铜链和柳叶形短剑，装饰品有不同类型的金银耳环①，符合斯基泰人文化特征。

第八，黑海北岸是斯基泰人迁徙记载最多且居住时间最长的区域。这里早于公元前7世纪的文化遗存的兵器有短剑和剑、弓矢、链等；马具主要是衔、镳及笼头部件；装饰品有金和铜的耳环、螺旋饰、牌饰等，但没有动物纹装饰。② 但在邻近的草原区域，则保存了动物纹饰。

从以上8种文化遗址来看，虽然出土文物均有不同程度地显示出斯基泰人文化三要素，但制造这些器物的人类名称却不一样，如夏家店、阿尔然、塞种、米奴辛斯克、巴泽雷等等，只有黑海北岸的人被明确地称作斯基泰人。至于为什么在从中国内蒙古的西拉木伦河到黑海沿岸的文化如此相似，主要是这个地带处于北温带的寒温带区域，游牧是自然与人类相互适应的结果，因而其文化上表现出惊人的相似性，直到今天也是如此。再从人类发展的历史常识也可以看出，在长达7000年的发展过程中，即使生活在亚欧草原某一处的人称作斯基泰人，但随着人口繁衍和外迁，外迁的人也会使用迁入地的名称或以带领他们外行的头人的名称命名其群体，因此欧洲历史学、考古学或人类学家以斯基泰人的名称称谓在公元前9000年以来的整个亚欧草原的人类群体仅仅是希腊人对亚欧草原游牧人的泛称而已。因为“基于古代希腊人的观点——正如他们将他们所知道的北方居民统归于一个单一的‘斯基泰人’名下，或者用荷马的语汇将之统称为‘nomades’，后来当他们发现西方居民时又以同样的方式，用‘凯尔特人’、‘伊比利亚人’Iberians)，或复合称呼‘凯尔特伊比利亚人’

① 乌恩：《欧亚大陆草原早期游牧文化的几点思考》，《考古学报》2002年第4期。

② 乌恩：《欧亚大陆草原早期游牧文化的几点思考》，《考古学报》2002年第4期。

（Celtiberians）、'凯尔特斯基泰人'（Celtiscythians），把几个民族并到一个名称之下——我坚持认为，正是基于古代希腊人的观点，所有大海之南的地方被称作了'埃塞俄比亚人'。"① 因此，"希腊人虽用斯基泰人来称呼黑海北岸和中亚地区的游牧民族，但个别古典作家如斯特拉波似乎也察觉到，斯基泰人只能当合名词来使用，当地人群的自称并不是斯基泰人，因为从里海开始，大量的斯基泰人被称作达海人，居住在更东的则被称作马萨格泰人和萨迦人，其余的被统称为斯基泰人。但每一个部落都有其自己的名称。他们全部或大部都是游牧民。其中最出名的则是取代巴克特里亚希腊人的阿西人（Asii）、帕西阿尼人（Pasiani）、托恰里人（Tochari）和萨卡拉里人（Sacarauli）。"② 所以斯基泰人是希腊人以熟悉的黑海北岸的斯基泰人为基础对亚欧草原具有相同文化因素的人群的泛称。雷海宗先生也说，"这一个大的世界没有固定和清楚的名称。如有名称，也是土著国家为它起的。中国自汉代起称它为西域，称葱岭以西的部族为塞人或塞种；希腊罗马称它为塞其提亚（Scythia），称其人为塞其提人（Scythae，即Scythians——笔者按）。"③ 这里的塞其提人就是斯基泰人。因此如同中国将整个亚洲北部草原的人泛称北狄一样，斯基泰人就是希腊人对居住在亚欧草原的游牧人的泛称。

三、斯基泰人的起源与起源地

斯基泰在希腊语中就是牡鹿之意，波斯语"萨喀"（sakh）意思为鹿角、枝杈，因此波斯人将他们称为萨迦。俄罗斯学者瓦西里·伊凡诺夫·阿巴叶夫指出：欧亚草原游牧部落"斯基泰""萨迦"的族名和"牡鹿"一词同源。但荷马"也知晓生活在极北的人们；虽然他没有提到他

① Strabo，*Geography*，Loeb Classical Library，MA：Harvard University，1982，p.1，2，27.
② Strabo，*Geography*，Loeb Classical Library，MA：Harvard University，1982，p.8，2.
③ 雷海宗：《上古中晚期亚欧大草原的游牧世界和土著世界（公元前1000—公元750）》，《南开大学学报》1956年第1期；雷海宗：《伯伦史学集》，中华书局2002年版，第345页。

们的名称——即使如今也没有一个能够包含他们的共同的名称——他按
照他们的生活方式来刻画他们，称呼他们为'nomades'，亦即'骄傲的
hippemolgoi、galaktophagoi 和 abioi。'"[1] 学者奥斯瓦尔多·丝泽末仁伊则
认为"萨迦"一词的本意是"游牧"[2]。但无论是牡鹿还是游牧之意，都表
明这群人起源于草原，以放牧包括牡鹿在内的牲畜为生，当然牡鹿是最
主要的畜群。"因为他们是骑马民族，衣、食、住、行都离不开马。斯基
泰人带着尖尖的帽子，上身穿着宽大的衣服，下身穿裤子以便骑马；吃马
肉，饮马乳；没有耕地，没有城堡，他们都住房车——载有小屋的车——
上面起居。"[3] 所以牡鹿成为他们的图腾，游牧成为他们的生计方式。

至于斯基泰人起源地在哪里，则说法不同。如"从公元前一千年的
西伯利亚岩画，到公元前八世纪新疆阿尔赞大墓，都有牡鹿形象。牡鹿可
能是游牧部落图腾，也可能是草原女神象征。蜷卧的牡鹿、蜷身的豹子和
孤傲的雄鹰/鸟头，是上古斯基泰游牧文化三大图像"[4] 的话语中可以看出
他们以前可能生活在从阿尔泰山到乌拉尔的草原地带，也有人认为"斯基
泰人，又名西徐亚人或斯奇提亚人，是上古时期欧亚草原上比较活跃的一
支游牧民族。曾参与亚述、米底争霸。在公元前 7 世纪至公元前 3 世纪，
斯基泰人从阿尔泰山一带迁至高加索区域，从辛梅里安人手中夺取了南俄
罗斯草原。"[5] 由于西方文献记载的亚欧草原的历史事件均以有风口的阿尔
泰山为止，因此阿尔泰山区就成为西方史籍中斯基泰人的来源。

从文化遗存来看，具柄铜镜在斯基泰时代（欧亚草原的公元前 9 世
纪—前 3 世纪时期又被学术界称为"斯基泰时代"）欧亚草原的分布特点
是：以乌拉尔山为界，西部流行长柄镜，东部流行钮柄镜。如乌拉尔山以

---

[1] Strabo, *Geography*, Loeb Classical Library, MA：Harvard University，1982，p.1，1，6.

[2] ［美］乐仲迪：《阿兰游牧部落印章上的牡鹿纹》，娜达罕译，毛铭校，《内蒙古大学艺术学院学报》2017 年第 2 期。

[3] ［日］江上波夫：《骑马民族国家》，张丞志译，光明日报出版社 1988 年版，第 16 页。

[4] ［美］乐仲迪：《阿兰游牧部落印章上的牡鹿纹》，娜达罕译，毛铭校，《内蒙古大学艺术学院学报》2017 年第 2 期。

[5] ［法］勒内·格鲁塞：《草原帝国》，魏英邦译，商务印书馆 1998 年版，第 27 页。

东的"具柄镜镜体逐渐变小，镜柄逐渐变短，最后演变出方便游牧民携带的钮柄镜。有孔短柄镜有的直接来自变短的有孔长柄镜，有的是取具钮镜的钮来代替具柄镜的柄而产生。有钮短柄镜则明显是具钮镜和具柄镜的结合体。""乌拉尔山以西的欧亚草原地区，由于受近东、希腊的影响，斯基泰时代中后期流行长柄镜。其中融合希腊元素和斯基泰元素的动物装饰柄镜占很大比重，如柄端饰猫科动物，柄杆有纵向凹槽的'奥尔比亚铜镜'在当时就非常盛行。在形制上它具有希腊镜的长柄和斯基泰镜的折缘，在装饰上它具有希腊式的纵向凹槽和斯基泰式的动物雕塑。"① 那么我们从具柄铜镜以乌拉尔山为界的变化来看，乌拉尔山区应该就是斯基泰人的起源地。另外，我们从斯基泰人图腾变化中也可以判断其起源地。如"斯基泰人崇拜的格里芬有三种形象，鹰形格里芬、狮形格里芬和鹿形格里芬。鹰形是鹰头狮身，狮形为有翼的狮子，鹿形有异常繁复、鹰嘴状的长角。格里芬形象的西传以鹰形为主，而东传却以鹿形、狮形为主。"② 众所周知，鹰至今仍是欧洲许多国家的图腾，狮则是西亚的图腾，那么就可以断定斯基泰人迁徙到欧洲和西亚后文化上受到这些区域文化的深刻影响。而他们最早的牡鹿图腾则与他们的起源地相关。这个区域，自始至终离不开乌拉尔到阿尔泰山区域。另外我们从有些习俗可以追溯到阿尔泰山区，也能证明斯基泰人起源地就在阿尔泰山区域。如劙面亦称梨面、裂面、割面，这种"习俗最初出现于古代斯基泰人，后来随着古代丝绸之路（公元前七—前四世纪）的开辟，斯基泰人在开拓与维护这一交通干线的同时，将这一习俗从最初的活动地域传播、影响到了河套地区以及蒙古高原，被匈奴、氐羌、契胡、突厥、车师、粟特、铁勒乃至后来的蒙古、女真等民族接受，成为北方游牧民族的代表性文化符号，有其不可替代的神圣性。"③ 因此从多种文化因素上溯到源头，均离不开阿尔泰山到乌拉尔山区域，因此

① Jacobson E., *The Art of the Scythians*: *the Interpenetration of Cultures at the Edge of the Hellenic World*, New York: Brill, 1995, pp.182-183.

② 张瑞莲:《飞越草原的格里芬》,《中国艺术》2017 年第 8 期。

③ 孙永刚:《劙面习俗小议》,《赤峰学院学报》2009 年第 12 期。

这一区域就是斯基泰人最早起源地。

从地理因素来说，方便斯基泰人在气候变冷条件下向南迁徙的路线只有向西迁入欧洲、向南迁入中亚南亚和东或东南方迁入蒙古高原或青藏高原。众所周知，由于青藏高原在印度板块推动下北移和隆起，使得阿尔泰山以西的亚欧草原上的人在北移和气候越来越冷的情况下南迁时只能选择向乌拉尔—阿尔泰山西部的欧洲或西南的中亚南下，或在阿尔泰山以东沿丝绸之路和藏彝走廊向南迁徙。因此，从欧洲文献和地理常识来说，斯基泰人源于阿尔泰—乌拉尔区域有一定的说服力。

从考古角度来说，早在 2008 年在西伯利亚南部阿尔泰山丹尼索瓦洞（Denisova Cave）就发现了人类一块指骨、一颗牙齿，以及一些饰物。通过 DNA 测序，科学家推测该化石来自一名 5 到 7 岁的女性，约生活于距今 5 万年前，被称为"X 女"（Woman X），被命名为丹尼索瓦人（学名：Denisova hominin）。它是人属的一个古人类分支，可能在更新世晚期生活于亚洲大陆。[①] 也就是说，阿尔泰山区域早在 5 万年前就有人类活动，那么斯基泰人作为亚欧游牧民族之一起源于此就有可能。

第二节　斯基泰人的迁徙

从上文的论述可知，斯基泰人起源于阿尔泰—乌拉尔山区后，在长达 7000 多年的历史中因自然和人口增长的原因，除了没有向北部寒冷区域迁徙外，开始了向西、向南、向东三个方面的迁徙。当然在原居地，仍然有斯基泰人生活。

一、向西迁至黑海北岸的斯基泰人

希罗多德在谈及斯基泰人迁徙时，曾采用了阿里斯特阿斯的叙事诗

---

① 华大基因：《藏族人高原适应能力或源于已灭绝的丹尼索瓦》，《青海科技》2015 年第5 期。

里的说法。"依据这位曾经到过伊赛多涅斯人（Issedones）居地的诗人的说法：居于斯基泰人东面的伊赛多涅斯人被阿里马斯比亚人（Arimaspeia）赶出了自己的国土，斯基泰人又被伊赛多涅斯人所驱逐，而居住于南海（此指黑海）之滨的辛梅里安人又因斯基泰人的逼侵而离开了自己的国土。"① 他也在提及斯基泰人的一支撒乌罗玛泰伊时写到"他们住在东边日出的方向，住在阿拉克赛斯河（Araxes）对岸和伊塞多涅斯人相对的地方。"② 至于他们为什么迁徙，根据考古资料和气象学资料，"在公元前 8 世纪时即有斯基泰人侵入黑海北岸，且因为从公元前 11 世纪开始的干旱气候延续"③。希波克拉底也在《论空气、水和地方》一文中"着重探讨了斯基提亚严寒天气对斯基泰人的影响，比如他提到斯基泰人身材矮小、身体娇弱、繁殖能力低、缺乏勇气、容易生病等。"④ 因此由于气候变冷，斯基泰人开始向西迁徙。如"希腊地理学家托勒密写于公元二世纪的《地理》第五章第九节第十六条提到了阿赛哦人，他们就住在后来阿兰人所居住的草原地域，阿赛哦人可能和阿兰人就是同一种人，或者是相亲邻的部落。貌似阿兰王子的名字阿赛，就是来自于阿赛哦人，阿赛哦这个族名是 Aorsi 游牧部族名字的变体，这一部落早在一世纪中就居住在高加索地区，常与阿兰人一同出现，在阿赛王子订制印章之前几百年。王子选择了卧鹿图像，头上顶着庞大无比的鹿角。阿赛王子在此刻意追溯斯基泰游牧艺术传统。"⑤ 即迁徙到高加索的这支斯基泰人，演变成为阿兰人。公元前 8—前 7 世纪，是西方学者界定的早期斯基泰时期。考古资料证明，他

---

① [希] 希罗多德：《历史》第五卷，王以铸译，商务印书馆 2007 年版，第 13 页。

② Herodotus，*The History*，Loeb Classical Library，with an English Translation by A D Godley Harvard University Press，1999，pp.201-203.

③ E. Marian Scott，Andrey Yu. A lekseev，and Ganna Zaitseva，*Impact of the Environment on Human M igration in Eurasia*，London：KluwerA cademic，2004，pp.10，36-41.

④ [苏] 波德纳尔斯基：《古代的地理学》，梁昭锡译，商务印书馆 1986 年版，第 61—62 页。

⑤ [美] 乐仲迪：《阿兰游牧部落印章上的牡鹿纹》，娜达罕译，毛铭校，《内蒙古大学艺术学院学报》2017 年第 2 期。

们的活动中心仍位于北高加索。在库班许多库尔干（墓葬）中发掘出土的文化遗存可以证明。如克列尔梅斯、乌尔斯基、科斯特罗姆斯科耶等地，不仅出土了具有"斯基泰三要素"特征的遗物，还有斯基泰人遗留下来的农庄、村落等遗址，这足以证明在公元前8—前7世纪，斯基泰人的活动中心在北高加索地区。根据发掘墓葬的类型、随葬品等特征分析，这一时期的斯基泰人已经出现了社会分化、产生了等级。① 除此之外，我们还可以从一些带有西亚文化风格的遗物判断：此时期的斯基泰人与西亚地区的交流非常深入，文化上相互借鉴，促进斯基泰文化更加丰富，不断进步。至于斯基泰人为什么从南俄草原再迁徙至黑海北岸，背景是地球气候变冷导致南俄草原包括斯基泰在内的人难以生存，直接的原因则是公元前6世纪，波斯、米底崛起，波斯国王居鲁士在位时期，不断扩张，攻打马萨格泰人等周边诸族，势力范围到达锡尔河以南地区，危及位于北高加索的斯基泰人。迫于波斯的征伐，原生活在黑海以东至锡尔河下游之间的马萨格泰人进入北高加索，使斯基泰人迁徙到了黑海北岸，② 于是斯基泰人中的一支进入了西亚，另一部分到了第聂伯河至顿河之间的草原上。来到西亚的斯基泰人，与亚述、米底等部族发生政治、经济和文化上的碰撞和交流。文献、考古资料都可证实斯基泰人与西亚发生了接触。如公元前722—前705年是亚述国王萨尔贡二世统治时期，亚述文献中首次提及"斯基泰人"。这一时期，斯基泰人危及亚述东北边境的乌拉尔图。③ 此后，他们与亚述发生多次战争。公元前679年，斯基泰人攻打亚述。6年后，他们联合米底人再次进攻亚述。④ 公元前653年，斯基泰人攻打亚述，亚述战败，于是，斯基泰人在西波斯到哈利斯河地区建立了

---

① GR.Tsetskhladze，*Ancient Greeks West and East*，New York：Brill Press，2018.

② 李建华：《关于斯基泰历史研究的几个问题》，硕士学位论文，广西师范大学历史系，2008年，第35页。

③ 刘雪飞：《斯基泰人与希腊罗马世界的关系》，硕士学位论文，华东师范大学人文学院历史学系，2007年，第98页。

④ Gocha R.Tsetskhladze，*Nath pontic archaeology：recent discoveries and studies*，New York：Brill，2001，p.40.

王国。此后近 30 年，斯基泰人控制了东西方交流通道，与希腊城邦的贸易活动频繁，带动了黑海北岸商业贸易的发展。因此，公元前 6—前 5 世纪，斯基泰人的政治经济和文化中心移居黑海北岸地区。同时，他们的足迹也留在叙利亚、埃及等地。因为考古资料显示在美索不达米亚、埃及和叙利亚等地，发现了公元前 7 世纪斯基泰类型的武器和箭头。公元前 624 年，米底国王消灭了大部分斯基泰人。剩下的斯基泰人，部分返回了南俄草原，只有一小部分留在了西亚，成为奴隶。以上资料表明，斯基泰人在势力强大时沿欧亚大陆交界的农牧分界区域向南迁徙，在势力受阻的情况下仍返回南俄草原。这里的欧亚大陆交界的农牧分界区域就是草原丝绸之路和绿洲丝绸之路的通行区域。但处在从东向西迁徙中的斯基泰人最终通过战争和贸易在黑海北岸的广大区域定居下来，不仅与西部的希腊人进行着各取所需的贸易，并且将希腊的商品通过早期的草原丝绸之路转向东方，也将东方的商品转向西方，将东方与西方文明连接在了一起。

到了公元前 3 世纪初，由于东北草原地区的萨尔马特人不断西迁，骚扰顿河以西和第聂伯河以东的地区，另一支来自中欧草原的凯尔特人也进攻巴尔干地区，加上亚历山大东征的影响，黑海北岸的和平局势被扰乱，斯基泰人所控区域局势紧张。凯尔特人几乎取代斯基泰人占领了巴尔干内陆。当地的斯基泰人要么被驱逐，要么被当地的色雷斯人和凯尔特人所同化。[1] 公元前 280 年左右，巴特塔奈伊作为凯尔特人的一支从特兰西瓦尼亚出发，联合部分斯基泰人、萨尔马特人和盖塔人，于公元前 3 世纪末，向东进攻第聂伯河以控制第聂伯河西部区域。迫于东、西两面的压力，斯基泰人势力受到削弱。此外，气候变化对斯基泰人的生存产生致命影响。公元前 270 年左右，黑海北岸的气候逐渐恶劣，第聂伯河下游的许多斯基泰人的村落消失，库尔干也未保存下来。[2] "斯基泰人又被更为凶悍的其

---

[1] Paul Lagasse，*The Colubia Encyclopedia*，New York：Columbia University，p.2550.

[2] 2019 年 11 月 20 日，见 http：//www.pontos，dk/research/ra_s/ra-s-climate-changes-and-long-term-history。

他部族从乌克兰南部赶到克里木。斯基泰王国在克里木存在到公元三世纪。以后由于到处流窜，就同化于其他各族。于是，他们的语言也消亡了。"[1] 总体而言，公元前6世纪，斯基泰人受到马萨格泰人的驱赶，被迫从北高加索迁徙至黑海北岸。这是斯基泰人的早期迁徙时期。公元前6—前3世纪，是斯基泰人迁徙的中、晚时期。这一时期，斯基泰人的活动、政治经济和文化中心在黑海北岸。斯基泰人通过对外扩张，势力范围向外延伸。伴随着迁徙活动，斯基泰人的生产方式从游牧向商贸和农耕转型，文化随之更加多元。

三、黑海北岸的斯基泰人的生产与生活

"斯基泰"这一称谓源自赫西俄德，他指出斯基泰人以车为家[2]，由此西方人就将居住在黑海北岸的这支从东方迁入的人群称为斯基泰人；在埃斯库罗斯（Aeschylus）笔下则是这样描述斯基泰人："首先，从这里折向日出的方向，走过那没有开垦的草原；然后去到斯基提亚的 nomades 那里，他们住在高高平稳的车上的柳条屋里，背上背着远射的弓；不要靠近他们，顺着那波浪冲击的海岸穿过他们的土地。"[3] 在希波克拉底笔下，"斯基泰人被称为 nomades，因为他们没有房屋而居住在马车里。最小的车有四个轮，而其他的车有六个轮，他们都可以防雨并御风雪；这些车用两对或三对无角牛（由于寒冷而不生角）牵引着。女人与孩子们在车里度日，男子自己则乘马，随着他们后面的有成群的马牛羊。他们在一个地方停留多久，将视饲料是否足够牲畜之用，一旦饲料不足，他们即迁徙他处。他们以熟肉为食品，饮马奶，而吃'希帕卡'（Hippace），这是一种马奶制

---

[1] 侯存治、于鹏飞：《古代斯基泰人》，《民族译丛》1983 年第 3 期。

[2] Henry George Liddell & Robert Scott ed., *A Greek-English Lexicon*, Oxford：Clarendon, 1996, s. v. Σκύθης；Strabo, Geography, p.7, 3, 7；转引自刘雪飞、刘啸《"游牧"与"Nomades"关系辨识》，《经济社会史评论》2017 年第 4 期。

[3] Aeschylus, "Prometheus Bound 707-712", in Aeschylus, V. I, Loeb Classical Library, London：William Heinemann；New York：G. P. Putnam's Sons, 1927；转引自刘雪飞、刘啸《"游牧"与"Nomades"关系辨识》，《经济社会史评论》2017 年第 4 期。

成的奶酪。"① 对于他们居住的马车，"在黑海北岸斯基泰人的坟冢里，考古学家发现了许多马车的陶土模型。"② 也就是说他们迁徙到黑海北岸后，仍然保持着这种居住方式。具体来说，"这是草原上常见的安放在车轮上的能移动的完整房屋，里面用毛毡撑起两个或三个房间。"③ "无独有偶，中国古代北方的游牧民族匈奴、乌桓也都使用一种车房，汉文称之为'穹庐'。据日本学者江上波夫研究，斯基泰人的马车与匈奴人的马车较为类似，穹庐部分皆用柳木搭架、毛毡覆盖，其下则与车辆连接搭配在一起，构成一个整体。"④ 因此用马上民族形容他们再贴切不过。

迁入黑海的斯基泰人的生计方式，记载最为详细的则是希罗多德，从他的写作中我们可以清楚地看到居住在黑海沿岸的斯基泰人已经分化出从事不同生计的分支。如 Skythaiaroteres（耕种土地的斯基泰人）、Skythaigeorgoi（作为农民的斯基泰人）和 nomades Skythai（游牧斯基泰人）。在描述黑海北岸的其他两个族群时，这种对比意味更为强烈："布迪诺伊人是当地的土著。他们是 nomades，在这些地区中间，只有他们是吃枞果的；盖洛诺斯人是务农的（ergatai），他们吃五谷（sitophagoi）……且有菜园……"⑤ 从事农耕的斯基泰人"种麦子不是为了食用，而是为了出售"；从事游牧的斯基泰人则"既不播种，又不耕耘"⑥，他们善于骑射。如在叙述波斯国王大流士入侵斯基泰人时，"敌人想要侵袭他们时，无

---

① Hippocrates，*Airs Waters Places*，London：William Heinemann；MA：Harvard University，1957；转引自刘雪飞、刘啸《"游牧"与"Nomades"关系辨识》，《经济社会史评论》2017 年第 4 期。

② ［俄］阿尔茨霍夫斯基：《考古学通论》，楼宇栋译，科学出版社 1956 年版，第 111 页。

③ ［日］江上波夫：《匈奴の住居》，《江上波夫文化史論集 3・匈奴の社会と文化》，山川出版社 1999 年版，第 145 页。

④ ［日］江上波夫：《匈奴の住居》，《江上波夫文化史論集 3・匈奴の社会と文化》，山川出版社 1999 年版，第 149、152—153 页。

⑤ Herodotus，*History*，IV，Loeb Classical Library，London：William Heinemann；New York：G. P. Putnam's Sons，1926，p.109.

⑥ Herodotus，*History*，IV，Loeb Classical Library，London：William Heinemann；New York：G. P. Putnam's Sons，1926，p.17，19.

从发现亦无法捉住。原来他们并不修筑固定的城市（astea，城市 asty 的复数）或要塞（teichea），他们的家宅随人迁移，而他们又是精于骑射之术的。他们不以农耕为生，而是以畜牧为生的。他们的家就在车上（phereoikoi），这样的人怎么能不是所向无敌和难与之交手呢。"① 也就是说，这些在黑海沿岸生活的斯基泰人已经是多元生计、善于打仗的群体。

至于斯基泰人在黑海沿岸的具体活动范围，希罗多德也有明确的记载。他说斯基泰人所居地域斯奇提亚"是一个方形的国家而且有两面是临海的；它有两面在内地，再加上沿着海的两面，就构成了四面相等的一个正方形。"② 他所说的"斯基泰亚不像罗马作者所说的那样辽阔，而只是指自黑海和阿速夫海北岸向内陆伸展的一片正方形的土地，正方形的每一边各二十日程约合 460 英里，西起伊斯特河（今多瑙河）下游，东临坦奈斯河（今顿河）。那是一片几乎没有林木的草原。在黑潘尼斯（今布格河）以西住着希腊化的务农的斯基泰人；波雷斯泰尼（今第聂伯河）和奥斯提湖（今阿速夫海）之间是游牧的斯基泰和王族斯基泰的牧地。顿河是斯基泰亚的东界，渡过顿河是萨尔马泰界。萨尔马泰人居地从阿速夫海上端向北延伸十五日程，境内无树。再前行是布迪尼境，林木茂密之区；在另一处，希罗多德又补充道：布迪尼是强大的部族，他们有深蓝色的眼睛和明亮的头发。他们是当地的人，食鼠。境内有城，名格伦，四围有高垣，木制。格伦人本是希腊人，他们从黑海沿岸被逐至布迪尼境定居，从事农耕。布迪尼境还有深广的湖，中有水獭、海狸，另有方面兽，土人用以镶饰连巾外衣的边缘。"③ 这表明顿河以西的人是指具体的斯基泰人。另有记载认为："在斯奇提亚沿海正中北方，即包律斯铁涅司河（第聂伯河）以北是主要居住着农业斯基泰人，再东去便到了游牧的斯基泰人的地区。稍作分析可知，作者所认为的斯基泰人则主要指东起塔纳伊司河（顿河），

---

① Herodotus, *History*, IV, Loeb Classical Library, London：William Heinemann；New York：G. P. Putnam's Sons, 1926, p.46.

② [希] 希罗多德：《历史》卷五，王以铸译，商务印书馆 2007 年版，第 101 页。

③ [希] 希罗多德：《历史》卷五，王以铸译，商务印书馆 2007 年版，第 108—109 页。

西至伊斯特河（多瑙河）之间的游牧者而言的。"① 也就是说，顿河与多瑙河之间、黑海北岸的区域就是斯基泰人生活的区域。罗马帝国时期，普鲁塔克（Plutarch，约45—120年）在为盖乌斯·马略（Gaius Marius）所做的传记中也记述斯基泰人的方位和来源：高卢人的国度从西方的海洋一直延伸到麦奥提斯湖，与黑海的斯奇提亚地区相接，几个民族混在一起。每个部落虽有不同的名称，但人们在习惯上称呼这个群体为高卢—斯基泰人（Gallo-Scythians）。同时，这位古代世界最多产的作家还说道，"辛梅里安人其实只是这个民族中的人数很少的一部分，在斯基泰人之间和其他部落产生纷争时被驱赶出来了。"② 即斯基泰人是与其他部落有纠纷而被迫来到黑海的斯奇提亚居住，它的西面就是高卢人居住区域，东面是萨尔马泰人居住区域，黑海北岸的顿河与多多瑙河之间区域是希腊人所说的具体的斯基泰人生活区域。

四、黑海北岸的斯基泰人继续西迁、南迁与东迁

西迁到黑海北岸的斯基泰人除了建立克里米亚王国外，其余则融入后起民族之中。根据西方史籍的记载："公元前4世纪和前3世纪之交，黑海北岸的人因受到东方游牧族群萨尔马特人的攻击，大部分溃散，余部退往克里米亚，建立了克里米亚斯基泰王国。"③ "除了这一小部分人群继续被希腊人称为斯基泰人外，占据此地的萨尔马特人及后续占领此地的阿兰人（Alans）、哥特人（Goths）等也都会依然被贴上斯基泰人的标签。"④ "中世纪从东方来的匈人（Huns）及其他游牧民族或因生活方式与

---

① 王三三：《古典时期"斯基泰人"概念的历史衍化》，《北方民族大学学报》2012年第5期。

② Plutarch, *Lives*, IX, Pyrrhus and Gaius Marius, Loeb Classical Library, with an English Translation by Bernadotte Perrin, Harvard：Harvard University, 1996, pp.2-5.

③ Guy Halsal, *BarbarianM igrationsand the Roman West*, Cambridge：Cambridge University, 2007, p.51.

④ Guy Halsal, *BarbarianM igrationsand the Roman West*, Cambridge：Cambridge University, 2007, p.51.

斯基泰人相似，或因曾占据斯基泰人故土，也被称为斯基泰人。"① 中世纪兴起于东欧草原上的罗斯人（Rus），其生活方式虽与斯基泰人不同，但因占据斯基泰人故土，有时也被拜占庭人贴上斯基泰人的标签。斯基泰人的名称被后起在斯基泰人曾经生活过的土地的民族使用，但族群成分已发生变化，这就为以后斯基泰名称淡出欧洲奠定了民族基础。

南迁的斯基泰人则建立了著名的帕提亚王朝。西迁黑海北岸斯基泰人在公元前4—前3世纪交替之际受到东方游牧人萨尔马特人攻击后，南下，建立了帕提亚王朝（公元前247—前224年），就是中国史书中所说的安息帝国。帕提亚作为斯基泰人的分支，"由于内部的不和而被迫离开斯奇提亚后，他们便悄悄地迁居于邻近赫尔卡尼亚（Hyrcania）、达赫（Dahae）、阿里（Arei）斯帕尔尼（Sparni）以及马尔基亚尼（Mar giani）的荒地。"② 斯特拉波在《地理志》中说："这些游牧民居住在当我们驶入里海时的左边沿岸，他们被今天的作家称为达依人（Daae），绰号是阿帕尔尼人。……在达依人中，一部分称为阿帕尔尼人，一部分称为克桑提人（Xanthii），还有一部分称为皮苏里人（Pissuri）。三者之中，阿帕尔尼人紧靠赫尔卡尼亚和邻近里海的部分，其余的部落甚至一直延伸到与阿里亚平行的地区。"③ "其中的阿帕尔尼人，在阿尔萨息的领导下建立了帕提亚国家。"④ 查士丁也明确地记载了帕提亚人建国的情形："阿尔萨息以劫掠为生，因此当他听说塞琉古在亚洲败于高卢人的消息后，便消除了对塞琉古国王的恐惧，与一群劫匪闯入帕提亚。阿尔萨息打败并杀死了帕提亚的总督安德拉戈斯，自己登上了王位。"⑤ 帕提亚人之所以能够建立这个王朝，与他们从祖先那里继承的善于骑射有关。因为"安息人（即帕提亚

① E. A. Thompson and Peter J. Heather, *The Huns*, Wiley-Blackwel, 1999, p.14.

② ［罗马］查士丁：《庞培·特罗古斯〈腓力史概要〉》，亚特兰大1994年版，第1—10页。

③ ［罗马］W. W. 塔恩：《巴克特里亚和印度的希腊人》（W.W.Tarn, *The Greeksin Bactnaand India*），剑桥1951年版，第295页。

④ 王三三、邵兆颖：《帕提亚人的斯基泰渊源文献与考古学证据》，《世界历史》2014年第2期。

⑤ ［罗马］查士丁：《庞培·特罗古斯〈腓力史概要〉》，亚特兰大1994年版，第4—7页。

人）一边躲避一边射箭。他们擅长这种战术，仅次于西徐亚人（即斯基泰人）；这种做法也很狡黠，在战斗犹酣时可以完全撤离，同时又避免了临阵脱逃的恶名。"① 他们"在很多时候都骑马，如去打仗、参加宴会以及各种私人的和公开的活动。他们在马背上行路、停歇、处理事务和谈话。"② 阿尔萨息去世后，由于"他在帕提亚人中间的名望，完全不亚于居鲁士在波斯人、亚历山大在马其顿人以及罗姆鲁斯在罗马人心目中的影响。帕提亚人将以后的国王都称之为阿尔萨息，从而来敬畏他的荣耀。"③ 在欧洲人的眼中，"世界为他们和罗马人所分据"。④ 这大概是斯基泰人西迁黑海北岸后再南迁的最大成就。

　　帕提亚王朝最终被自己的后裔萨迦人建立的萨迦斯坦政权所取代。这个政权在帕提亚王朝的东部，现在的伊朗和阿富汗之间，因此可能是斯基泰人南迁后继续东迁的结果。这个政权"和大月氏人统治大夏政权同时并存的南方地区（德兰吉安纳、阿拉霍西亚、甘德哈拉）仍为塞人政权，而德兰吉安纳、阿拉霍西亚从此被称为萨迦斯坦。现在该地区保留下来的名字叫锡斯坦。又据考证，萨迦斯坦地区的塞人原为安息治下的被统治民族，安息王米斯里达特二世死后，萨迦斯坦的塞人起而反抗安息总督（Suren）的统治，获胜后建立了塞人政权——萨迦斯坦。据考证，萨迦斯坦很可能是《汉书·西域传》中所说的乌弋山离国，这是一个以塞人为统治者的、塞人和波斯人杂居的地区，其立国时间约为公元前98—19年。"⑤ 这里的塞人就是波斯人所说的萨迦人。由于安息王朝（即帕提亚王朝）也是由欧洲人所说的斯基泰人建立的王朝，萨迦斯坦政权也是斯基泰人（波斯人称为萨迦人）建立的政权，因此从帕提亚到萨迦王朝，有可能

---

① ［罗马］普鲁塔克：《希腊罗马名人传》上卷，黄宏煦译，商务印书馆1990年版，第606页。
② ［罗马］查士丁：《庞培·特罗古斯〈腓力史概要〉》，亚特兰大1994年版，第3—4页。
③ ［罗马］查士丁：《庞培·特罗古斯〈腓力史概要〉》，亚特兰大1994年版，第5—6页。
④ ［罗马］查士丁：《庞培·特罗古斯〈腓力史概要〉》，亚特兰大1994年版，第1—10页。
⑤ 彭树智：《一个游牧民族的兴亡——古代塞人在中亚和南亚的历史交往》，《西北大学学报》1994年第1期。

是西迁黑海北岸后又南迁建立帕提亚，其后裔又向东建立的另一个政权。因为这个政权是在帕提亚王朝的东面，又是斯基泰人后裔所建。所在地锡斯坦，位于西亚赫尔曼德河下游盆地，在阿富汗与伊朗之间。中亚的萨迦人建立的政权均在帕米尔西侧，距离阿富汗与伊朗之间的区域太远。

二、南迁进入中亚和南亚的萨迦人

关于斯基泰人的南迁，有一部分是从以前已经迁徙到黑海北岸并生活了若干世纪后再向南迁和东迁，如帕提亚、萨迦斯坦。除此而外，还有两条南迁的路线，一是直接从中亚北部的阿塞克湖、威海、里海北部的草原南下进入中亚和南亚；二是从乌拉尔—阿尔泰山区直接进入新疆和甘肃西部。

关于从中亚北部的阿塞克湖、威海、里海北部草原南迁的斯基泰人，在波斯文中被称为萨迦人。确切地说，他们的迁徙方向是沿乌拉尔—阿尔泰山向西南方向进入阿塞克湖、威海、里海以南的中亚。如描写公元前 4 世纪后半叶亚历山大大帝率部东征历史的阿里安记载："为了与向亚历山大遣使和谈的黑海北岸斯基泰人相区别，阿里安称中亚的这些游牧民族为亚洲斯基泰人，黑海北岸的则为欧洲斯基泰人。"[1] 斯特拉波和老普林尼（Pliny the Elder）写道，"斯基泰人和印度相临或居住在药杀水（Jaxartes，即锡尔河的旧称）的另一端。"[2] 特罗古斯提到斯基泰人曾三次称霸亚洲，无论是居鲁士、大流士还是亚历山大都未能征服他们。[3] 这三次称霸亚洲的事件就是在中亚和南亚东部建立了两个王朝。他们分别是：公元前 140—前 130 年间大夏（西方史籍中的巴克特里亚）、印度萨迦国政

---

[1]　[希] 阿里安：《亚历山大远征记》，李活译，商务印书馆 1979 年版，第 120—127 页。

[2]　Strabo, *TheGeography of Strabo*, XI, p.6, 2；Pliny the Elder, NaturalH istory, VI, Harvard：Harvard University, 1962, p.18.

[3]　Diodorus, *The Library of History*, II, Harvard：Harvard University, 1935, p.43；Justin, *The Book of the PhilippicH istories and Origin of the WholeWorld and Geography of the WholeWorld*, II, p.3, 2019 年 12 月 31 日，见 http：//www.tertullian.org/fathers/justinus_03_books01to10.htm.

权①；还有一个就是已经论述过的帕提亚。

　　第一个萨迦人建立的大夏政权的所在地，王欣教授认为："阿富汗东北部地区在古代曾被称为'巴克特里亚'（Bactria，即大夏），东部有帕米尔高原，南接被称为'大雪山'的兴都库什山，西为地势相对平缓的伊朗高原，北有阿姆河，从而形成了一个相对独立的地理单元。"② 因此虽然有不同人进入这里，但建立的政权都称为巴克特里亚，在中文中被称为大夏。雷海宗认为："于公元前 3 世纪中期占领了中央亚细亚药杀水（Jaxartes）及乌浒水（Oxus）流域的地方，建立国家，就是中国史籍中的大夏国。"③ 即西方史籍中的巴克特里亚王国。阿富汗史学家认为这个巴克特里亚王国是在"公元前 135 年左右，希腊巴克特里亚人被一群萨迦人（塞人）赶走，于是，嗣后的希腊国王的统治被限制在帕罗波密赛达省，首都设在卡比萨。"④ 因为这个大夏是萨迦人在被从东部来的大月氏一路追赶，从中亚再向南进入中亚与南亚的交界处的巴克特里亚并消灭了希腊巴克特里亚王朝的基础上建立的政权，因此彭树智教授认为它的存在应该在公元前 140—前 130 年之间。罗马时代的古典作家庞培·特罗古斯（Pompeius Trogus，约公元前后）也"说斯基泰人是帕提亚人和巴克特里亚人帝国的创建者。"⑤ 欧洲人的记载，也表明巴克特里亚是斯基泰人或萨迦人建立的政权。

　　第二个萨迦人建立的政权是印度萨迦国政权。这是一个与斯基泰人在安息之后建立的位于阿富汗和伊朗之间的萨迦人相区别的政权。它位于印度西北部，"根据《汉书·西域传》，塞人的南徙路线显然是从伊犁河、

---

① 彭树智：《一个游牧民族的兴亡——古代塞人在中亚和南亚的历史交往》，《西北大学学报》1994 年第 1 期。

② 王欣：《从巴克特里亚到吐火罗斯坦——阿富汗东北部地区古代民族的变迁》，《世界民族》2006 年第 4 期。

③ 雷海宗：《上古中晚期亚欧大草原的游牧世界与土著世界》，《南开大学学报》1956 年第 1 期；雷海宗：《伯伦史学集》，中华书局 2002 年版，第 352 页。

④ 彭树智：《一个游牧民族的兴亡——古代塞人在中亚和南亚的历史交往》，《西北大学学报》1994 年第 1 期。

⑤ Justin, *Epitome of the Philippic History of Pompeius Trogus*, translated by J. C. Yardley, Scholars Press, 1994, pp.10-21.

楚河流域，进入帕米尔地区，然后越过县度，抵达甘德哈尔的。当然这种迁移是逐步的，而且并不排除后来另有塞人自萨迦斯坦迁来的可能性。"① 这个萨迦政权就是《汉书·西域传》中的罽宾国。罽宾国的疆域以乾陀罗、咀叉始罗为中心，势力一度扩张到喀布尔河上游和斯瓦特河流域。塞人占领罽宾国的时间上限为公元前129年。从这个政权以其最早的马乌埃斯王铸的钱币正面铸有手执长矛的马上骑士来看②，就是波斯人所称的萨迦人建立的政权。

中国学者的研究成果表明，"公元前7世纪，塞人曾居住锡尔河下游到七河地，即伊塞克湖和巴尔喀什湖之间的广大地区。天山以北苏联境内各游牧部落通常也包括在塞人的总称之下。在人种和语言上，他们十分相近。塞人分有三支，其中的尖帽塞克居中亚两河地区，牧地塞克居药杀水与印度伊朗相邻，近海塞克居里海或宠特海岸。"③

以上各类典籍所说的欧洲的斯基泰人居住地黑海北岸、中亚萨迦人则在中亚和南亚的记载吻合。

从乌拉尔—阿尔泰山区直接进入新疆和甘肃西部的游牧人和移入中亚南亚的游牧人也被中文史籍称为塞种，与欧洲人所说的斯基泰人、波斯人所说的萨迦人是同一种人。之所以称其为塞种，是因为"见于汉文文献的大夏、大月氏、大宛、康居、奄蔡、乌孙、罽宾、乌弋山、离都可归入广义塞种。他们均系欧罗巴种，操印欧语系诸语言。"当我们"把塞种、萨迦、斯基泰等见于不同时间、不同地域文字记载的民族综合起来考察，进行假设对应研究，进而形成了一个上古中亚游牧民族大联合体的观念，即广义塞种。广义塞种描述的是上古欧亚草原曾存在过的一个大的可以一体观之的人种群落，他们在人种、语言、服饰和生活习俗上有很大的共

---

① 彭树智：《一个游牧民族的兴亡——古代塞人在中亚和南亚的历史交往》，《西北大学学报》1994年第1期。

② 彭树智：《一个游牧民族的兴亡——古代塞人在中亚和南亚的历史交往》，《西北大学学报》1994年第1期。

③ 张志尧：《略论我国阿尔泰、天山北部与东部的塞人——匈奴文化》，《中央民族学院学报》1988年第6期。

同之处，属于同一种族。"① 王炳华先生也认为：在公元前一千年的前半期、活动在新疆北部及天山地带的古代居民据有关文献和考古资料，主体就是塞人。作为岩刻人物的主体形象——狭面、深目、高鼻，明显具有欧罗巴人种的特征，而且头戴高帽，与文献中所反映的塞人的形体及服饰特征一致。"② 我们也从"故乌孙民有塞种、大月氏种云"及"自高昌以西，诸国人等深目高鼻"③ 的话语中体现到塞之所以成为种，是因为它与蒙古人种之间存在着种的不同。但也如同斯基泰人有泛称和具体所指一样，塞人的泛称也是中国人对整个亚欧草原民族的称谓，具体所指则是生活在中国西北部的月氏、乌孙及中亚萨迦人的称谓。因为对欧洲不了解，中国人所指的塞人泛称中可能不包括希腊人所说的斯基泰人。

根据巴泽雷克墓地、阿尔赞墓地、洋海墓地、哈密五堡古墓等考古发掘成果，早期部分斯基泰人大致的迁徙路线："俄罗斯图瓦共和国北境西萨彦岭支脉土兰诺→乌尤克盆地→俄罗斯戈尔诺阿尔泰省巴泽雷克盆地→中国新疆阿勒泰地区→新疆吐鲁番盆地。这种迁移路线透露出早期斯基泰人的活动地域的拓展，那就是部分斯基泰人从南俄罗斯高加索地区进入到中国境内的草原地带。"④ 至于他们为什么从乌拉尔—阿尔泰区域向南迁入现在的中国新疆和甘肃西部，"可能与欧亚草原东部的气候变化有关。自公元前 2000 年至公元前 1 世纪左右，挪威雪线一直在降低（雪线降低，表示温度下降；反之，表示温度上升），全球气温在一直变冷。南西伯利亚草原地带冬季本身就已经非常寒冷，这时气候变得更加干冷，对人们和牲畜的生活造成极大的挑战，游牧生活难以维持。"⑤ "但新疆地区在公元

---

① 赵明海：《"塞种"概念辨析》，《黑龙江史志》2011 年第 10 期。
② 盖山林：《劓面石刻与古代游牧民族劓面古俗的东传》，《宁夏国际岩画研讨会文集》，宁夏人民出版社 2001 年版，第 35—41 页。
③ （北宋）魏收：《魏书》，中华书局 1997 年版，第 2261 页。
④ 徐艳芹：《从新近的考古发现看斯基泰人在中西交流中的作用和地位》，《平顶山学院学报》2015 年第 6 期。
⑤ 徐艳芹：《从新近的考古发现看斯基泰人在中西交流中的作用和地位》，《平顶山学院学报》2015 年第 6 期。

前 2000 年至公元前七八世纪前后的气候变化趋势与此相类，却反而因地表水蒸发的减弱而缓解了新疆地区的干旱局面。"① 这就为斯基泰人迁入新疆和甘肃西部奠定了自然环境方面的基础。

洋海古墓群位于新疆吐鲁番地区鄯善县吐峪沟乡洋海夏买里村北约 1.5 公里、总面积 5.4 万平方米的火焰山南坡的戈壁地带上。墓地主要分布在相对独立的三块略高出周围地面的台地上，台地呈现长条形，南北走向，南高北低，微有缓坡。三块台地相对隔离，上面的墓葬因特征、墓型均有较大差别，故分为Ⅰ、Ⅱ、Ⅲ号墓地。据专家考证，洋海古墓产生在距今 3000—2000 多年前，大约在西周至春秋战国时期。洋海古墓群在短时间内陆续出土了大量生活用具，如石头磨凿的纺轮，还有将中心掏空的木筒器具，其外表装饰着各种图案，口边和底角都以三角纹饰作装饰，中间刻有野山羊、野绵羊、老虎和狼等动物图案，这些动物的形象与中亚和欧洲广泛分布的鹿石、岩画中动物的造型有诸多相似之处。中德两国考古学家对新疆吐鲁番洋海古墓出土的相关服饰进行研究时，两条来自洋海古墓干尸上的有裆裤子，引起了大家的关注。据新疆文物考古研究所研究员吕国恩介绍，这两条裤子被认为属于两个 40 岁左右的男子，衣服表明他们的身份是游牧民族，但也可能是战士。在他们的陪葬物品当中还有一条鞭子、一个木制马嚼子、一把战斧和一张弓。② 这与斯基泰人和萨迦人装饰相似。吕恩国经过对洋海人头骨的分析，发现很多洋海人与欧罗巴人种的特征十分相似，另有部分遗骨属于蒙古人种和混合人种。为了探寻出洋海人的身世之谜，专家们对两个洋海女人的颅骨进行了颅骨面目复原，发现这两个颅骨兼有蒙古人种和高加索人种的特点。由此，专家们推断，早在 3000 多年前，以洋海这个族群为代表的不同人种，进入了吐鲁番盆地，繁衍生息了

---

① 张学文、张家宝：《新疆气象手册》，气象出版社 2006 年版，第 166 页。

② 中央电视台探索与发现频道：《洋海古墓——永恒的守望》，2020 年 2 月 15 日，见 http://tv.cntv.cn/video/C14092/53c7022fe43e4d831b5273869a132a4c。王瑟：《洋海墓地 3300 年前裤子或为中国最早有裆裤》，《大众考古》2014 年第 6 期。

1200 年。① 因此可以说，洋海人就是与迁入欧洲的斯基泰人和迁入中亚南亚的萨迦人相似的、被中国称为塞种的人。

除洋海古墓外，在阿拉沟、新源、塔什库尔干等地的发现也证实了从阿尔泰山区南迁进入新疆的塞种。如 1976—1978 年间，在乌鲁木齐市南山矿区、天山阿拉沟东口，曾发掘了 4 座竖穴木掉墓，时代为战国到西汉。出土的文物有各种饰牌、金饰片（柳叶形金饰片、六角形金花饰片）、铜器，虎、狮、翼兽、熊等各种野兽纹图案②；1983 年夏，在伊犁新源县东北 20 多公里巩乃斯河南岸已被推平的土墩墓下出土了一批铜器。铜器中包括"青铜武士俑一尊，高 42 厘米"；"青铜大釜一件，重二十一公斤；青铜铃一件，还有残损的青铜高脚油灯，青铜对虎相向踞伏园环和双飞兽相对园环各一件"。其中"武士俑的造型端庄、英俊，单跪姿势，头戴高弯勾顶园帽，双手好像握着剑或刀，上身裸露，腰间系着遮身物，赤脚、高鼻梁大鬓角。"③ 在帕米尔塔什库尔干塔吉克自治县县城北约 4 公里，塔什库尔干河谷西岸第二台地上的香巴拜，曾经发掘过 40 座墓葬。其中火葬墓 19 座、土葬墓 21 座。19 座火葬墓中，除 6 座出土一件铜耳环和几块碎陶片、残铁块、鸟骨外，余均无随葬品。21 座土葬墓中则随殉了陶器、铜器铁器、金器、木器及石、骨、玛瑙珠饰等。④ 以上考古遗址，分别分布在北疆的伊犁、天山北坡的乌鲁木齐及帕米尔高原上，时间为战国时期，出土文物则与中亚的萨迦人、欧洲的斯基泰人具有相似的特征。说明早在 3000 年以前，塞种已广泛分布在新疆。

总体而言，迁入中亚南亚和新疆的两个分支，无论被波斯史籍称为萨迦人或被中国史籍称为塞种，均是泛称。具体的名称则变成他们在中亚和南亚建立的帕提亚、巴克特里亚、萨迦斯坦、印度萨迦及在新疆和甘肃

---

① 搜狗百科：《洋海古墓》，2020 年 2 月 4 日，见 15https：//baike.sogou.com/v10215078.htm? fromTitle=%E6%B4%8B%E6%B5%B7%E5%8F%A4%E5%A2%93%E7%BE%A。

② 王炳华：《古代新疆塞人历史钩沉》，《疆社会科学》1985 年第 1 期。

③ 王炳华：《古代新疆塞人历史钩沉》，《疆社会科学》1985 年第 1 期。

④ 王炳华：《古代新疆塞人历史钩沉》，《疆社会科学》1985 年第 1 期。

西部建立的乌孙和月氏等的政权名称。"公元前一千年下半叶的波斯皇帝大流士一世的楔形文字碑铭中曾提到过三个塞人集团：从事农业的哈乌马瓦加塞人（意思是'带着祭祀用的令人陶醉的植物，即哈乌奥马叶子的塞人'）；从事畜牧业的季格拉哈乌达塞人；'戴尖顶帽的塞人'和季艾塔拉达莱亚塞人（'海外的'塞人）。第一个塞人集团居住在费尔干纳地区，第二个集团在锡尔河外和七河流域，第三个集团是阿姆河以外，或居住在欧洲地区的塞人。与匈奴往来的是前两类斯基泰人，即农业斯墓泰人在费尔干纳盆地七河流域及丝绸之路南道所建立的一些国家，如大宛、康居安息、鄯善、于阗等国，和游牧于丝绸之路北道及河西走廊的斯基泰部落，如月氏、吐火罗及夹杂在乌孙国中的塞种人。"① 应该说迁往中亚南亚的萨迦人，在中亚和南亚的历史舞台上留下了浓墨重彩的一笔。

四、留在乌拉尔—阿尔泰区域的斯基泰人

　　虽然在乌拉尔—阿尔泰山区生存的亚欧草原人向西进入欧洲成为斯基泰人，向南进入中亚和南亚成为萨迦人，向东南进入中国新疆和甘肃成为塞种人，但他们的故土乌拉尔—阿尔泰区域的祖先后裔继续将其文明持续下去。这可以从以下遗址得到证明：第一是拉琛遗址。20 世纪 50 年代在亚美尼亚塞凡湖地区的拉琛（Lchashen,）发现了包括战车在内的 23 件交通工具。该遗址发现的车辆年代在公元前 1500 年左右，但是坚固的四轮车厢出现的时间可能稍早。由于这里的塞凡湖位于高加索山区，山林茂密，各种交通工具的木质构件所需木材在这里均可找到；高加索山脉北麓草原地区生产马匹；南麓为亚拉腊山（Ararat），是古代农业产区。② 第二是阿尔凯姆遗址。乌拉尔山脉东北草原阿尔凯姆遗址："1992 年，一部名为《新塔式塔》（Sintashta）的俄文著作出版。该著作公布了在乌拉尔山脉以东北方草原上发现的一个早期手工业聚落的考古发现，该地距离古代

---

① 　那顺布和：《论斯基泰赘面习俗的东传及其意义》，《北方文物》1992 年第 1 期。
② 　Arthur Cotterell, Chariot: *Fron Chaiot to Tank*, *the Astounding Rise and Fall of the World's First War Machine*, Woodstock, New York: The Overlook, 2005, p.45.

农业城市化社会十分遥远。俄罗斯考古学者发现的第一个遗址为一座圆形防御聚落，其中布满青铜冶炼作坊。不久，众多相似聚落相继发现，其中包括一座位于阿尔凯姆（Arkaim）的保存完好的遗址。到目前为止，在新塔式塔—阿尔凯姆（Sintashta-Arkaim）遗址群，至少在9座墓地发现了16个车马坑，年代在公元前1900—前1750年之间。"① 第三是阿尔赞遗址。"2000年在俄罗斯图瓦共和国阿尔赞'国王谷'发掘了阿尔赞2号墓，男性墓主的头冠全是金马、金鹿、金雪豹等动物纹饰件，脖子上套着象征权力的黄金大项圈，项圈上装饰有鹿、野猪、骆驼、雪豹、狼等各种动物纹饰，裤子上全是金光闪闪的小金珠，靴子也布满了小金片；女性墓主则头上插斯基泰艺术风格的金鹿金簪，脖子和胸部金耳环、黄金坠饰、黄金珠饰、绿松石、红色玉髓、琥珀等无数珍宝。墓中出土5000余件金器，包括项圈、耳环、头冠、箭箙和各式各样的小饰件。小饰件装饰有丰富动物纹图案，被发掘者称为'斯基泰动物纹百科全'书。"② 除此之外，还有巴泽雷尔遗址，因前面已论及，故不再赘述。以上作为亚欧草原最具代表性的"马拉战车"文化，则是东到大兴安岭、西到欧洲巴尔喀阡山的亚欧大草原的集大成者。

　　总之，公元前2000年左右，是亚欧草原地带具有相似文化特征却名称各异的民族发展的分界线。"蒙古高原的西部居住着印欧人种的游牧人，他们与西亚叶尼塞河流域的阿法纳西耶夫人相同，而东部则居住着蒙古利亚人种的狩猎部落，其经济发展阶段显然落后于前者。印欧人种向蒙古高原继续发展的最后一努力是由斯基泰人进行的，公元前900年以后，生活在阿尔泰山脉以西地区的斯基泰人中的一部分离开了西域故地，逐渐经河西走廊向鄂尔多斯推进，到209年这种发展趋势被制止。这是始于公元1200年印欧语系诸民族从东、中欧第二次大迁移的最后阶段的一部分，而文献史料也明确地记载了这一时期东西方民族在蒙古高原的往来与冲

---

① David Anthony，*The Horse*，*The wheel*，*and Language*：*How Bronze-age Riders from theEurasion Stepes Shaped the Modern World*，Princeton：Priceton University，2007，p.397.

② 刘珂、蔡郎与：《试论"塞人"黄金工艺入滇》，《中华文化论坛》2016年第9期。

突，它发生在斯基泰与匈奴之间。这一民族对峙的结果不仅最终结束了欧罗巴人种的向东扩张，而且也给蒙古高原打下了斯基泰人的文化烙印。"①从此欧罗巴人种与蒙古人种以阿尔泰山区域为界，中间的新疆和中亚为两种人种的过渡地带，东部为蒙古人种各民族生活区域，西部则成为欧罗巴人种各民族生活场域。

至于与斯基泰、萨迦和塞种具有相同文化的亚欧草原游牧人东迁，匈奴、月氏和乌孙这三个政权就是其中的代表。本书会在后面章节具体论述，这里不再赘述。

第三节　斯基泰人对草原丝路的贡献

无论是波斯人和印度人称为萨迦，或希腊人称之为 Scythians 即斯基泰（又译西徐亚、塞西安或斯奇提亚），还是中国文献称为塞种人② 的亚欧草原游牧人，他们曾在北纬 45—60 度之间，从中国大兴安岭到阿尔泰山、乌拉尔山、巴尔喀阡山的亚欧草原地带，创造出东至中国内蒙古的西拉木伦河的夏家店文化；西至黑海北岸，存在时间长达 7000 多年的具有斯基泰三要素的亚欧草原文明。这个呈带状的亚欧文明，虽然因交通的限制，当时生活在这些区域的斯基泰人、萨迦人、塞种人、匈奴人等用自己的生活实践走出了这条草原丝绸之路，后人们不但在气候温暖时仍然行走在这条草原丝路上，而且还通过考古和文字将他们的实践总结为草原丝绸之路。但开通此路的祖先，就是斯基泰人（萨迦人、塞种）。这条草原丝绸之路，除了希腊人所说的斯基泰三要素——兵器、马具和战车之外，还有一个完整的从生产、生活、仪式到死亡的文化体系，这个体系是草原丝绸之路存在并延续的动力，因而就是亚欧草原游牧人对草原丝绸之路的贡献。

---

① 　那顺布和：《论斯基泰赘面习俗的东传及其意义》，《北方文物》1992 年第 1 期。

② 　王宏谋：《塞人及其与草原丝绸之路的开拓》，《阴山学刊》2006 年第 2 期。

　　金属工具和器皿是这个文明带的生产生活工具特征。亚欧草原上除了牧草和牲畜外，就是各种各样的石头，这些石头，有些被雕刻成斯基泰石婆①、石镇，至今我们仍然在阿尔泰等地看到这些石镇。还有些石头，就是含有金属成分的各种矿石。这是亚欧草原游牧人成为金属工具和器皿制造者的前提条件。如铜镜，其中"圆盘具钮镜在同一斯基泰文化圈的不同区域被发展出不同样式，如北高加索和黑海北岸地区在钮顶为圆片的基础上，发展出一种在圆片上饰以动物纹或浮雕的样式，米努辛斯克盆地有以双动物首装饰钮体的样式；相邻区域间因存在交流而有共有样式，如伏尔加南乌拉尔地区和锡尔—阿姆河下游地区的具钮钝角折缘镜；相隔区域间因存在交流而出现相似元素，如高加索地区银镜背面与阿尔泰地区铜镜背面相同的斯基泰——西伯利亚动物装饰风格。"② 不仅如此，这些金属工具或器皿在亚欧草原游牧人向南通过中亚或中国的绿洲丝路和藏彝走廊迁徙过程中被传播到中亚、南亚、东南亚区域。比如"在滇文化墓葬中也出土了大量各种形状的金片、金珠，金片有花形、菱形、剪形、圆形等等。金珠有束腰式、桥形钮圆饰、葫芦形等。从出土现场的照片来看，这些金片、金珠多是用线穿缀在一起形成'珠褥'，整齐覆盖在墓主人身上。此习俗可能也是受到了斯基泰文化的影响。除了金器外，滇青铜文化受斯基泰文化的影响还表现在其它方面。张增琪先生曾从双环青铜短剑、曲柄青铜短剑、弧背青铜刀、'卧马纹'装饰品、立鹿、马饰、带柄铜镜、金珠与金片、双耳陶罐、'和田玉'、有翼虎银带扣、狮身人面形铜饰、蚀花肉红石髓珠、琉璃珠、铜啄等，此后又从动物搏斗纹铜饰、骑马猎手图像、杖头铜饰、铜铠甲、石坠、镂孔勺形铜器、旋纹金饰及金片、金项链、铜柄铁剑及金剑鞘等若干方面阐述了滇文化中北方草原文化因素，或受斯基泰文化的影响。认为这种文化上的相似性是通过民族迁徙所致，其传播者是欧亚草原的游牧民族'塞人'，'塞人'通过之前就可能存在从'民族走

---

① 侯存治、于鹏飞摘译：《古代斯基泰人》，《民族译丛》1983 年第 3 期。
② 张龙海：《欧亚草原斯基泰时代铜镜初论》，《温州大学学报》2018 年第 4 期。

廊'进入云南。"① 在中亚或印度的萨迦政权的铸币上也同样如此。因此包括青铜、铁、金、银等金属工具或器皿及其使用金属制作的各种饰物，则是以斯基泰闻名的亚欧草原游牧人的物质文化的代表。

古列延是亚欧草原游牧人至今还保存的基本的社会组织制度。"最初以古列延式游牧，后来发展出阿寅勒方式。古列延式是与游牧社会处于部落氏族阶段适应的，随着部落氏族制度的逐渐瓦解而形成阿寅勒方式。游牧社会长期保存氏族部落制度的残余：以人群划分行政单位，生产组织与军事组织合一，议事会制度及收继婚制，不发达奴隶制则是氏族部落制未完全瓦解的表现。由于定期的季节性迁徙，游牧社会形成国家政权后只能以人群来划分行政单位。游牧生产使得每一个牧民都是潜在的骑士，每一个骑士都不能脱离生产，从而兵即民，行政长官即是军事首领。由于生产组织与军事组织的合一，使得国王之下的各级官吏，具有较大的权势，具有一定的相对国王的独立性，就使得国王在重大事情上必须征询下属官员的意见，从而保留了议事会制度。在游牧生产下，其婚姻形式长期保存氏族外婚制的残余收继婚制，它是适应私有制发展的结果。收继婚制使得孤儿寡母及其财产保留在本氏族内，不使财产外流，又保留了劳动人手，也保存氏族的延续，因此能起到政治上加强团结，军事上鼓励骑士作战的作用。"② 后来在亚欧草原东部统治了从阿尔泰山到大兴安岭之间的匈奴就是古列延社会组织制度的继承者，到了 12 世纪同样兴起于这片草原的蒙古人，其最初的社会组织仍然是古列延；现在中亚哈萨克草原的哈萨克人基层社会仍然是从古列延演变而来的阿寅勒。这种军民合一的社会组织制度至今仍是极其有效的人类社会组织。

马车是这个文明带的交通特征。有学者称亚欧草原游牧人的马车为马拉战车。其实无论是平时生活或战争时期，马车是亚欧草原游牧人根据草原游牧生产逐渐形成的易于住行的生活方式。赫西俄德在其作品中曾提

---

① 刘珂、蔡郎与：《试论"塞人"黄金工艺入滇》，《中华文化论坛》2016 年第 9 期。

② 杜平、孙家煌：《古代欧亚大陆游牧民族社会组织与制度同象论》，《西北史地》1999年第 2 期。

及的"斯基泰人（Scythes）"是"饮马奶者，以马车为居所（milkfeeders, who have wagons for houses）"和"挤马奶的斯基泰人（mare-milking Scythians）"。① 草原上柳条、牲畜的毛皮、地表上的石头中所含的金属，就成为亚欧草原游牧人就成为马车的发明者。用金属制作的高过牧草的车轮易于在草原上行走，用牲畜的毛皮制作的毡或皮与柔韧的柳条或其他植物茎枝支撑成穹顶，放在马车上就成为"家"。无论富人、穷人，去世后总会有一辆由双马架着的马车和随身用品陪伴②，只不过富人陪葬品多一些，穷人少一些而已。

　　以鹿为中心的图腾是这个草原文明的文化特征。"从旧石器时代晚期开始，鹿便作为萨满通神的一种工具而普遍见于从西班牙到鄂尔多斯的欧亚大陆，尤其是在欧亚草原地区。"③ 后来虽然亚欧草原游牧人迁入亚欧南部区域，使得牡鹿雕刻中多了一些本地的因素，如鸟鹿组合纹饰，以及鸟纹、鹰纹、鸟首纹、鸟兽结合的怪兽纹，如"鄂尔多斯地区出土青铜器上的鸟（首）纹样，在内容和形式上对斯基泰、阿尔泰等文化的特点多有继承，另有部分属于自身独特的结构方式和造型特点，使整体艺术风格变得趋于静态化、图案化。"④ 但无论怎样改变，始终离不开牡鹿这一核心动物。"从公元前一千年的西伯利亚岩画，到公元前八世纪新疆阿尔赞大墓，都有牡鹿形象。牡鹿可能是游牧部落图腾，也可能是草原女神象征。蜷卧的牡鹿、蜷身的豹子和孤傲的雄鹰／鸟头，是上古斯基泰游牧文化三大图像。"⑤ 因此鹿石中有鸟喙状嘴的鹿形象，饰牌、器皿甚至古人的文身中有

①　Hesiod, *Homeric Hymns*, *Epic Cycle*, *Homerica*, *Loeb Classical Library*, with an English Translation by Hugh G. Evelyn-White, Harvard：Harvard University，1998，p.77，179.

②　侯存治、于鹏飞摘译：《代斯基泰人》，《民族译丛》1983 年第 3 期。

③　汤惠生：《经历原始青藏高原地区文物调查随笔》，广西人民出版社 2004 年版，第41 页。

④　赤新：《斯基泰等文化对鄂尔多斯青铜器鸟（首）纹饰影响浅析》，《艺术探索》2009年第 2 期。

⑤　[美] 乐仲迪：《阿兰游牧部落印章上的牡鹿纹》，娜达罕译，毛铭校，《内蒙古大学艺术学院学报》2017 年第 2 期。

鸟鹿组合纹样，都是亚欧草原游牧人的遗存中常见的题材。

　　这个文明带的大型土堆葬式及祭祀仪式传播到东起朝鲜半岛西到黑海北岸区域。如公元前 4—前 3 世纪斯基泰人的兴盛时期，他们建成了自己的京府在现在的尼柯包尔城（在乌克兰）、"米里托包尔、基尔契附近的草原上，常可见到人工丘陵——大型古墓。这是游居于黑海沿岸的古代民族斯基泰人的坟墓。斯基泰人信仰阴世，他们认为人死后又进入另一世界，照样要衣食住行。死人的墓中要葬进他生前的用品及金银珠宝，一般是武器、珠宝和金碗、银碗。另外还要修筑惊人高大的坟丘、高达 2 米左右。"① 无独有偶，今天在吉林省集安县城的乌丸王室和将军古墓，也是这种类型。甚至在中国陕西咸阳的秦始皇墓葬和唐朝好几位皇帝的墓葬样式也同样如此。与此同时祭祀也保持了相同的内容。如古希腊历史学家希罗多德在《历史》中记述斯基泰人"只要是国王死去的时候，斯奇提亚人（scythia，又译为西徐亚人、斯基泰人或塞人）便在那里的地上挖掘一个方形的大穴；大穴挖好之后，他们便把尸体放置在车上载运到异族那里去。尸体外面涂着一层蜡，腹部被切开洗净，并给装上切碎的高良姜的根部、香料、洋芫荽和大茴香的种子，然后再原样缝上。在尸体送到的时候，接受尸体的人和王族斯奇提亚人做同样的事情。这就是：他们割掉他们的耳朵的一部分，剃了他们头，绕着他们的臂部切一些伤痕，切伤他们的前额和鼻子并且用箭刺穿他们的左手。从这里人们又把国王的尸体放在车上带到属于他们的另一个部落那里去，而尸体已到过的地方那些人则跟在尸体的后面。"② 在蒙古诺音乌拉匈奴墓群里，也有赘面习俗。③《通典》卷第一百九十七《突厥上》记载的突厥习俗也如此："有死者，停尸于帐，子孙及诸亲属男女，各杀羊马，陈于帐前，以刀劙面且哭，血泪俱流，如此者七度，乃止。春夏死者候草木落，秋冬死者候华叶茂，然后始坎而瘗之。于墓所立石建标，其石多少，依平生所杀人数。是日男女咸盛服饰，

---

① 　侯存治、于鹏飞摘译：《古代斯基泰人》，《民族译丛》1983 年第 3 期。

② 　[希] 希罗多德：《历史》，王以铸译，商务印书馆 1997 年版，第 292 页。

③ 　那顺布和：《论斯基泰赘面习俗的东传及其意义》，《北方文物》1992 年第 1 期。

会于葬所。"① 因此，匈奴继承了亚欧草原游牧人的葬式及祭祀，后又传给乌丸、鲜卑、突厥等民族，甚至出自西戎的秦国也继承了这种葬式并传给中原人。

　　通过以上从生产到死亡全过程的亚欧草原游牧人的整体文化体系及其传播的描述可以看出，亚欧草原游牧人文化就是沿亚欧草原地带从东到西或从西到东传播，在地理上的干寒期到来时，他们便穿越草原丝绸，来到更南一些的绿洲丝绸之路，与农业民族在碰撞中交流，这就是彭树智教授所说："塞人活动的历史背景是世界历史上的两次民族大迁移浪潮。第一次发生在公元前第二千纪到公元前第一千纪，第二次发生在公元 2、3 世纪到公元 7 世纪。这两次波及欧亚大陆广阔地区的民族大迁移，实质上是人类史上两次重大的交往在这两次历史交往中，各类联系的活动以各种形式表现出来。"② 两次大迁徙中间的时段，因史籍记载起始时间从公元前 9000 年—前 7000 年不等，截止时间从公元前 3000—前 1000 年不等，则是以斯基泰、萨迦或塞种的名称见于记载的亚欧草原游牧人的文明时期，他们创造的亚欧草原文化，随着他们东西向的迁徙而形成了草原丝路，也随他们北南向的迁徙到达绿洲丝路，从而为公元前第一千纪的绿洲丝绸之路的开通拉开了序幕。

---

① （唐）杜佑：《通典》卷一百九十七，中华书局 1988 年版，第 5403—5404 页。

② 彭树智：《一个游牧民族的兴亡——古代塞人在中亚和南亚的历史交往》，《西北大学学报》1994 年第 1 期。

第四章　戎

　　古代陆上丝绸之路自西汉贯通到唐朝后期，一直是中国以长安为中心向西开放的主动脉，因此无论和平或战乱，沿线不同国家和民族都曾以此路为主线，进行了包括政治、经济、军事、社会在内的一般交流与包括血缘、文化及认同在内的族群交流。唐以后，古代陆上丝绸之路随着中国王朝的不断东移南迁而变成中国西北不同民族民众的区域通道，但仍然发挥着连接中国西北边疆与内地、中国与亚欧不同国家的关系。因此本书接下来的章节以时间空间相结合的视角，论述沿陆上丝绸之路或跨越陆上丝绸之路（包括绿洲和草原丝绸之路）迁徙与融合的民族。

　　以有史记载的民族为主线研究民族起源、发展、演变规律早已成为传统民族史的主要研究视角。当然这些民族的确在中国历史上发挥过无可替代的作用，值得研究者精心研究。但那些名称消失在陆上丝绸之路沿线、族人融入后起民族的民族更值得我们花大气力去研究，因为正是他们的消失成就了后起的载入史册的民族；正是他们逐渐融入其他民族，才形成了中华民族共同体和沿陆上丝路的人类命运共同体。戎就是这些民族中名称最先消失、族人最早融入后起民族、后人仍用"西戎"通称在陆上丝路活动的中国诸族群的代表。但综观戎的记载，虽然从《礼记·王制》到《山海经》，从《史记》到《清史稿》，均有戎的活动或称谓记载；梳理戎的研究成果，从综述到山戎、犬戎、西戎的分类研究也有很多，但遗憾的是却没有一部有关戎的起源、发展、演变和融入其他民族中的系统论著，这在一定程度上阻碍了我们对戎本身及中国早期民族沿陆上丝绸之路沿线活动的探索。因此本书作者认为有必要将已有的考古、历史、生态、族群资料结合起来进行研究，希望在还原戎的活动轨迹基础上，论述戎对陆上丝绸之路贯通的贡献。

第一节　戎的起源

从中国所在的亚洲东部地形图来看，在北纬35—40度之间，存在着一系列东北—西南或西北—东南走向的山脉。东北—西南走向的山脉有大兴安岭（主要指南部）、太行山脉、阴山山脉、贺兰山脉、陇山山脉，西北—东南走向的山脉则有祁连山脉、阿尔金山山脉和昆仑山脉，[①] 其中陇山则是两种走向不同的山脉分界线。陇山即今天的六盘山脉，"纵贯宁夏南部和甘肃东部。海拔一般在2500米以上，最高峰米缸山达2942米。六盘山脉跨越宁夏、甘肃、陕西三个省区。"[②] 古人经常以陇山为界，如陇右、陇东、陇西等，来划分古代中国东部与西部。在这些山脉的周围，则分布着大小不同的盆地、平原、高原，如自西向东有塔里木盆地、柴达木盆地、鄂尔多斯盆地、四川盆地及关中平原、蒙古高原。山脉中孕育的河流则流入这些盆地、平原或高原，或形成湖泊。北纬35—40度的中国气候，则是典型的北温带气候，四季分明，冬寒夏热，春秋温润。降水量从东部向西部逐渐递减，其中从大兴安岭南部到陇山山脉是东部暖湿气流容易到达的地方，雨水相对较多；西部从陇山到昆仑山，则是东部或西南暖湿气流不易到达的地方，降雨量相比较少，因此陇山也是降雨量的分界线。相对来说，从大兴安岭南端到太行山向西到祁连山东部区域的北纬35—40度范围的山区，气候温暖、降雨量适中，比较适合人类这种物种的生存。这就是中国早期人类文明主要集中在这一区域的主要原因。距

---

① 百度百科：《中国地形图》，2016年6月14日，见 http://baike.sogou.com/v83290750.htm? fromTitle。

② 百度百科：《六盘山脉》，2016年6月14日，见 http://baike.sogou.com/v75562.htm。

今65万年至七八十万年蓝田猿人①、距今50万年至23万年的北京猿人②、晚于他们的智人——山西丁村人（距今7万年—9万年）③和内蒙古河套人（距今3.7万年—5万年）④多集中在这一区域。再晚于智人的中国早期人类文化遗址如公元前5000年至前3000年的仰韶文化⑤、距今4000年左右的齐家文化⑥、距今5000至3000年的三星堆古遗址⑦、约公元前3300到前2100间马家窑文化⑧及后来在黄河上游又兴起了青铜器时代的卡约、辛店和诺木洪等文化类型⑨等也主要分布于这一区域。那么为什么中国史前人类选择这一区域定居呢？根据竺可桢教授的研究："在近五千年中的最初二千年，即从仰韶文化到安阳殷墟，大部分时间的年平均温度高于现在2℃左右，一月温度大约比现在高3—5℃"⑩，也就是说这里的气候条件比1900—2000年这个世纪更为温暖。如果我们将这些古人类遗址与中国史籍记载的三皇五帝时期的神话传统相结合，再对照这一漫长历史阶段的由气候、地形、海拔、纬度等众多因素形成的生态环境资料，就可以不仅将部落首领的神话传说与普通百姓生活相联系，而且将中国早期人类历史与自然环境之间的关系结合起来，从而从人与人、人与自然两方面证明中国最早的人类群体就生活在今天青海、甘肃、四川、陕西及山西、河南、河北北部的山脉与盆地交错的"溪谷之中"，即横亘在北部蒙古高原与东南

---

① 游学华：《陕西蓝田人研究综述》，《历史教学》1980年第8期。

② 牟昀智、杨子赓：《北京猿人生活时期的地层与古气候演变》，《兰州大学学报》1982年第3期。

③ 周义华：《北京猿人和丁村人的氨基酸年龄测定》，《人类学学报》1989年第2期。

④ 原思训：《陈铁梅、高世君：用铀子系法测定河套人和萨拉乌苏文化的年代》，《人类学学报》1983年第1期。

⑤ 李国桢：《关中的远古农业博物馆——长安半坡的仰韶文化遗址》，《陕西农业科学》1957年第2期。

⑥ 如甘肃临夏回族自治州、青海海东地区、甘肃武威地区考古发现的多处齐家文化遗址。

⑦ 李维明：《试析三星堆遗址》，《四川文物》2003年第5期。

⑧ 石兴邦：《有关马家窑文化的一些问题》，《考古》1962年第6期。

⑨ 俞伟超：《关于"卡约文化"的新知识》，《青海考古学会会刊》1981年第3期。

⑩ 竺可桢：《中国近五千年来气候变迁的初步研究》，《中国科学》1973年第2期。

部诸多平原与西南部青藏高原之间的山区地带。那么生活在这一带的中国最早的人类群体与本书研究的戎有什么样的关系呢?

戎就是起源和生活在以上山区的中国人。如《史记·周本纪》"崇侯虎"下《正义》引皇甫谧说:"虞、夏、商、周皆有崇国,崇国盖在丰镐之间。《诗》云'既伐于崇,作邑于丰',是国之地也。"韦昭在为《国语·周语上》"昔夏之兴也,融降于崇山"一语作注时则说:"崇,崇高山也。夏居阳城,崇高所近。"王念孙《读书杂志·汉书杂志·崇高》说:"古无'嵩'字,以'崇'为之,故《说文》有'崇'无'嵩'。经传或作'嵩',或作'崧',皆是'崇'之异文。"① 由此周书灿认为"古代戎之读音必更与崇为近。因此戎族的名称,即当出于崇或庸。"② 顾颉刚、刘起釪先生则更明确地提出:"'崇'就是后代的'嵩',亦即现在河南登封附近的嵩山一带,现在的嵩县显然也是沿其旧称的地境之一。"③ 但(汉)许慎撰、(清)段玉裁加注的《说文》则认为:"戎,相也。"所谓相,《说文解字注》说:"……易曰,地可观者,莫可观于木。……于易,地上之木为观,颜云坤下翼上,观,翼为木,故云地上之木。"现代学者张晟认为:汉语的"相"就是指"荒";"戎"读戎汝双声的记载恰与藏语同,与汉文中的"相"与"荒"相同。藏文对此同源语的解释有世界、大地、田地、肥田等义,以后又引申为农耕之人的称号,意指"地、谷地",那么居住在谷地之人便被称为"戎"。④ 直到现在,藏族人仍称在青藏高原边缘海拔较低的山区农牧兼营的人为戎,称放牧的人为羌。⑤ 在义渠戎、大荔戎曾经生活过的泾水流域(今甘肃陇东地区)和洛水流域(今陕西北部地区),民众仍然在溪谷间过着川道种粮、山上放牧的生

---

① 周书灿:《戎夏一源说续》,《中州学刊》2011年第5期。
② 周书灿:《戎夏一源说续》,《中州学刊》2011年第5期。
③ 周书灿:《戎夏一源说续》,《中州学刊》2011年第5期。
④ 张晟:《羌戎说》,《青海民族学院学报》2000年第4期。
⑤ 如在甘肃甘南藏族自治州的舟曲、宕昌、卓尼等县的藏族内部对川道中从事农业的人称为戎,在山上放牧的人称为羌。

活。① 由此可见，无论戎起源于今天河南的崇国，或是汉、藏语中对戎字意的解释，都证明戎就是对关中平原以北的"山里人"的称谓。至于后人对戎为兵甲的解释，如"西方日戎，戎者斩伐杀生，不得其中。戎者凶也"、许慎的《说文·戈部》释戎为"兵也，从戈甲"②，对此唐嘉弘先生说："这些善于使用短兵器戈和甲楯的人，和使用远程武器弓箭的居民有一定的区别。"③直到现在，中文中的"投笔从戎""戎装待发"仍以戎为兵的代称来看，戎在迁徙到中国北部的系列山区之前，有可能在北部的蒙古高原上生活过。关于这一点，从目前的夏家店到阿尔泰山的考古发掘资料均证明在蒙古高原曾经生活过关于骑射、熟悉兵器的游牧人。正如王国维先生指出："我国古时有一强梁之外族，其族西自汧、陇，环中国而北，东及太行、常山间，中间或分或合，时入侵暴中国，其俗尚武力，而文化之度不及诸夏远甚，又本无文字，或虽有而不与中国同。是以中国之称之也，随世异名，因地殊号。至于后世，或且以丑名加之。其见于商、周间者，曰鬼方、曰混夷、曰獯鬻。其在宗周之季，则曰猃狁。入春秋后，则始谓之戎。"④ 以上解释，充分说明"戎"这个名称是蒙古高原与中原之间山区的中国史前人类相互融合并在春秋时代"戎"就成为这类在山区中生活的自称和他称。根据亚欧草原 3 万年以来就有人类活动的事实，如阿尔泰山的丹尼索瓦人，很有可能"戎"也是在板块北移、居住区域进入北寒带或北温带的寒温区域而不得不向南迁徙的人类后裔与山区人类相互融合的结果。否则的话，没有办法解释他们为什么有那些与斯基泰人（或萨迦人或塞种人）相似的各种各样的兵器。因此从戎生存的区域来看，戎的基本含义是相对于中原的北部山区人，从戎的表现出来的生活技能和文化特征来看，可能有来自蒙古高原的游牧人成分。

① 洛水流域是子午岭东侧水系流经区域，泾水流域是子午岭西侧水系流经区域，子午岭则是从关中平原连接蒙古高原的南北岭。秦始皇曾在子午岭上修秦驰道，连接关中与蒙古高原。从此也可以证明，戎就生活在连接蒙古高原与中原的山区地带。
② 李范文：《先秦羌戎融华考》，《宁夏社会科学》1992 年第 2 期。
③ 唐嘉弘：《春秋时代的戎狄夷》，《先秦史研究》，云南民族出版社 1987 年版，第 43 页。
④ 雷紫翰、姚磊：《近百年戎族特征及称谓研究综论》，《史学月刊》2014 年第 8 期。

第二节 戎的生活地带：长城、丝路地带

虽然由上文的结论戎是相对于中原的北部山区人的总称，但由于中原北部的山区东西绵延很长，其具体活动区域在哪些地方，则是本节根据史料需要解决的问题。

尧、舜时期，山戎、北戎生活在大兴安岭南部的辽西地区，即今天的辽宁西部和河北北部山区。《史记·匈奴列传》曰："唐虞以上有山戎"；正义则曰："左传庄三十年齐人伐山戎"①，说明山戎从唐虞（唐、虞为尧、舜之号）到春秋都存在，并生活在齐人的北部。至于具体地点，有学者认为："山戎分布于辽西地区（亦即燕地），发（即亳、貊）主要分布于辽东地区，而肃慎则在长白山（古不咸山）之北。"②即河北北部、辽宁西南部山区就是山戎活动区域。北戎、无终与山戎一样，是戎的分支，《史记·匈奴列传》中的括地志则记载他们的分布范围是："幽州渔阳县，本北戎无终子国。"③可见尧舜时代山戎、北戎和无终等戎人分支就分布在今天河北北部、辽宁西南部一带。

夏朝时，戎人分支有娀氏生活在今山西境内。有娀氏之所以被记载，主要因为有娀氏的一位女子是夏帝次妃，有娀氏的地望则在"不周之北"。因夏"桀败于有娀之墟"，因此有娀氏确切的居住地则"在蒲州也"④，即在今山西省永济市境（蒲州古城在其境西南约 17 公里处黄河东岸）。

出自戎的周朝及犬戎等分支则生活在今陕西北部、甘肃东部、山西北部及河南省。如"夏道衰，而公刘失其稷官。变于西戎，邑于豳。其后三百有余岁，戎狄攻大王亶父，而豳人悉从亶父而邑焉，作周。"⑤可见周

---

① （汉）司马迁：《史记》，中华书局 1959 年版，第 2880 页。
② 苗威：《山戎、东胡考辨》，《中国边疆史地研究》2008 年第 4 期。
③ （汉）司马迁：《史记》，中华书局 1959 年版，第 2880 页。
④ （汉）司马迁：《史记》，中华书局 1959 年版，第 91 页。
⑤ （汉）司马迁：《史记》，中华书局 1959 年版，第 2881 页。

本身就出自戎，其邑豳即今天的陕西省与甘肃省交汇处的豳县。从豳的汉字结构来看，这里是山区。因受戎的进攻，不得不迁居雒邑，豳和雒邑均在今陕西西北部。周强大后进入中原建立王朝，周武王曾说："我南望三涂，北望岳鄙，顾詹有河，粤詹雒邑，毋远天室。"① 也是以雒邑为中心扩展而来。终周之世，不同戎的分支生活在周的周围。周的东迁与灭亡都与戎有关。周末"周幽王用宠姬褒姒之故，与申侯有却。申侯怒而与犬戎攻杀周幽王于骊山之下，遂取周之焦获，而居于泾渭之间，侵暴中国。"② 可见戎的势力已南下泾渭流域。周末秦襄公之所以被救也是因为戎入侵，于是周平王去丰高而东徙洛邑。

春秋时期，戎人活动在今东起大兴安岭南部，中经山西、陕西，西到甘肃东部。春秋时期，犬戎成为当时各国对戎的通称。"贾逵云：'犬夷，戎之别种也'，复居于丰高，放逐戎夷泾、洛之北，以时入贡，命曰'荒服'。"③ 即犬戎作为周后期出现、春秋时期兴盛的分支，活动于河南、陕西北部和甘肃东部地区。当是之时，秦襄公伐戎至岐（今陕西岐山），始列为诸侯。可见岐也在犬戎的活动范围内。不仅如此，今山西伊川大原、朔方也是戎的领地。如"戎狄或居于陆浑（汉代陆浑县），东至于卫，侵盗暴虐中国。中国疾之，故诗人歌之曰'戎狄是应'，'薄伐猃狁，至于大原'，'出舆彭彭，城彼朔方'。"④ 为此，春秋时期的晋、齐、魏、韩多次与戎争夺领土地。如"晋文公攘戎翟，居于河西圁、洛之间（近延州、绥州、银州），号曰赤翟、白翟。"⑤ 即戎的分支戎翟分为白翟、赤翟。其

① （汉）司马迁：《史记》，中华书局 1959 年版，第 1 页。

② （汉）司马迁：《史记》，中华书局 1959 年版，第 2881 页。

③ （汉）司马迁：《史记》，中华书局 1959 年版，第 2881 页。

④ （汉）司马迁：《史记》，中华书局 1959 年版，第 2882 页。《史记·匈奴列传》索隐记："春秋左氏'秦晋迁陆浑之戎于伊川。杜预以为'允姓之戎居陆浑，在秦晋之间，二国诱而徙之伊川，遂从戎号，今陆浑县是也。'"

⑤ （汉）司马迁：《史记》，中华书局 1959 年版，第 2882 页。（正义：括地志云"白土故城在盐州白池东北三百九十里，"又云"近延州、绥州、银州，本春秋时白狄所居，七国属魏，后入秦，秦置三十六郡"；洛，漆沮也）（索隐案：左氏传云"晋师灭赤狄潞氏。"杜氏以"潞，赤狄之别种也，今上党潞县"。又春秋地名云"今日赤涉胡"。索

中赤翟在汉代上党潞县（今山西上党县境内），白翟则在延、银、绥三州（今陕西北部、宁夏中部和甘肃东部）。

战国秦穆公时期，则有"西戎八国"之称。仍然分布于从大兴安岭南部到甘肃河西走廊东端的广大区域。如《史记·匈奴传》记载："秦穆公得由余，西戎八国服于秦，故自陇以西有縣诸（汉縣诸道，属天水郡）、绲戎（即春秋时的犬戎）翟、貊（原）之戎（豲道故城在渭州襄武县东南三十七里。古之豲戎邑。汉豲道，属天水郡），岐、梁山、泾、漆之北有义渠（汉代北地郡）、大荔（本汉临晋县地，古大荔戎国。后改为朝邑县，县东三十步故王城，即大荔王城）、乌氏（乌氏故城在泾川安定县东三十里。周之故地，后入戎，秦惠王取之，置乌氏县也）、朐衍之戎（在北地，朐音诩）。"① 除此之外，"晋北有林胡（春秋时北地也）、楼烦之戎（索隐地理志楼烦，县名，属雁门），燕北有东胡、山戎（东胡，乌丸之先，后为鲜卑。在匈奴东，故曰东胡）。"② 也就是说战国后期秦灭西戎之前，从大兴安岭南部的燕云之地到甘肃东部泾水和中部渭水上游，均是战国时期戎生活的区域。他们"各分散居谿谷，自有君长，往往而聚者百有余戎，然莫能相一。"③ 从以上记载中可以看出，此时的戎是分支最多的时期，分布在大兴安岭南部到河西走廊东端。

秦汉—匈奴时期，中部戎或融入秦汉或融入匈奴，东部戎的后裔已发展为新的民族，西部的戎人后裔西迁到河西走廊的祁连、敦煌间。在秦国统一中国后，所有在此国中的人均被称为秦人，戎人也不例外。如"后秦灭六国，而始皇帝使蒙恬将十万之众北击胡，悉收河南地。因河为塞，筑四十四县城临河，后适戍以充之。而通直道，自九原至云阳，因边山险

隐左氏"晋师败狄于箕，却缺获白狄子"。杜氏以为"白狄"之别种，故西河郡有白部胡。又国语云"桓公西征，攘白狄之地，遂至于西河也"。正义：括地志云："潞州本赤狄地，延、银、绥三州白翟地。"按：文言"圁、潞之间号赤狄"未详)

① （汉）司马迁：《史记》，中华书局 1959 年版，第 2882 页。
② （汉）司马迁：《史记》，中华书局 1959 年版，第 2883 页。
③ （汉）司马迁：《史记》，中华书局 1959 年版，第 2883 页。

滩氵漆溪谷可缮者治之，起临洮到辽东万余里。又渡河据阳山北假中。"① 由此可见，戎人被长城分割在长城内外，这就为戎的进一步以长城为界分别融入秦汉与匈奴奠定了地理基础。秦末汉初，出自戎人的匈奴可汗"冒顿以兵至，击，大破灭东胡王。而虏其民人及畜产。既归，西击走月氏，南并楼烦、白羊河南王悉收秦所使蒙恬所夺匈奴地者，与汉关故河南塞，至朝那（上郡）、肤施（延州肤施县），遂侵代燕、代。是时汉兵与项羽相距，中国罢于兵革，以故冒顿得自疆，控弦之士三十余万。"② 而这些区域以前均是戎生活的地方，他们先融入战国北方三国，后又入秦，秦汉之际则成为匈奴的领地。其中匈奴"诸左方将居东方，直上谷以往者，东接秽貉、朝鲜，右方五将居西方，直上郡以西，接月氏、氐、羌。而单于之庭直代、云中。"③ 也就是说，在匈奴可汗的左右贤王及下属将领管理下的地方，曾是以前戎生活的地方。有些地名仍沿袭戎时期的地名，但所居人已不再是戎，而是戎的后裔鲜卑、氐、羌、月氏等。关于此点，将在第二部分交代。

可以说，尽管戎在中国早期历史不同阶段兴起的分支的活动范围不同，但从戎整体活动的足迹来看，东扩到大兴安岭南部山区，西到河西走廊祁连山区，均为戎的活动区域。戎人进入中国北部山区后，由于从山到水的动植物资源，山中的洞穴或依据山体挖出的窑洞为他们提供起居的场所，从而使他们相对容易地生存下去，而山区也就成为他们生存与发展的独有地理区域。这一地理区域，恰好处于中原与蒙古高原之间，成为连接这两大区域的桥梁；戎人南下或北上，自然就成为汉人或匈奴；戎人各个分支分布于从大兴安岭南部到河西走廊西端的广大区域，就为丝绸之路的开通奠定了族群的基础，也为草原丝路与绿洲丝路之间的交流奠定了人本基础；他们尚武的文化与适应山区而创造的多元文化相结合，进一步丰富了中国文化的内涵。

---

① （汉）司马迁：《史记》，中华书局 1959 年版，第 2886 页。

② （汉）司马迁：《史记》，中华书局 1959 年版，第 2889—2890 页。

③ （汉）司马迁：《史记》，中华书局 1959 年版，第 2892 页。

第三节 从尧舜到秦汉：戎向西迁徙

从现有的中国史籍来看，戎及其分支的活动被记载于从尧舜到秦汉的史籍中。西汉之后，戎的名称被后起民族所代替。这说明从尧舜到秦汉，戎曾经活跃在中国的历史舞台上。但与任何一个族群一样，戎也经历了兴起、繁荣及整合的历史。通过梳理有限的史料，可以将戎的发展归纳为以下三个时期。

第一时期，尧舜禹时期是戎的兴起时期。从《史记》及其他相关资料中的传说和神话来看，从种族学的意义上来说，戎就是蒙古人种的祖先。如《史记·周本纪》正义说："犬戎，槃瓠之种。"[1] 槃瓠即我们今天所说的盘古，我们代代相传的盘古开天地的传说其实印证了戎是中国人的祖先。《山海经》也记载："黄帝生苗龙，苗龙生融吾，融吾生弄明，弄明生白犬。白犬有二牡，是为犬戎。"[2] 因此从源头上来看，戎并非异族，而是黄帝后裔，只不过犯罪被罚到边地的黄帝后裔而已。关于此点，我们可以从《史记》中看出。如黄帝统治范围"东至于海，登丸山（郎邪朱虚县），岱宗（泰山）。西至于空桐（在陇右），登雞头（在陇西）。南至于江，登熊（商州）、湘（长沙）。"[3] 尧帝统治时期，由于共工作为工师淫辟、鲧治漠鸿水无功、三苗在江淮、荆州作乱，"于是舜归而言于帝，请流共工于幽陵（即幽州），以变北狄；放驩兜（指南方荒中有人焉，人面鸟喙而有翼，两手足扶翼而行，食海中鱼，为人很恶，不畏风雨禽兽，犯死乃休，名曰驩兜）于崇山，以变南蛮；迁三苗于三危（在沙州敦煌县东南三十里），以变西戎；殛鲧于羽山（在沂州临沂县），以变东夷；四罪而天下咸服。"[4] 到了舜帝统治时期，其国土范围大为拓展："方五千里，至

---

① （汉）司马迁：《史记》，中华书局 1959 年版，第 118 页。

② （汉）司马迁：《史记》，中华书局 1959 年版，第 118 页。

③ （汉）司马迁：《史记》，中华书局 1959 年版，第 7 页。

④ （汉）司马迁：《史记》，中华书局 1959 年版，第 28 页。

于荒服。南抚交趾、北发，西戎、析枝（索隐：鲜支、渠搜，则鲜支当此析枝也。鲜析音相近）、渠廋、氐、羌，北山戎、发、息慎，东长、鸟夷，四海之内，咸戴帝舜之功。"①虽然这些周边族群是西汉时期的称谓，但从中也可以看出随着五帝疆土的拓展，其子嗣后裔必然在国土边缘区域为国守边，其中提到的西戎、析枝、北山戎、渠廋等均是戎。但任何族群的发展均不是纯粹人种学上的单线发展，而是在融合与分解的变化中发展。由此可见，虽然西戎、北狄、东夷、南蛮是司马迁时代对汉王朝周边不同族群的称谓，但从中可以看出，这些人与中原王朝的忠臣、孝子、友兄截然不同，是因犯罪或对抗被统治者而被放逐到荒芜之地的人。禹建立大夏以后，"令天子之国以外五里甸服：百里赋纳緫，二百里纳铚，三百里纳秸服，四百里米。甸服外五百里候服：百里采，二百里任国，三百里诸侯（候，侯也。斥候而服事也。）。候服外五百里绥服（绥：安也。服王者政教）：三百里揆文教；二百里奋武卫；绥服外五百里要服：三百里夷（守平常之教，事王者而已），二百里蔡（蔡：法也。受王者刑法而已）。要服外五百朝左荒服（集解马融曰：政教荒忽，因其故俗而治之）：三百里蛮（集解马融曰：蛮，慢也。礼简怠慢，来不距，去不禁。），二百里流（集解马融曰：流行无城郭常居）。"②也就是说，夏朝时期已经有成文规定，绥服三百里为夷，荒服三百里为蛮，而蛮夷不是以人为标准而是以距离夏国都远近而定。说明在夏朝统治者的眼中，夏国子民因距离上的远与近而有夷蛮之分别，被迁徙到蛮夷之地的人就是犯罪或反抗夏朝的人。身份上的差别因距离产生的生态文化上的变化不断加剧，这些人逐渐就成为蛮夷，而蛮夷与正统之间在古代交通条件相对隔离的情况下就表现在不同的名称上。如《史记·匈奴列传》曰："唐虞以上有山戎"，司马迁以"黄帝、颛顼、帝喾、唐尧、虞舜为五帝"③，陶唐是尧号，虞是舜号，因此早在五帝

---

①　（汉）司马迁：《史记》，中华书局1959年版，第43页。

②　（汉）司马迁：《史记》，中华书局1959年版，第75—76页。

③　（汉）司马迁：《史记》，中华书局1959年版，第1页。

时期，就有"山戎、北戎、无终三名也"①。即他们都是黄帝后裔，只是他们是犯罪或与黄帝及其后帝对抗的人而被迁徙到绥服或荒服以外并称为夷蛮。如司马迁在记载戎时，总是冠以戎夷、昆夷、夷狄就是此意。

第二时期，商、周、春秋、战国则是戎强盛时期。根据《史记·殷本纪》记载："殷契（殷在邺南，契是殷家始祖，故言殷契），母曰简狄（索隐旧本作易，易狄同音，又作逊，音为吐历反），有娀氏之女（集解淮南子曰：有娀氏在不周之北，正义按：记云'桀败于有娀之墟'，有娀当在蒲州也），为帝喾次妃。三人行浴，见玄鸟堕其卵，简狄取吞之，因孕生契。（索隐谯周云：'契生尧代，舜始举之，必非喾之。以其父微，故不著名。其母娀氏女，与宗妇三人浴川，玄鸟遗卵，简狄吞之，则简狄非帝喾次妃明也'）。"②虽然此条史料有传说神话的成分，但包括中国在内的早期人类的生活记载均相似。我们且不论商朝祖先的母亲是否是夏王妃，但她出自夏朝姓氏——有娀氏，则符合夏朝建立者大禹"其后分封、以国为姓"③的定制，她自己的名字狄也成为其子孙分支的姓氏；他繁育的契，成为商祖，被夏朝赐姓子氏（氏在《史记》中读支音），不仅成为戎分支的名称，也成为中国家族支系的书面表达。在戎分支的名称上，则有距离远近之分，如靠近中原夏商区域的戎人，则从夏朝赐姓——子氏（支）逐渐走上了以姓氏取名的道路。如娀或绒、契、狄、骊等，这也与他们与平原接近、处于定居或半定居有关。北戎、山戎、无终是对靠近蒙古草原地带的戎人的名称，他们均以戎的分支的名称出现，这与他们所处的靠近草原、流动性大的生存环境有关。

代替商朝的周朝，其始祖后稷的母亲为"有邰氏女，日姜原，姜原为帝喾元妃"④，即周是夏人与羌人结合的后裔，其封地就在邰（雍州武功县西南22里）。后稷去世后，其后"子窋以失其官而奔戎狄之间"，从子

① （汉）司马迁：《史记》，中华书局1959年版，第2880页。
② （汉）司马迁：《史记》，中华书局1959年版，第93页。
③ （汉）司马迁：《史记》，中华书局1959年版，第89页。
④ （汉）司马迁：《史记》，中华书局1959年版，第111页。

窋、鞠到公刘，周人一直生活在戎中间，如"公刘虽在戎狄之间，复修后稷之业，务耕农，行地宜，自漆、沮度渭，取材用，行者有畜积，民赖其庆。百姓怀之，多徙而保归焉。周道之兴自此始，故诗人歌曰思其德。公刘卒，子庆即立，国于豳。"① 我们可以将此条史料与《匈奴列传》中有关周的记载进行比较："夏道衰，而公刘失其稷官，变于西戎，邑于豳，其后三百有余岁，戎狄攻大王亶父，亶父亡走歧下，而豳人悉从亶父而邑焉，作周。"② 可以说，周先祖公刘与戎人生活三百多年后，成为豳人，并以豳为中心向外发展，但因"薰育戎狄攻之，欲得财物，予之。……乃与私属遂去豳，度漆、沮，踰梁山，止于岐下，豳人举国扶老携弱，尽复归古公于岐下。及他旁国闻古公仁，亦多归之。于是古公乃贬戎狄之俗，而营筑城郭室屋，而邑别居之（集解徐广曰：分别而为邑落也）。"③ 即从古公亶父起，周人才逐渐与戎狄相区别。周之意就是指以豳邑为中心四周有边界的国家，也指周的周边有更多戎的分支，其中伴随周王朝始末的戎人分支就是犬戎：如"周西伯昌伐畎夷氏"，文王时"伐犬戎""周穆王将伐犬戎"。对于犬戎的解释中，《山海经》认为："有人，人面兽身，名曰犬戎。"《后汉书》则认为："犬戎，槃瓠之后也"；《毛诗》疏云："犬戎昆夷也"④。周穆公时，犬戎的首领大华、伯士来朝见，周穆公想征服他们，祭公谋父曾以"今自大华、伯士（犬戎氏二君也）之终也，犬戎氏以其职来王……吾闻犬戎树敦（言犬戎立性敦笃也）"为理由劝阻，但最终周穆王还是"遂征之，得四白狼四白鹿以归（白狼，白鹿，犬戎之职贡也。按：大华、伯士终后，犬戎氏常以其职来贡）。自是荒服者不至。"⑤ 但这次战争也只是暂时的胜利，与戎的冲突与周王朝相始终；姜氏之戎：周宣王时曾"战于千亩（地名也，在西河介休县），王师败绩于姜氏之戎（集解韦

① （汉）司马迁：《史记》，中华书局 1959 年版，第 141 页。
② （汉）司马迁：《史记》，中华书局 1959 年版，第 2881 页。
③ （汉）司马迁：《史记》，中华书局 1959 年版，第 114 页
④ （汉）司马迁：《史记》，中华书局 1959 年版，第 118 页。
⑤ （汉）司马迁：《史记》，中华书局 1959 年版，第 136 页。

昭曰：西夷别种，四岳之后也）"①。陆浑之戎："周定王元年，楚庄王伐陆浑之戎（集解杜预云：允姓之戎居陆浑，在秦晋西北，二国诱而徙之伊川，遂从戎号，今洛州陆浑县，取其号也。后汉书云陆浑戎自瓜州迁于伊川。左传云：初，平王之东迁也，辛有适伊川，见被发而祭于野者，曰'不及百年，此其戎乎？其礼先亡矣'）。"②陆浑之戎就是允姓之戎，他们来自西边，从浑、昆等字判断，他们是黄帝后裔中居住在西方的一支。翟姓之戎：春秋时期，"齐桓公使管仲平戎于周，使隰朋平戎于晋（集解服虔曰：戎伐周，晋伐戎救周，故和也）。"③也就是说在周衰落后，戎仍然活跃于周晋之间。其中最活跃的便是翟。周襄王时，曾用翟人攻打郑国，娶翟戎之女为后，如"十五年，王降翟师以伐郑。王德翟人，将以其女为后。……十六年，王绌翟后，翟人来诛"④，而翟人之所以进入周朝，与周襄王的惠赐后有关。"惠后欲立王子带，故以党开翟人，翟人遂入周。……子带立为王，取襄王绌翟后与居温（正义括地志云：故温城在怀州温县西三十里，汉、晋为县）。"⑤翟与狄同音，翟有白赤之分，狄也有白赤之分，狄与商祖契母简狄同音，地理位置也在山西、陕北境内。关于狄，《史记·周本纪》说文云："'赤狄本犬种'，故字从犬。"⑥那么可以说，狄出自犬戎，翟即是狄。戎殷⑦，就是对商代后裔的称谓。商为周代替后，商的后人与夏的后人一样也从中原迁徙到边远区域。关于此，我们从《史记·秦本纪》的记载可以看出。如秦宁公"伐荡社（即汤杜，索隐曰：西戎之君号曰亳王，盖成汤之胤。其邑曰荡社。徐广云一作'汤杜'，言汤邑在杜县之界，故曰汤杜也。正义括地志云：'雍州三原县有汤陵。又有

---

① （汉）司马迁：《史记》，中华书局 1959 年版，第 144 页。
② （汉）司马迁：《史记》，中华书局 1959 年版，第 155—156 页。
③ （汉）司马迁：《史记》，中华书局 1959 年版，第 152—153 页。
④ （汉）司马迁：《史记》，中华书局 1959 年版，第 153 页。
⑤ （汉）司马迁：《史记》，中华书局 1959 年版，第 154 页。
⑥ （汉）司马迁：《史记》，中华书局 1959 年版，第 118 页。
⑦ 孙玲：《从"羌""戎"二字看西部族群起源》，《濮阳职业技术学院学报》2014 年第 3 期。

汤台，在始平县西北八里。'按：其国盖在三原始平之界矣）"① 这也符合败者被逐荒服的政治规则。周后期选择东迁，主要原因还是戎，如司马迁记："至犬戎败幽王，周乃东徙于洛邑。"② 骊戎：是居住在雍州的戎支，《史记·周本纪》正义引括地志解释："骊戎故城在雍州新丰县东南十六里，殷、周时骊戎国故都也。"③ 因此骊戎是商周时期存在的戎人分支。除此之外，还有西落鬼戎、燕京之戎、余燕之戎、始呼之戎、翳徒之戎等等。④ 由此可见，不仅周出自戎，还有一些失意的群体也变成戎，戎本身的分支也不断繁衍，最终周时期的戎分支数量明显多于夏商，说明此一时期戎处于发展壮大时期。

春秋战国时期，戎人在中原失去强大王朝支撑的有利条件下，迅速发展。见于史籍的戎人分支有：犬戎。这支戎人分支是戎人中存在最长的分支，主要活动于周和春秋时期。如《史记·匈奴传》索隐韦昭云："'春秋以为犬戎'。按：畎音犬。"但从《周本纪》的记载来看，犬戎早在周朝就存在，春秋时期继续发展；允戎，即指居住在晋秦之间的陆浑的允姓之戎，如《史记·匈奴传》杜预云："允姓之戎居陆浑，在秦晋之间，二国诱而徙之伊川，遂从戎号，今陆浑县是也。"⑤ 狄、北狄、翟等戎人分支：他们或南下加入中原春秋五霸和战国七雄中，或北上成为后起的匈奴的组成部分，最终他们成就了南部秦王朝和北部匈奴汗国的霸业。秦：就是从戎中逐渐脱颖而出的戎人分支，如成就嬴秦霸业的姓氏为皋陶之后，《史记·秦本纪》曰："秦之先，帝颛顼之苗裔，孙曰女修，女修织，玄鸟陨卵，女修吞之，生子大业。大业娶少典之子，曰女华，女华生大费。与

---

① （汉）司马迁：《史记》，中华书局 1959 年版，第 181 页。

② （汉）司马迁：《史记》，中华书局 1959 年版，第 171 页。

③ （汉）司马迁：《史记》，中华书局 1959 年版，第 117 页。

④ （宋）范晔：《后汉书》，中华书局 1965 年版，第 2870—2871 页。《后汉书》七十七卷西羌传记：周古公踰梁山而避于岐下。及子季历，遂伐西落鬼戎。太丁之时，季历复伐燕京之戎，戎人大败周师。后二年，击人克余燕之戎，于是太丁命季历为牧师。自是以后，更伐始呼、翳徒之戎。

⑤ （汉）司马迁：《史记》，中华书局 1959 年版，第 2883 页。

禹平水土。……佐舜调训鸟兽，鸟兽多驯服，是为柏翳。"① 与殷契母吞玄鸟卵的传说相同。秦人不断繁衍，其"子孙或在中国，或在夷狄"②。我们从申侯对周孝王说的"昔我先郦山之女，为戎胥轩妻，生中潏"③、"玄孙日中潏，在西戎"④ 话语中可知秦的先祖本身就是戎的组成部分。周在衰落以后归秦也与周秦一家有关，正如周太史儋（即老子）见秦献公时所说："始周与秦国合而别，别五百载复合，合十七岁而霸王者出焉。"⑤ 即周孝王时封伯翳后人为侯伯，与周相别 500 年，到周昭王时，西周群臣献邑 36 城，自愿归秦，说明他们不仅都是出自黄帝之后，且与同样出自黄帝之后的戎关系密切。关于秦的族属，早在 50 年代初，蒙文通先生经过缜密的考证后就曾作出"秦之为戎，固不自疑"⑥ 的定论。秦作为春秋五霸和战国七雄之一和继周之后再次统一中国的族群，在其发展壮大过程中离不开戎。通过梳理秦的发展历史，可以看出，秦作为帮助中原夏、商、周的戎人，总是受到其他戎人的打击，如周厉王"乃以秦仲为大夫，诛西戎。西戎杀秦仲。秦仲立二十三年，死于戎。有子五人，其长者曰庄公。周宣王乃召庄公昆弟五人，与兵七千人，使伐西戎。破之。于是复予秦仲后，及其先大骆地犬丘（汉雍州始平县东南十里）并有之，为西垂大夫。"⑦ 庄公的长子世父不继承父业的理由就是"'戎杀我大父仲，我非杀戎则不敢入邑（指犬丘）'，遂将击戎，让其弟襄公。"⑧ 是秦襄公则在"西戎犬戎与申侯伐周，杀幽王郦山下"时"将兵救周，战甚力，有功。周避犬戎难，东徙雒邑。襄公以兵送周周平王。平王封襄公为诸侯，赐岐山以

---

① （汉）司马迁：《史记》，中华书局 1959 年版，第 173 页。
② （汉）司马迁：《史记》，中华书局 1959 年版，第 174 页。
③ （汉）司马迁：《史记》，中华书局 1959 年版，第 174 页。
④ （汉）司马迁：《史记》，中华书局 1959 年版，第 174 页。
⑤ （汉）司马迁：《史记》，中华书局 1959 年版，第 159 页。
⑥ 蒙文通：《周秦少数民族研究》，龙门联合书局 1955 年版；张得祖：《试探羌戎文化在炎黄文化早期形成过程中的影响》，《青海师范大学学报》1994 年第 2 期。
⑦ （汉）司马迁：《史记》，中华书局 1959 年版，第 178 页。
⑧ （汉）司马迁：《史记》，中华书局 1959 年版，第 179 页。

西之地。曰：'戎无道，侵夺岐、丰之地，秦能攻逐戎，即有其地。'与誓，封爵之。襄公于是始国……"可以说，虽然周后期日渐衰落，但它作为存在 800 多年的王朝，是秦作为弱小戎支的依靠，秦最终取得岐山以西的统治权，成为诸侯。襄公本人"伐戎而至岐，卒"①。继秦襄公后，秦文公继续与戎展开争夺岐山区域的统治权，如"十六年，文公以兵伐戎，戎败走。于是文公遂收击余民有之，地至岐，岐以东献之周。"②那么岐山以西自然就属于秦国。但秦并没有因此停止向东扩张。秦宁公时，迁至平阳（岐山县有阳平乡，乡内有平阳聚，括地志云：平阳故城在岐州岐山县西四十六里），他"遣兵伐荡社（正义括地志云：'雍州三原县有汤陵。又有汤台，在始平县西北八里。'按：其国盖在三原始平之界矣）"③。秦"武公元年，则伐彭戏氏（戏音许宜反，戎号也）"；"十年，伐邽（陇）。'秦成公元年，齐桓公伐山戎，次于孤竹（殷时诸侯竹国也）'。"④秦缪公是秦国疆土的集大成者，"二十四年秋，周襄王弟带以翟伐王，王出居郑，二十五年，周王使人告难于晋、秦。秦缪公将兵助晋文公入襄王，杀王弟带。"⑤"三十七年，秦用由余谋伐戎王，益国十二，开地千里（正义韩安国云：'秦缪公都地方三百里，并国十四，辟地千里，'陇西、北地郡是也），遂霸西戎。……三十九年，缪公卒，葬雍。……秦人哀之，为作歌黄鸟之诗。君子曰'秦缪公广地益国，东服疆晋，西霸戎夷，然不为诸侯盟主，亦宜哉'。"⑥但仍有一些戎支不断反抗，如大荔戎、义渠戎，于是秦历共公"十六年，堑河旁。以兵二万伐大荔（集解徐广曰：'今之临晋也，临晋有王城。'），取其王城。""三十三年，伐义渠，虏其王（集解应劭曰：'义渠，北地也。'正义括地志云：'宁、庆、二州，春秋及战国

① （汉）司马迁：《史记》，中华书局 1959 年版，第 179 页。
② （汉）司马迁：《史记》，中华书局 1959 年版，第 179 页。
③ （汉）司马迁：《史记》，中华书局 1959 年版，第 181 页。
④ （汉）司马迁：《史记》，中华书局 1959 年版，第 185 页。
⑤ （汉）司马迁：《史记》，中华书局 1959 年版，第 190 页。
⑥ （汉）司马迁：《史记》，中华书局 1959 年版，第 194—195 页。

时为义渠戎国之地也。')"① 即使这样，义渠戎仍不屈服，由此引出秦躁公"十三年，义渠来伐，至渭南"②。但义渠的反抗在戎人大势已去的情况下不能得到更多的援助，最终不得不成为秦的郡县。如惠文君"十一年，县义渠。……义渠君为臣。更名少梁曰夏阳。"③"十四年，伐取义渠二十五城。"④ 又"西有上邽县，即邽戎邑也)、冀戎（冀县属天水郡)，初县之。"⑤被纳入秦国版图的戎人最终变成了秦人。

第三时期，秦、汉、匈奴时期，戎逐渐融入秦汉与匈奴。从《史记》和《汉书》记载来看，秦统一六国以后，局部地区仍有戎人反抗，如"义渠之戎筑城郭以自守，而秦稍蚕食之，至于惠王，遂拔义渠二十五城。惠王伐魏，魏尽入西河及上郡于秦，秦昭王时，义渠戎王与宣太后乱，有二子。宣太后诈而杀义渠戎王于甘泉，遂起兵伐灭义渠。于是秦有陇西、北地、上郡、筑长城以距胡塞。而置云中、雁门、代郡。……燕亦筑长城，自造阳至襄平（造阳，地名，在上谷界；襄平即辽东所治地)，置上谷、渔阳、右北平、辽西、辽东郡以拒胡。当是时，冠带战国七，而三国边于匈奴（燕、赵、秦）。其后赵将李牧时，匈奴不敢入赵边。后秦灭六国，而始皇帝使蒙恬将数十万之（物）[众] 北击胡，悉收河南地，因河为塞，筑四十四县城临河，徙适戍以充之。而通直道，自九原至云阳，因边山险，堑谿谷，可缮者缮之（缮，补也），起临洮至辽东万余里。又渡河据阳山北假中。(北假，地名也)"⑥ 即战国中的三国修长城主要是为了戎人和匈奴。秦国统一以后连接三国长城也主要是为了防御匈奴。戎人居于匈奴与秦之间，先为秦收归，后在秦汉之争时又变为匈奴的组成部分。关于这一点，从匈奴的起源发展中可以得到证明。《史记·五帝本纪》有记载：唐虞以上的"山戎、猃允、薰粥"是其先民，也是"夏后氏之苗裔，

---

① （汉）司马迁：《史记》，中华书局 1959 年版，第 199 页。
② （汉）司马迁：《史记》，中华书局 1959 年版，第 199 页。
③ （汉）司马迁：《史记》，中华书局 1959 年版，第 206 页。
④ （汉）司马迁：《史记》，中华书局 1959 年版，第 207 页。
⑤ （汉）司马迁：《史记》，中华书局 1959 年版，第 182 页。
⑥ （汉）班固：《汉书》，《匈奴传》六十四上，中华书局 1962 年版，第 3748 页。

曰淳维"①，颜师古注曰："以殷时奔北边"。这也符合中原王朝的统治者被赶下台后就被放逐到荒服之外的区域的惯例。也就是说，当商、周、秦这些出自戎人入主中原建立王朝，甚至在其最后的小小义渠戎国也被消灭之时，匈奴作为被中原诸侯国及秦赶出塞外的戎人则集合在从戎中兴起的匈奴中，从匈奴的中心地域上郡、云中等区域看，也是商时放逐夏代遗民的区域。除此之外，在匈奴的东面是东胡，西边则是月氏。正如《汉书》所言："当是时，东胡强而月氏盛。"②而东胡，则是鲜卑的别称，因据于匈奴之东而称为东胡，实际在战国燕修长城时，将山戎赶到燕长城以北，山戎以鲜卑山为名，称为鲜卑，从历史上来说，戎有析枝，由于鲜与析音同，故也称为鲜支，其实就是戎人的一支。月氏的族源虽然并不清楚，但敬月是包括匈奴在内的戎人的共同信仰，氏则读支音，戎人有乌氏、翟氏、潞氏等等，再从月氏生活的"敦煌祁连间"的地域范围来说，不仅是戎人生活的范围，更是秦灭西戎八国、匈奴在北部强大时唯一可以迁徙的地方；另外从月氏被匈奴攻击后大月氏西迁中亚，小月氏最后融入河西走廊南部与戎人有密切关系的羌人当中的事实来说，小月氏应该是秦灭西戎后的戎人余脉；戎的分支胸衍后来就成为西汉时期居住在河西走廊北部的居延人，而"西羌之本，出自三苗，姜姓之别也。其国近南岳。及舜流四凶，徙之三危，河关之西南羌地是也。滨于赐支，至乎河首，绵地千里。赐支者，禹贡所谓析支也，南接蜀、汉徼外蛮夷，西北接鄯善、车师诸国。"③关于他们的发展走向，不是本章的重点，就不再讨论。但从中可以看出，戎人作为中国最早的民族之一，名称的改变是其族体变化的体现，族体的融合与名称的改变相对应。但无论名称和族体如何改变，都成为中国民族的组成部分，都成为古代中国的奠基者。虽然我们现在因为研究的需要而梳理其作为族群的界线、身份和名称，但在真实的历史场景中，他们早已是你中有我、我中有你。中国就是在诸多民族相互融合中成就起来

---

① （汉）班固：《汉书》，《匈奴传》六十四上，中华书局 1962 年版，第 3743 页。
② （汉）班固：《汉书》，《匈奴传》六十四上，中华书局 1962 年版，第 3743 页。
③ （宋）范晔：《后汉书》，中华书局 1965 年版，第 2869 页。

的国家。又由于戎融入秦汉与匈奴，也就成为中国向西发展的族群力量。

第四节 戎的多元生计与文化

在今天的一些文学作品或影视作品中，总将戎说成是马背上的游牧民族。也许戎人的祖先是纯粹的游牧民族，但他们向南迁入中国北部山区后，多元的地理环境赋予的生存资源促使戎创造了多元的文化来保障他们繁衍生存。后来出自戎人建立的商、周、秦等王朝使部分戎人变成商人、周人和秦人，汉朝建立后又成为汉人，融入蒙古高原或西入沙漠之地的戎自然就成为匈奴组成部分，因此多元是戎人文化的基本特征。

第一，亦农亦牧亦渔是戎人的多元生计方式。山区的各种林果和动物资源决定了在山上狩猎或采集，山与山的溪谷及川地则是利用水源进行耕种的农田，水里的鱼也是他们的食物之一，因此亦农亦牧亦渔一直都是戎人的真实生活。直到现在，生活在大兴安岭、太行山区、贺兰山、陇山及祁连山区的人仍然过着亦农亦牧的生活就是明证。《史记·周本纪》记载："骊戎之文马。"正义括地志解释："骏马赤鬣缟身，目如黄金，文王以献纣也。"[1] 说明商朝时生活在今天陕西西北部境内的骊戎的生活中有马的存在，且有良马。不仅如此，还有戎车。如周武王伐商纣时"遂率戎车三百乘"[2]。在河南、陕西、甘肃到青海的新石器文化中的彩陶文化中最普遍的鱼纹符号，表明捕鱼也是戎人先祖们的生计方式之一。因此诸多学者经过研究，也认可多元生计是戎人文化创造的前提，也是多元文化形成的基础，这使得他们在应对冷暖交替的气候环境里，就很容易从一种生计转向另一种生计，从而保证了戎人在山区的生存和发展。正如杜正胜所说："戎狄不是纯粹的游牧民族，农作在经济生产中还占相当的比重……戎狄分散溪谷，生产方式必然与生态环境配合，或农或牧，或渔或猎是有

---

① （汉）司马迁：《史记》，中华书局 1959 年版，第 117 页。
② （汉）司马迁：《史记》，中华书局 1959 年版，第 121 页。

个别性的差异的，但整体而言，他们过着半农半牧的生活，并且渔猎采集以补充生活资料之不足。"① 美国学者拉铁摩尔沿长城进行多年的调查研究后明确主张："典型的中国民族一定是在黄河弯曲地带的黄土地区获得其第一个重要的进步，其原因不是那里的土地最肥沃，而是最容易耕作。黄土上面没有难以砍伐的茂盛森林，其土壤也可以被新石器时代的不同健全的社会组织的人类用原始的简陋工具所耕作。这些有利方面比起其他一些不利方面，要更加重要。那些不利方面包括黄土地区产的小米和小麦不如大冲积平原上的多，也不如中、南部的稻米收获大。"② 所产粮食不足消费时，沟壑地带的牧业即是一种补充，因此"狄与戎是一种混合经济。"③ 顾立雅则举例分析说："戎和狄被称为游牧民族，在很大程度上是有一些问题的……戎、狄有很多部族构成，它们有不同的生存方式，它们中的一些人可能已经是一种复合形式。"④ 因此主张戎人是游牧人的说法是不成立的。但受中原王朝拓展的影响，越是后来繁衍的戎人分支，就越向北方或西方草原戈壁地带迁徙，成为纯粹的牧人是后来演变的结果。

第二，因戎人生存范围广而生活习俗随地域而不同。从后人的记载来看，戎人在饮食方面"有不粒食者矣"，在服装上"衣皮"，在发式上"披发"。⑤ 如《礼记·王制》所说中国戎夷五方之民分别是："东方曰夷，被发文身，有不火食者矣。南方曰蛮，雕题交趾，有不火食者矣。西方曰戎，被发衣皮，有不粒食者矣。北方曰狄，衣羽毛穴居，有不粒食者矣。"

---

① 杜正胜：《西周封建的特质——兼论夏政商政与戎索周索》，《中国上古史论文选集》，（台）华世出版社 1979 年版，第 684—685 页。

② ［美］拉铁摩尔：《中国的亚洲内陆边疆》，唐晓峰译，江苏人民出版社 2005 年版，第 31 页。

③ ［美］拉铁摩尔：《中国的亚洲内陆边疆》，唐晓峰译，江苏人民出版社 2005 年版，第 31 页。第 240 页。

④ 顾立雅：《中国治国术的起源》（HerrleeG. Creel, *The Oringins of State craftin China*: The Western Chou Empire），芝加哥大学 1970 年版，第 200 页。

⑤ 《礼记·王制》已开始以地域笼统区分"中国戎夷五方之民"："东方曰夷，被发文身，有不火食者矣。南方曰蛮，雕题交趾，有不火食者矣。西方曰戎，被发衣皮。北方曰狄，衣羽毛穴居，有不粒食者矣。"

其中戎与狄一样都是不吃粟米。以上记载均来自周王朝，周王朝存在的时间有 800 年之久，在其西部和北部都是戎。由于戎分布的地域广阔、生存时间久远，内部因地域不同而生活习俗自然不同，如东部的山戎和西部的翟戎显然有区别，因此"被发衣皮，有不粒食者"仅指周王朝时期某些被赶到更北或西的一些戎分支而已。这些分支，不吃粟米，说明他们所在区域不能从事农业种植；能够披发或穿皮衣，说明他们生活的区域并不炎热。但这并不代表戎人生活习俗的全部。比如最后才被秦灭亡的义渠戎，他们生活的区域子午岭西侧的泾水流域，反而与北狄的风俗一样，穴居。到现在这里的民众仍然住在窑洞就是历史遗存，因为位于黄土高原沟壑区域的人们充分利用了这里的黄粘土质修建冬暖夏凉的穴居。《史记·匈奴列传》中也记载了已经变为东胡的戎人后裔"与匈奴间，中有弃地，千余里，各居其边为瓯脱"。所谓瓯脱，韦昭注解为"界上屯守处"，其中瓯音为"一候反"，脱音为"徒候反"。服虔则解释为"瓯脱，土穴也"，并有"瓯脱王"[1] 之称，而这些能够挖土穴的地方现在多集中在甘肃东部、陕西北部、山西北部的山区，且是早期戎人生活的中心区域。因此穴居是其居住特点所在。在葬俗上，《墨子·节葬篇》云："秦之西有义渠之国者，其亲戚死，聚柴薪而焚之，熏之，谓之登遐，然后成孝子。"他们生活在黄土高原沟壑区域，树木繁多，沟里湿气较大，因此火在其生活中占有重要地位，火葬不仅能够去疾，而且驱邪。在东部山戎生活的区域，其习俗则发生了一些变化，如《史记·匈奴列传》索隐服虔云："'山戎盖今鲜卑'。按：胡广云：鲜卑，东胡别种。又应奉云：秦筑长城，徒役之士亡出塞外，依鲜卑山，因以为号。""在匈奴东，故曰东胡。""俗随水草，居无常处。以父之名字为姓。父子男女悉秃头为轻便也。"[2] 说明这里的戎人后裔不仅从名称上变为鲜卑，而且生计变为游牧，头发变成秃发，以父亲名字为姓。这与生活在黄土高原的戎人有很大的差异性，因此戎人因分布地域广

---

[1]　（汉）司马迁：《史记》，中华书局 1959 年版，第 2889 页。

[2]　（汉）司马迁：《史记》，中华书局 1959 年版，第 2884—2885 页。

阔而风俗不一。

第三，戎人崇尚的色彩不仅奠定了中国色彩审美基础，而且也反映了中国早期人与自然相生相克的关系。从有限的记载中得知，商朝祖先起自于有娀氏，而商朝则是崇尚白色的王朝。关于此点，《史记·周本纪》有记载：周"武王渡河，中流，白鱼跃入王舟中（集解马融曰：'鱼者，介鳞之物，兵象也。白者，殷家之正色也，言殷之兵众与周之象也。'）"，①即商崇尚白色。孔子也说："殷路车为善，而色尚白。"在此条资料的索隐中记载："论语孔子曰：'乘殷之辂'，礼记曰：'殷人尚白'。"② 商朝崇尚的白色也不是原创，而是继承前人的结果。如"黄帝时，西王母乘白鹿来献白环。"③ "舜时西王母来献白环及佩"④。由于"西王母之国所达到的地区是十分广大的，除以青藏高原为基地外，东到今甘肃及陕西西部，南达西康至云贵高原，北逾祁连山及河西走廊，西极西域诸地。"⑤ 古代戎羌就生活在这片区域，因此白环即是他们继承中国古老文明的象征。关于白环，则是崇敬月亮而以昆仑有白玉能够打磨成白环用来敬拜有关。比如义渠戎就有敬白环的习俗，在戎之后兴起的匈奴"举事而候星月，月盛壮则攻战，月亏则退兵。"⑥ 现代蒙古语研究者魏文成则通过语言学、考古学和历史学的资料，不仅认为红山文化为山戎创造，而且认为山戎有拜月之俗。白环、半月形图形等均是对白色月亮的崇敬。⑦ 秦征服犬戎时，将其崇尚的白色动物带走，如"周道衰，而穆王伐犬戎，得四白狼四白鹿以归。自是之后，荒服不至。"⑧ 致使犬戎臣服。出自戎而代商的周朝则以乌色、红

---

① （汉）司马迁：《史记》，中华书局 1959 年版，第 121 页。
② （汉）司马迁：《史记》，中华书局 1959 年版，第 109 页。
③ 张得祖：《昆仑神话与羌戎文化琐谈》，《青海民族学院学报》1995 年第 2 期。
④ 张得祖：《昆仑神话与羌戎文化琐谈》，《青海民族学院学报》1995 年第 2 期。
⑤ 张得祖：《昆仑神话与羌戎文化琐谈》，《青海民族学院学报》1995 年第 2 期。
⑥ （汉）司马迁：《史记》，中华书局 1959 年版，第 2892 页。
⑦ 魏文成：《红山文化为山戎〔SARUUL〕即蒙古上古文明》，第十四届人类学高级论坛人类学与山地文明会议论文，2015 年 9 月，第 128 页。
⑧ （汉）司马迁：《史记》，中华书局 1959 年版，第 2881 页。

色为正色，如周武王在渡河时见白鱼跳入船中后，"武王俯取以祭，既渡，有火自上复于下，至于王屋，流为，其色赤，其声魄云'集解马融曰：王屋，王所居屋，流，行也。魄然，安定意也。郑玄曰：书说云乌有孝名。武王卒父大业，故乌瑞臻。赤者，周之正色也。'"① 也就是说，乌色为孝色，红色为正色。甚至乌也成为姓氏名称。如《史记》集解徐广曰：乌氏"'在安定。'正义：氏音支。括地志云'乌氏故城在泾川安定县东三十里。周之故地，后入戎，秦惠王取之，置乌氏县也'。"② 乌桓、乌丸、乌桓均是后来不断演变的结果。出自戎人的秦国则崇尚黑色，宫殿、衣饰以黑色为主调。与周秦处于相同时代的其他戎支中则有白赤之分，如白翟、赤翟。"赤翟（春秋地名云'今日赤涉胡'）；白翟（杜氏以为'白狄'之别种，故西河郡有白部胡）。"③ 翟与狄同音，狄同样也有白狄和赤狄之分，因此白翟与赤翟的分别就是白狄与赤狄的分别。我们从戎人曾经崇尚的三种色彩来看，商崇尚白色，周崇尚乌和赤色，秦则崇尚乌色，其他戎则有白、乌之分。正如《史记》对五府的解释所说："五府，五帝之庙。苍曰灵府（灵府者，苍帝灵威仰之府，名曰灵府。周曰青阳），赤曰文祖（文祖者，尧大祖也，赤帝熛怒之将，名曰文祖。火精光明，文章之祖，故谓之文祖，周曰明堂），黄曰神斗（神斗者，黄帝含枢纽之府，名曰神斗，斗，主也。土精澄静，四行之主，故谓之神斗。周曰太室），白曰显纪（显纪者，白帝招拒之府，名显纪。纪，法也。金精断割万物，故谓显纪之，周曰总章），黑曰玄矩（玄矩者，黑帝汁光纪之府，名曰玄矩。矩，法也。水精玄味，能权轻重，故谓之玄矩。周曰玄堂）。"④ 由此可见，苍代表天，赤代表火，黄代表土，白代表金，黑代表水，其中戎人使用过的色彩则有白、赤、黑。也就是说，在他们生活的时代，处理的主要关系仍是人与自然的关系，即自然以压倒的力量使包括戎人在内的中国先民正在

① （汉）司马迁：《史记》，中华书局 1959 年版，第 121 页。
② （汉）司马迁：《史记》，中华书局 1959 年版，第 2882 页。
③ （汉）司马迁：《史记》，中华书局 1959 年版，第 2882 页。
④ （汉）司马迁：《史记》，中华书局 1959 年版，第 23—24 页。

积累如何与自然相处的技艺。经过继承与发展，最终赤色是今天中国人吉祥喜庆的色彩，白是孝色，黑色为庄严之色。这与戎人及其分支的贡献分不开。

第四，二元对立统一的世界观指导戎人对世事的态度和做法比较中和，其目的就是为了戎人社会在动态平衡中发展。关于戎人的二元对立统一世界观体现在对鸟和狼的崇尚方面。鸟是天上飞翔动物，狼是北温带的地面上数量最多的动物，它们分别是农业和牧业生产的天敌，但鸟与狼团结、协作的精神却是戎人学习的榜样，因此戎人对鸟的敬畏不仅体现在将鸟视为自己的祖先图腾方面，如"殷契，母曰简狄，有娀氏之女，为帝喾次妃，三人行浴，见玄鸟堕其卵，简狄取吞之，因孕生契"[1]，也体现在将不同的鸟名用于地名上，如雁——雁门、燕——燕云、衍——胸衍（居延）、焉——焉支等；对狼的崇敬不仅体现在对"白狼"的图腾崇尚拜上，也体现为将犬作为戎分支的名称上，如犬戎，是春秋战国时期居住在山西、陕西北部及宁夏部分区域的戎人的称谓。戎人从鸟和狼的身上也学到了好坏均有、善恶俱有的世界观，并将此运用到治国方面，正如戎使由余在与秦缪公辩论中国与戎夷之别时说道："夫戎夷不然。上含淳德以遇其下，下怀忠信以事其上，一国之治，不知所以治，此真圣人之治。"[2] 这进一步证实戎人在二元对立统一的世界观和价值观指导下，在与山区自然环境相适应的基础上创造了农牧并行、文武兼营的二元治国方略。

第五，留存至今的"戎"文化因子，进一步丰富和发展了中国文化。主要表现在姓氏和地名方面。虽然以国为姓是五帝时期留下的传统，但戎作为其后裔则进一步丰富和发展了中国的姓氏和部落。戎本身就是中国早期族群发展的表现。比如"戎"作为族群名称，就与娀姓有关。如《史记·殷本纪》说："殷契，母曰简狄，有娀氏之女，为帝喾次妃。"在

---

① （汉）司马迁：《史记》，中华书局1959年版，第91页。
② （汉）司马迁：《史记》，中华书局1959年版，第91页。

此条资料的集解中则记载"有娀在不周之北"。因夏"桀败于有娀之墟"，因此正义曰"有娀当在蒲州也"①。有娀氏不断发展壮大，从绒、狨最终成为戎，至今中国仍有荣、容、蓉、融允等与戎发音相近的姓氏。有娀氏被赐的姓氏"子氏"，也成为戎的分支的名称。比如司马迁在《史记·殷本纪》中记载："殷契，母曰简狄，有娀氏之女，为帝喾次妃……封于商，赐姓子氏。"氏在《史记》中音为支。氏，即姓氏，氏族，支则指分支、支系，如果用来分类族群，则都有分支的意义在内。如乌氏、析支（鲜支）等等。戎人的分支也逐渐演变为姓，如狄，本是戎人女祖简狄之名，也逐渐演变为戎的分支白狄、赤狄的名称，狄与翟同音，因此也有白翟、赤翟之称，狄、翟后来就逐渐成为中国姓氏的组成部分。在唐代，以办案著称的狄仁杰就出自狄姓；林姓、楼姓则来自戎人分支林胡、楼烦；朐衍则演化为居延，汉代即有居延人之称，而居与延也分别成为后世句、居、举和延、闫、严、颜等姓氏的来源。戎人建立的政权商、周、秦也成为中国姓氏的组成部分。一些地名，则是戎人起名并流传至今，如焉支、焉耆、上郡、云中、雁门、上谷、太谷、居延等等。另外我们从一些戎使用过的地名中也可以看出其生活特点，如豳、幽均是财富在山谷中的文字体现；狟、貊、貒、狋等地名或分支名称也反应出他们居住的山林密布或山与原相交的区域。他们之所以称为戎，不是因为他们善于武力，而是生存在树木丛生的山区需要比树木和狼等动物更锐利的工具。因此，从戎留下的姓氏、地名来看，它们本身就是中国文化的继承者和创新者。

通过以上论述，我们有充足的理由认为：今天我们所说的华夏文明，就包括了戎在内。所谓华，就是黄帝为首的部落，所谓夏就是炎帝为首的部落，现在的我们就是炎黄子孙。戎作为炎黄子孙，不仅融合了亚洲北部不断南迁的人类群体，而且也在长期的历史发展过程中繁衍出众多的戎人分支，其中商、周、秦等中国早期统一王朝均出自戎，其余的分支则在

① （汉）司马迁：《史记》，中华书局1959年版，第91页。

中国从分裂走向统一的过程中，北部的部落成为匈奴的组成部分，南部的姓氏则进入中原王朝，成为汉王朝的组成部分。他们兴起于尧舜，兴盛于商、周、秦，衰落于秦汉。活动区域从大兴安岭南部山区到河西走廊西端。连接草原与平原的山区多元生计孕育了与生态和谐共处的多元文化与中和价值观，这是戎人能够成就中国的基础，也是戎人最终融入中国后起王朝的前提。戎人融入汉朝和匈奴后，"西戎"就成为汉朝对国土西部所有民族的通称，因此西戎这个名称本身就是中国民族融合的体现，也是中国对融入中国的戎人的历史记忆，更是戎对陆上丝绸之路的贡献。

第六章　狄

在先秦、秦汉史籍记载中，"狄"这一名称总是与其存在时代相近的戎、羌连在一起，如"戎狄""狄羌""氐羌"；秦汉以后史籍中，狄总和中国地理方位中的北方连接在一起，如"北狄"。那么狄究竟是历史上真正存在过的族群，还是对北方民族的泛称，后世学者从不同角度进行过研究，如顾陈高的《春秋大事表》对狄分类研究[①]、马长寿对北狄的分布[②]、古文和李绍明关于羌起源（包含狄）研究[③]、蒙文通对周秦少数民族研究、童书业对《春秋左传》的研究、段连勤在对中山国的研究及杨国勇和沈长文对山西境内狄人研究等等。[④] 以上成果，对后世人认识"狄"不可或缺。本章则从狄的起源、活动迁徙、融合入手，解析狄与陆上丝绸之路相关的活动。不足之处，在所难免，敬请与狄、北狄相关研究专家批评指正。

---

① 顾陈高：《春秋大事表》，光绪十四年本。

② 马长寿：《北狄与匈奴》，生活·读书·新知三联书店 1962 年版。

③ 史文：《古羌人的起源及其迁徙》，《民族论坛》1987 年第 2 期；李貂明：《关于羌族古代史的几个问题》，《历史研究》1963 年第 5 期。

④ 蒙文通：《周秦少数民族研究》，龙门联合书局 1958 年版；童书业：《春秋左传研究》，上海人民出版社 1980 年版；段连勤：《北狄族与中山国》，河北人民出版社 1982 年版；杨国勇：《两周时代山西境内的戎狄》，《山西地方史论坛》，山西人民出版社 1985 年版；沈长文：《长狄新考》，庆祝先秦史学会成立 20 周年暨王玉哲教授 90 华诞学术研讨会论文汇编，2001 年 10 月。

第一节 "狄"的起源

　　关于狄的起源，尽管说法各异，有起源于北方的细石器文化① 之说，也有来源于鬼方与亘方② 之说，更有出自戎③ 与羌④ 之说。但究竟狄出自何处，中文古籍资料对狄的记载总是与戎在一起，并称为"戎狄"，记载的时间也大多在周、春秋、战国时期。如"及文王为西伯，西有昆夷之患，北有猃狁之难，遂攘戎狄而戎之，莫不宾服。乃率西戎，征服之叛国以事纣。"⑤ "至穆王时，戎狄不贡，王乃西征犬戎，获其五王，又得四白鹿，四白狼，王遂迁戎于太原。夷王衰弱，荒服不朝，乃命虢公率六师伐太原之戎，至于俞泉，获马千匹。历王无道，戎狄寇掠，乃入犬丘，杀秦仲之族，王命伐戎，不克。"⑥ 春秋时期，"晋文公欲修霸业，乃赂戎狄通道，以匡王室。"⑦ 那么从以上中文古籍中下划线的称谓中可以判定，狄不仅是先秦时代存在过的族群，且与戎关系非常密切。至于关系如何密切，必须从狄与戎的关系说起。

　　戎是自尧舜至西汉生活于蒙古高原与关中平原之间山区的族群。《史记·匈奴列传》曰："唐虞以上有山戎。"正义则曰："左传庄三十年齐人伐山戎。"⑧ 说明山戎从唐虞（唐、虞为尧、舜之号）到春秋都存在。"山

---

① 如翁独健先生说："我国内蒙古、黑龙江、宁夏的呼伦贝尔草原、松嫩平原、浑善达克沙漠、巴丹吉林沙漠、河套地区，以及新疆、西藏部分地区，还存在着以细石器为主的新石器时代的文化。这种文化是与狩猎、畜牧经济相适应的，是我国北方以畜牧业、狩猎为主的游牧民族的文化，也就是后称的北狄民族集团的文化。"引自翁独健主编《中国民族关系史纲要》，中国社会科学出版社1990年版，第30页。
② 陈玉珍：《由姓氏看北狄的来源》，《黑龙江史志》2010年第9期。
③ （汉）司马迁：《史记》，中华书局1959年版，第2882页。
④ 李绍明：《关于羌族古代史的几个问题》，《历史研究》1963年第5期。
⑤ （南朝宋）范晔：《后汉书》，中华书局1965年版，第2870页。
⑥ （南朝宋）范晔：《后汉书》，中华书局1965年版，第2871页。
⑦ （南朝宋）范晔：《后汉书》，中华书局1965年版，第2872页。
⑧ （汉）司马迁：《史记》，中华书局1959年版，第2880页。

戎分布于辽西地区（亦即燕地）。"① 除山戎外，还有北戎、无终，如史籍记载："幽州渔阳县，本北戎无终子国。"② 夏、商、西周与春秋时期，犬戎则是活动比较频繁的分支，他们主要分布于今天甘肃、陕西、山西北部。如早在夏末"昔夏后氏太康失国，四夷背叛。及后相即位，乃征畎夷，七年然后来宾。至于后泄，始加爵命，由是服从。后桀之乱，畎夷入居邠岐之间，成汤既兴，伐而攘之。及殷室中衰，诸夷皆叛。至于武丁，征西戎、鬼方，三年乃克。故其诗曰：自彼氐羌，莫敢不来王。"③ 此条资料中的畎夷，就是春秋时期的犬戎。因为《史记·周本纪》曾记载："周西伯昌伐畎夷氏。"韦昭对这条资料的索隐是："春秋以为犬戎。按：畎音犬。大颜云'即昆夷也'。"④ 强大的犬戎总是参与到中原政权斗争中，如周末"周幽王用宠姬褒姒之故，与申侯有却。申侯怒而与犬戎攻杀周幽王于骊山之下，遂取周之焦获，而居于泾渭之间，侵暴中国。"⑤ 战国秦穆公时期，则有"西戎八国"之称。八戎分别是：緜诸（汉緜诸道，属天水郡）、绲戎（即春秋时的犬戎）、翟、獂之戎（獂道故城在渭州襄武县东南37里。古之獂戎邑。汉獂道，属天水郡）、岐、梁山、泾、漆之北有义渠（汉代北地郡）、大荔（本汉临晋县地，古大荔戎国。后改为朝邑县，县东30步故王城，即大荔王城）、乌氏（乌氏故城在泾川安定县东30里。周之故地，后入戎，秦惠王取之，置乌氏县也）、胊衍之戎（在北地，胊音诩）。⑥ 从以上资料可知，戎是从尧、舜到西汉一直存在于中国北方草原与中原中间地带的具有众多分支的族群。如此多的戎的分支，狄究竟与哪个戎的分支有关呢？

中文史籍中"狄"字首先与商代后妃有关。《史记·殷本纪》开篇就写道："殷契，母曰简狄，有娀氏之女，为帝喾次妃。三人行浴，见玄鸟

① 苗威：《山戎、东胡考辨》，《中国边疆史地研究》2008年第4期。
② （汉）司马迁：《史记》，中华书局1959年版，第2880页。
③ （宋）范晔：《后汉书》，中华书局1965年版，第2870页。
④ （汉）司马迁：《史记》，中华书局1959年版，第2881页。
⑤ （汉）司马迁：《史记》，中华书局1959年版，第2881页。
⑥ （汉）司马迁：《史记》，中华书局1959年版，第2882页。

堕其卵，简狄取吞之，因孕生契。"①《史记·殷五帝本纪一》中也记载："契为商，姓子氏。"② 在此两条资料中，有关商祖充满神话传说色彩的起源记载与先秦时代其他王朝的起源记载一样，均是古人对自己祖源的探索性认识。但此条资料之所以珍贵，则是因为它不仅反映了戎与狄的关系，也反映了戎狄与中原统治者的关系。有娀氏是中原王朝对戎族中原化的称谓，简狄则出自这个姓氏，而简狄所生商祖便以子氏为姓。从字面意义来看，即有娀氏的子氏之意，且有娀氏是与中原夏王朝统治者是姻亲关系。如果仅凭这两条资料无法验证狄的起源，那么我们也可以从西周狄后参与王室叛乱之事中看出此点。周襄王时因为"黜狄后，狄后怨，而襄王后母曰惠后，有子子带，欲立之，于是惠后与狄后，子带为内应，开戎狄，戎狄以故得入逐周襄王，而立子带为天子。……周襄王既居外四年，乃使使告急于晋。晋文公初立，欲修霸业，乃兴师代逐戎翟，诛子带，迎内周襄王，居于雒邑。"③ 此条资料包含很多与狄有关的信息。首先周襄王后妃之一为狄后，这个狄后，来自狄人；狄人无论是娀或允姓，发音相似，在没有文字记载以前，以音口传历史是常事，即娀、允不分，狄、翟不分；流传到汉代的诗歌"戎狄是应"也表明当时人认为戎狄一家，因此汉代史学家在记载他们的历史时常将他们与戎联系在一起。但狄之所以能够为狄，自有其道，这个道就是狄出自戎，他们与周王朝有姻亲关系，因而参与周王室内讧。春秋时期，因夹于秦晋之间而成为秦晋争取的对象；战国时期又成为秦魏争夺的对象。如"当是之时，秦晋为疆国。晋文公攘戎翟，居于河西圁、洛之间，号曰赤翟、白翟"。④ 由此可见，无论被称为狄或翟，或分为白狄或赤狄，他们在西周、春秋、战国时期即生活在山西、陕西北部，而这一漫长时期正好是犬戎兴盛并活动于这一带的时期，因而说文说"赤狄本犬种，字从犬"。贾逵云："犬夷，戎之别种

---

① （汉）司马迁：《史记》，中华书局 1959 年版，第 91 页。
② （汉）司马迁：《史记》，中华书局 1959 年版，第 45 页。
③ （汉）司马迁：《史记》，中华书局 1959 年版，第 2882 页。
④ （汉）司马迁：《史记》，中华书局 1959 年版，第 2883 页。

也。"① 如果赤狄为犬戎，那么白狄当然也是犬戎。他们居住的秦晋或秦魏交界地区即今天陕西山西交界处，正好是中原的正北部，因此中原王朝将活动在中原北部的族群统称为北狄也就是情理之中的事情了。

梳理清楚狄源于戎的分支犬戎之后，接下来的事情就是狄的族源来自哪里。根据《山海经》的记载："黄帝生苗龙，苗龙生融吾，融吾生弄明，弄明生白犬。白犬有二牡，是为犬戎"；又说"有人面兽身，名曰犬夷"②。《大荒西经》中则记载："有北狄之国，黄帝之孙曰始均，始均生北狄。"③ 即无论戎、狄，均是黄帝后裔。但我们又从有限的中文古籍中得知，黄帝是战胜了炎帝、蚩尤之后才成为统治中国的五帝之首。如《史记·五帝本纪》开篇中记载："轩辕（黄帝名）之时，神农氏（指炎帝）世衰，诸侯相侵伐，暴虐中国，而神农氏弗能征。于是轩辕乃习用干戈，以征不享，诸侯咸来宾从。而蚩尤最为暴，莫能伐。炎帝欲侵陵诸侯，诸侯咸归轩辕。轩辕乃修德振兵，治五气，艺五种，抚万民，度四方，教熊罴貔貅貙虎，以与炎帝战于阪泉之野。三战，然后得其志。蚩尤作乱，不用帝命。于是黄帝乃征师诸侯，与蚩尤战于涿鹿之野，遂擒杀蚩尤。而诸侯咸尊轩辕为天子，代神农氏，是为黄帝。"④ 但自古以来政权斗争的通则不是一个政权统治下的所有民众与另一个政权统治下的所有民众之间的斗争，而只是两个政权统治阶层之间的斗争，除了失败的政权统治者被灭或被流放四周之外，其余的民众自然就在新帝王的统治下主动或被动地适应新政权，当然黄帝就成为中国古代许多民族的起源。但实际上，包括黄帝在内的五帝对自己和可以通婚的周边族群是有区别的，能够与戎狄通婚，说明他们或是其他族群，或是出五服之外的同一族群，那么戎狄要么是其他族群，要么是出五服之外的同一族群，因此戎狄就有可能是被打败的处于黄帝西、北部的山区地带的炎帝。证据如下：第一，炎帝为神农氏，以

---

① （汉）司马迁：《史记》，中华书局 1959 年版，第 2882 页。
② （汉）司马迁：《史记》，中华书局 1959 年版，第 2882 页。
③ 叶林生：《禹的真相及夏人族源》，《苏州大学学报》1997 年第 4 期。
④ （汉）司马迁：《史记》，中华书局 1959 年版，第 7 页。

农为业，如今安多藏区的藏族普遍将在山谷中从事农业的人称为戎、将在山上放牧的人称为羌的语言学资料表明，戎狄应该是炎帝之后。第二，根据中国自古以来中原王朝被推翻后被贬边疆的事实来看，蚩尤作为南方族群在中国南方生存，炎帝被黄帝打败后其族群则在黄帝的西部和北部生存。戎狄居于从河西走廊到大兴安岭的山区地带即是炎帝后裔适应温带山区气候的结果，也是政权斗争的结果。第三，炎黄、华夏的历史记载表明，炎帝后裔在黄帝时期仍然存在。从黄帝的统治范围"东至于海，登丸山（郎邪朱虚县），岱宗（泰山）。西至于空桐（在陇右），登雞头（在陇西）。南至于江，登熊（商州）、湘（长沙）"①来看，仅限于黄河与长江中下游之间，与它并存的还有其他国家。如"黄帝居轩辕之丘，而娶于西陵之女。"②《史记》对西陵的注解为国名，那么西陵国肯定在黄帝之西。另外"黄帝时，西王母乘白鹿来献白环"③来贺之事，也说明在黄帝之西仍有国家存在。考古发掘资料的出现，也证实了此点。如在黄河上源的青藏高原与黄土高原汇合区域，即今天的藏彝走廊与丝绸之路交汇区域，则有齐家文化、马家窑文化、三星堆文化、金沙文化等遗址。这些遗址的创造者则不在黄帝的统治范围内，这说明在五帝时代，中国今天版图范围内生活着为数众多的族群和国家。由于炎帝比黄帝历史早，就有可能是炎帝及其后裔生活区域。第四，从夏、商、周、秦均与戎狄通婚的个案来看，符合炎帝与黄帝为互相联姻的传统，因此戎狄为炎帝之后。他们经过由黄帝开创的五帝及后来的商、周统治之后，逐渐成就了称为中国的国家。

第二节　"狄"的活动与迁徙

从官修史书资料来看，西周、春秋时期的狄主要活动于秦晋之间的陆浑。关于此区域，《史记·匈奴列传》有明确的记载。由于周襄王的狄

---

① （汉）司马迁：《史记》，中华书局 1959 年版，第 7 页。

② （汉）司马迁：《史记》，中华书局 1959 年版，第 10 页。

③ 张得祖：《昆仑神话与羌戎文化琐谈》，《青海民族学院学报》1995 年第 2 期。

后联合母系族群戎狄废除襄王立子带，"于是戎狄或居于陆浑。（索隐：春秋左氏'秦晋迁陆浑之戎于伊川'）"杜预对此条资料的注释是："允姓之戎居陆浑，在秦晋之间，二国诱而徙之伊川，遂从戎号，今陆浑县是也。"不仅如此，他们的足迹"东至于卫，侵盗暴虐中国。中国疾之，故诗人歌之曰'戎狄是应'，'薄伐猃狁，至于大原'，'出舆彭彭，城彼朔方'。"[①]由此可见，狄在西周襄王时期的活动范围东到卫国，北到大原、朔方。由于周襄王时期各地诸侯已各据一方，如"晋文公欲修霸业，乃赂戎狄通道，以匡王室。"[②]便以杀子带、再次拥立襄王并联合西击的力量打击"戎翟"，故左氏传曰"晋师灭赤狄潞氏""晋师败狄于箕，却缺获白狄子"，即分为白翟和赤翟的戎翟均为晋所灭。其中白翟"居于河西圁、洛之间。"正义括地志认为圁"在白土故城，在盐州白池东北三百九十里，近延州、绥州、银州，本春秋时白狄所居，七国属魏，后入秦，秦置三十六郡；洛，漆沮也。"赤翟则居于潞，因为杜预在索隐中记载"潞，赤狄之别种也，今上党潞县。"正义括地志也记载："潞州本赤狄地，延、银、绥三州白翟地。"[③]也就是说，从今山西潞州到宁夏银川均为翟活动区域。虽然我们无从考察为什么狄字变成翟字，但在语言比文字更有效地进行交流的先秦时代，用发音相同的字代表某一事物则是普遍现象，且无论狄或翟的活动区域均相似，因此翟就是指狄。

战国后期，秦先在由余的帮助下征服了西戎八国，其中自陇山以西有四戎，他们分别是縣诸、绲戎、翟、䝠，縣诸、绲戎的活动区域有记载。如縣诸在"秦州秦岭北五十六里。汉縣诸道，属天水郡。"绲戎也"在天水。䝠：音丸。"䝠则在䝠道，"䝠道故城在渭州襄武县东南三十七里。古之䝠戎邑。汉䝠道，属天水郡。"[④]这里的天水郡指西汉元鼎三年（公元前441年）设置的治所在平襄（甘肃通渭）的天水郡，"辖地在今甘

---

①　（汉）司马迁：《史记》，中华书局1959年版，第2882页。
②　（宋）范晔：《后汉书》，中华书局1965年版，第2872页。
③　（汉）司马迁：《史记》，中华书局1959年版，第2882页。
④　（汉）司马迁：《史记》，中华书局1959年版，第2883页。

肃省通渭县、秦安县、定西县、清水县、庄浪县、甘谷县、张家川县及天水市西北部、陇西东部、榆中东北部地一带地区。"① 从此条资料来看，唯独没有翟的活动区域的记载，但由于前面的史料里交代了陇山以西有四戎，其余三部都在天水，且将翟也列入其中，那么翟的活动区域也应该在陇西。

汉匈对峙时期，狄不再见于记载，代之而起的是氐，如《史记·匈奴列传》中记载：匈奴"右方五将居西方，直上郡以西，接月氏、氐、羌"②。其中的氐，《风俗通》这样记载："二氐，本西南夷种。地理志武都有白马氐。"③ 但二氐中的另外一氐名称没有记载。幸好有《鱼豢魏略》的记载，让后人了解了二氐的情况。此书记载道："汉置武都郡，排其种人，分窜山谷，或号青氐，或号白氐。"④ 即氐分白、青两支，均生活在武都山谷之中。武都郡，即今天甘肃省武都市，位于天水市的南部，从迁徙的角度来说，是比较容易到达的区域。但此时的氐与春秋时期在山西陕西境内生活的翟分为白翟、赤翟不同，其分为白氐和青氐。氐因与羌相近，在汉朝史籍中总与羌书写在一起，称为氐羌。关于氐，段玉裁注《说文》上句记载："大自曰陵，坡曰阪。秦人方言皆曰低也。"⑤ 即秦人称高大的土堆（大自）和土坡（阪）为低，而"陇山及与之相近而地理构造类似的地区，还有今甘肃陇南、天水地区，以及陕甘交界处的陇东地区"都是秦人所说的低，那么氐人实际就是狄人。如《汉书·武帝纪》记载："周之成康，刑错不用，德及鸟兽，教通四海。泽外肃齐，北发渠搜，氐羌来服。"⑥ 羌则是位于氐西部的族群，《后汉书》明确记载："西羌之本，出自

① 百科：《狄姓》，词条解释，2016 年 8 月 23 日，见 http: //baike.so.com/doc/6043617-6256631.html#6043617-6256631-4。

② （汉）司马迁：《史记》，中华书局 1959 年版，第 2892 页。

③ （汉）司马迁：《史记》，中华书局 1959 年版，第 2892 页。

④ （汉）司马迁：《史记》，中华书局 1959 年版，第 2892 页。

⑤ （北宋）司马光主编：《资治通鉴》卷四，周赧王 35 年（前 280），转引自杨铭《汉魏时期氐族的分布、迁徙及其社会状况》，《民族研究》1991 年第 2 期。

⑥ （汉）班固：《汉书》卷六，《武帝纪》六，中华书局 1962 年版，第 160 页。

三苗,姜姓之别也。其国近南岳。及舜流四凶,徙之三危,河关之西南羌是也。滨于赐支,至乎河首,縣地千里。赐支者,禹贡所谓析支者也。南接蜀、汉徼我蛮夷,西北接鄯善、车师诸国。"① 赐支或析支,就是指戎中的鲜支,因发音相近而写成不同的汉字,就像狄、翟、氏混用一样。到了《后汉书》成书的南北朝时期,狄不仅又出现在史书记载中,且具体分布范围也很明确,狄字又代替了翟或氏。如《后汉书·西羌传》曰:"及平王之末,周遂陵迟,戎逼诸夏,自陇山以东及乎伊、洛,往往有戎,于是渭首有狄、獂、邽、冀之戎,径北有义渠之戎,洛川有大荔之戎,渭南有骊戎,伊、洛间有杨拒、泉皋之戎,颍首以西有蛮氏之戎。当春秋时,间在中国,与诸夏盟会。"② 在这条资料中,明确地说明狄与獂、邽、冀等戎支生活在渭河源头,獂在《汉书》中记载生活在天水郡,邽本身就是天水的古称,冀则为新出现的分支。联系到《汉书》八戎中有四戎在陇山以西、"自周衰,戎狄错居泾渭之北,及秦始皇攘却戎狄,筑长城,界中国,然西不过临洮"③ 等记载,狄为戎的分支,生活在渭河源头,但最西不过临洮。汉取代秦后,在司马迁的笔下,"赤狄则'今曰赤涉胡'。杜氏以为'白狄'之别种,故西河郡有白部胡。"④ 那就说明曾经在陕西、山西境内活动的狄逐渐成为胡,他们在匈奴强大时是匈奴的属下,在匈奴衰落后,则又成为羯。但无论如何变化,北狄即成为他们的统称。

综上所述,周时狄生活在山西浑陆;春秋时狄或翟分为白狄(翟)与赤狄(翟),居住在东到山西潞州西到宁夏盐池银川一带;战国时期秦国灭西戎八国,其中洛水和泾水流域有义渠、大荔、乌氏、朐衍四国,陇山以西的渭水流域则有縣诸、獂、绳戎、氏四国,其中縣诸、獂、绳戎等三国都分布在渭水上游的天水郡,只有氏的活动区域没有明确记载。秦统一六国后的西疆长城在临洮,那么已经隶属秦国的西戎(包括狄)最西也

---

① (宋)范晔:《后汉书》,中华书局1965年版,第2872页。

② (宋)范晔:《后汉书》,中华书局1965年版,第2872页。

③ (汉)班固:《汉书》卷九十六,《西域传》六十六,中华书局1962年版,第3872页。

④ (汉)司马迁:《史记》,中华书局1959年版,第2883页。

就在临洮。两汉与匈奴对峙时期，狄则被记载在渭河源头，或笼统地记载戎狄在泾渭。由于泾水流域是义渠戎的领土，且义渠是最后被灭的西戎国，记载较为翔实，因此狄在渭河流域活动应该属实。但从狄中文古籍记载来看，周、春秋战国时期狄主要在山西、陕西活动，但在秦汉时期，狄却主要在甘肃活动。究竟狄是从东向西迁徙，还是从西向东发展，需要从地理学、考古学、人类学的资料进行比较研究，方能得出正确的结论。

从地理学的角度来说，人类文明起源于江河是不争的事实，戎人则是分布于西起河西走廊东到大兴安岭南部的溪谷中的山里人，其中生活在黄河几字形范围内支流的溪谷之中的戎人是戎人的主要组成部分。在黄河几字形的包围之中，除了黄河沿线布满人类足迹外，其三大支流汇聚而成的关中平原则成为中国古代文明的中心。这三大支流在中文古籍中被称为三川，即渭水、泾水、洛水。泾水和洛水以南北走向的子午岭为界形成两大水系，成为义渠和大荔两支戎人的生活区域，那么上游在山区、下游在关中平原流淌的渭水更适合人类生存，戎人分支狄完全有可能沿河而下从渭河上游逐渐下移到陕西、山西境内，但由于出自戎狄的周、秦分别以渭河流经的关中平原建立了强大的王朝，这样就把生活在渭水流域的狄人分割为在渭水上游和在渭水流入黄河的陕西山西界处的下游并越过黄河东移的两段，因此就出现了渭水源头与渭水并入黄河及东部有狄人，中间地带则成为戎人、周人、秦人活动地带的原因。

从考古学的角度来说，"渭河流域是仰韶文化分布的中心区域"[1]。"渭水流域的新石器时代考古学文化主要分为三期：新石器时代早期（8500—7000BP）、新石器时代中期（仰韶时期，7000—5000BP）、新石器时代晚期（5000—3000BP）。"[2] 其中天水秦安的大地湾遗址则是涵盖了新石器早、中期的典型性遗址。除了人类活动足迹外，"鹿类和猪类在该地区新石器时代的生业经济中占据重要地位，且两者的地位从早期到晚期不断发生变

① 李成：《渭水流域仰韶文化灶址的初步研究》，《考古与文物》2011年第2期。
② 晏波、李慧慧：《三十年来大地湾遗址及相关问题研究综述》，《天水师范学院学报》2016年第5期。

化，整体趋势是，猪类遗存比例持续上升，鹿类遗存则持续下降。在新石器时代早期，鹿类在动物遗存中占绝对主导地位（大地湾2期，关桃园2、3期），这一模式一直持续到新石器时代中期早段（瓦窑沟、大地湾期、姜寨期），到新石器中期中晚段（如泉护村、大地湾期），猪类开始在动物遗存中占主导地位，与之对应，鹿类退居次要地位。驯化种属家猪逐渐代替野生动物鹿类，成为人类可靠的肉食来源。"而"渭水流域发现最早家猪驯化的证据是在大地湾遗址，时间可追溯到距今7800年的大地湾一期。"① 除此之外，"在二里头文化之前，渭河流域孕育成长起了一支长达四千年之久的半坡—西阴谱系文化。在中国与这支谱系文化共时的诸谱系考古学文化中，半坡—西阴这支谱系文化的发展水平，在相当长的历史内一直居于领先地位，并对其他诸谱系文化的发展起着积极的主导作用。"② 从以上考古资料来看，渭河文明的发展不是从下游向上游发展，而是从上游逐渐向下游发展。从戎狄白狼白鹿的图腾来看，也与早期渭河上游多鹿有关，狼同犬，狄人出自犬戎，也与整个北温带多此狼有关。当他们逐渐从渭河上游的山区来到关中平原后，由于平原上狼和鹿无法生存，而定居的农业生活又为他们驯养猪提供了条件，因此他们的图腾从苍狼白鹿转为谷类敬畏的玄鸟。

从历史人类学角度来说，狄道这一名称，肯定与居住在这一区域的人有关。首先从区域来说，狄人生活的起源地在周之前称陇西邑。公元前279年，秦昭王始设陇西郡，郡治就在狄道（今甘肃省临洮县）。之所以称为狄道，《史记·孝文帝本纪》《后汉书·百官志五》曾这样解释："县有蛮夷曰道。"秦灭西戎八国后曾"设置了邽县（今天水一带）、冀县（今甘谷县）、獂道（今武山县）、绵诸道（今天水）、狄道等。"③ 由此可见，

---

① 晏波、李慧慧：《三十年来大地湾遗址及相关问题研究综述》，《天水师范学院学报》2016年第5期。

② 张忠培：《河流域在中国文明形成与发展中的地位》，《考古学研究》2014年第2期。

③ 百科：《狄道》，词条解释，2016年8月23日，见 http://baike.so.com/doc/6044658-6257673.html。

在秦统治者看来，天水以西的陇西郡范围内居住的人均是蛮夷之人。汉代设狄道县，故城在今甘肃临洮县西南；东晋十六国时，属武始郡。隋代以前狄道归岷县，隋恭帝义宁二年（618年）改临洮郡置岷州，复溢乐县名并为州治。唐初，置临州，后置狄道郡。安史之乱后，吐蕃在此置武胜军地。宋金时期，曾在狄道县设临洮府，狄道县为陇西郡的治所。元、明、清均置临洮府，府治狄道。乾隆五年（1740年），迁府治于兰州，升狄道州，民国二年二月降州为县。民国18年（1929年）1月，狄道县改称临洮县。由此可见，古狄道名称虽有变化，但秦、汉、唐、宋、元、明、清时则为陇西郡治所。陇西郡辖地约为今日之甘肃中部、宁夏南部、青海东部，那么由此也可以判定，虽然狄人在渭河上游繁衍壮大后有沿渭河向下游发展的可能性，但其源头应该是治所在狄道，活动范围则包括今天的临洮、渭源、漳县、陇西等地在内的广大区域。其次从遗留至今的狄姓也可以证明狄人的活动范围。狄姓，在《百家姓》中排名第108位。它的排名之所以靠后，主要原因是狄人作为古老的族群分支太多导致。目前关于狄姓源流有8种，但其中源于有娀氏的简狄和源于妲姓[1]均在官修史书中有记载。山西及甘肃临洮多狄姓的事实也证明这些区域曾经是狄人活动的区域。

第三节　狄的融合

狄作为渭水流域生存的族群，与其他生活在黄河上游众多支流的戎人一样，"各分散居谿谷，自有君长，往往而聚者百有余戎，然莫能相一"[2]。但随着狄的后裔从渭水上游（从甘肃渭源县到陕西宝鸡市山区以西）逐渐迁徙至渭水下游（从陕西宝鸡到陕晋交界处的渭水汇入黄河处），狄不仅与汇入渭水的支流间的戎人逐渐有所接触和交流，并因相同的生态

---

① 百科：《狄姓》，词条解释，2016年8月23日，见 http：//baike.so.com/doc/6043617-6256631.html#6043617-6256631-4。

② （汉）司马迁：《史记》，中华书局1959年版，第2882页。

环境、生活方式而被后来的官修史书称为"戎狄"，而且从戎狄中产生的周、秦王朝使得跟随周秦王朝东迁关中平原的狄人也成为周人和秦人的组成部分。周朝、秦朝的后宫不乏戎狄后妃，最典型的案例就是被废的狄后参与周襄王的宫廷政变，虽然后来在晋文公的帮助下周襄王恢复了王位，但狄后在其母族戎狄的帮助下废襄王立子带也载入史册。那么出自周、秦的戎狄虽在进入关中平原后因生态环境改变而逐渐从事农业生产与生活方式，且周边山区中的戎狄是他们互通有无的邻居，也是他们的祖先起源地，因联姻而产生的族群纽带仍然有着族群的政治、经济和社会效果。在春秋战国时期，由于诸侯争霸，戎狄也参与其中，其中以山西的赤狄和白狄参与程度最高，最终他们因处于黄河中游各国各族群的大融合环境而成为晋人、魏人，后又在秦国统一六国建立秦帝国后成为秦人的组成部分，如仅在山西境内的赤狄"包括东山皋落氏、㾗瞒、潞氏、甲氏、留吁、铎辰及唐咎如七个分支，主要活动于今晋南一带"[1]。至于白狄，何光岳认为："妲氏乃商代亘方，即亘方之后，融入白狄。""白狄之中尚有肥氏、鼓氏，皆为姬姓，与周同宗，后入白狄为统治者。"[2] 说明商人、周人与狄人之间存在相互融合的关系。当然还有一些赤狄和白狄因北迁至蒙古草原地带而成为赤涉胡和白部胡，如司马迁记载："赤狄则'今曰赤涉胡'。杜氏以为'白狄'之别种，故西河郡有白部胡。"[3] 众所周知，商人崇尚白色，周人崇尚红色，秦人崇尚黑色，而史籍中记载狄则有赤、白之分，氏则有白、乌或青之分，那么仅从崇尚的色彩上可以认定，戎狄与中原各王朝之间在文化上有互相影响或吸收的成分。

仍然在渭水上游生存的狄人虽然在周、春秋、战国时期少有记载，但却在秦统一西戎八国的历史记载中出现。我们从秦汉政府专门设置狄道管理他们的史实得知，生活在这里的狄人数量并不少。但随着居于他们西部的羌族的不断壮大，他们又被汉及后朝官修史书称为"氐羌"。这里的

---

① 马兴：《春秋时期山西境内的北狄》，《河北师范大学学报》2004 年第 4 期。

② 何光岳：《北狄源流史》，江西教育出版社 2000 年版，第 16—30 页。

③ （汉）司马迁：《史记》，中华书局 1959 年版，第 2883 页。

氏，就是狄。原因如下：第一，从氏人的风俗习惯上来说，与戎狄无异。《大荒西经》记载："有互人之国，人面而鱼身。"赫璐行《山海经笺疏》解释说："互人，即《海内南经》氏人国也。其俗与戎狄同。因为《荀子·大略篇》记载：'氏、羌之虏也，不忧其系垒也，而忧其不焚也。'"①死后火葬是戎狄风俗之一，氏人也如此，说明他们是同类。第二，从他们活动范围来看，也与狄相同。如《汉中志》记载：武都郡"有氏叟，多羌戎之民，其人半秦，多勇憨，有瞿堆百顷险势，氏叟常依之为叛。"又记"土地山除，人民刚勇，多氏叟，有黑白水羌、紫羌、胡虏，俗所出与武都略同。"这些氏人，之所以被称为氏叟，是因为《华阳国志》说："夷人大种曰昆，小种曰叟。"这些氏叟在氏羌内附中不断向东向南迁徙，又在西晋时入蜀，关于此，《华阳国志·大同志》云："元康八年，略阳天水六郡民及氏叟、青叟数万家，以郡土莲年军荒，就谷入汉川，勒关禁之，而户曹李苏开关放入蜀，散布梁州及三蜀界。"又云："永宁元年九月，韶能送六郡民及氏叟者，赏百匹。"②氏人中的大姓仇池杨氏，"'世居陇右为豪族'，是著名的氏王。汉建安中，部落大帅杨腾、杨驹保据仇池，到千万时被魏封为百顷氏王。建安十八年（213），千万助马超叛魏，失败后逃入蜀中，其部落降魏后于建安二十四年内徙，主要留居在天水、南安界，仍保留其王侯，受魏封拜。"③第三，氏与狄同音。多数官修史书成书于汉及以后各朝，他们在追述前朝史事时只能凭借族群称谓的音来记载史实，由于氏、狄同音，氏、狄均可以成为他们所指的生活在陇西的这一族群的称谓。因此从以上三点来看，氏与狄应为同一族群。在狄人的后裔子孙中，"有以部族汉称为姓氏者，称狄氏，历经五胡十六国以及南北朝时期，在隋、唐时期已经是蔚然大族，世代相传至今。在中华民族的姓氏演绎历史上，狄氏家族分衍有许多姓氏，如：狐氏、翟氏、颓氏、泉氏、皋氏、易氏、隗氏、潞氏、红氏、迟氏、屠氏、赤氏、库氏、皋落氏、颓叔氏、库

① 张建昌：《氏族的兴衰及其活动范围》，《兰州大学学报》1982 年第 4 期。

② 李绍明：《关于羌族古代史的几个问题》，《历史研究》1963 年第 5 期。

③ 胡小鹏：《仇池氏族杨氏政权浅探》，《西北师范大学学报》1987 年第 3 期。

狄氏、义渠氏、贺狄氏、屠各氏、和易氏等等。"① 姓氏是中国平原地带以农业为生产生活方式的人的文化特征，狄人的后裔中出现如此多的姓氏，则是他们逐渐融入中国的象征。

从狄、翟、氏本身的衍化及他们作为戎狄、氏羌、北狄的组成部分的衍化来看，虽然我们因为研究而分类区别，但包括狄在内的中国古老族群的发展过程因互相融合的程度太深而难以追述也是事实。这一事实给我们的启示是：中国既然是多种族群互相融合的结果，就必须珍惜和正视这一结果，因为这对一个统一的多民族国家的发展至关重要。另外，从狄迁徙和活动的区域来说，他们前期沿着渭水流域将陆上丝绸之路向东拓展，后期的活动则集中于河西走廊与藏彝走廊结合部，为绿洲和草原丝绸之路与以茶马古道为基础的藏彝走廊的连接奠定了人本基础。

---

① 百科：《狄姓》，词条解释，2016 年 8 月 23 日，见 http：//baike.so.com/doc/6043617-6256631.html#6043617-6256631-4。

第六章　羌

谈及羌，有人说与藏族有关；有人说是古代居住在中国西部的民族；也有人说与西夏王朝相关；还有人说凡是在中国西部生活的民族，都与羌有着千丝万缕的联系。以上说法都有根据，但羌与丝绸之路的关系如何？则是本章探讨的问题。

第一节　羌的起源及起源地

当我们梳理中国现代民族起源时，总是找不到令人满意的一元起源说，因为在中国人类有文字记载的 2000 多年历史中早已形成的"你中有我、我中有你"的居住、生产、生活和观念格局，想找也找不到。但是我们想，如果上溯到丝绸之路开通前后时期，或许我们能够找到那时民族的起源。是不是能够找到，我们以羌为例来探寻。

对于羌的起源，有五种不同视角，因而有五种说法。

第一种视角是从羌人的信仰入手，探索其族源。1918 年，英国传教士陶然士来到羌族地区传教，并作社会历史调查，于 1920 年出版了《羌族的历史、习俗和宗教》一书。在此书中，他写道："跻身在汉戎之间，他们对外承认两者，却同时保留着自己的信仰。""他们信神，且只崇拜一个神。神被冠以各种名称：精灵、天神、天王、山神、山王。神性的标记是一块白石头，被称为罗比。"① 说明羌是在汉和戎之间生活的人。沈仲常在《从考古资料看羌族的白石崇拜遗俗》一文中认为："早期住在洮河流域的氐羌人，有用砾石随葬的习俗，在茂县地区发现部分石棺葬是用大、小白石。由此可以说，从西北迁到川西岷江流域的氐羌族，仍然保存了用'石头'随葬的氐羌人的遗俗。钱安靖在《试论以白石崇拜为表征的羌文化》、《论羌族原始宗教》等文中也认为白石崇拜是古羌人和北方游牧民族宗教习俗的遗留。"② 从他们崇拜的白石来看，与绝大多数至今仍崇拜白色物品（白石、白环、苍狼、白鹿）的游牧人相关。

第二种视角是从羌人的历史记载入手，考察其起源。《山海经·海内经》云："伯夷父生西岳，西岳生先龙，先龙是始生氐羌。"晋郭璞注此段《山海经》记载："伯夷父颛顼师，今氐羌其苗裔也。"商朝武丁时，曾令人伐羌方，如卜辞曰："王重北羌伐。"③ 羌方指羌人部落，也就是说羌人在商朝时就存在。20世纪80年代初，徐中舒教授在《中国古代的父系家庭及其亲属称谓》中明确写道："夏族属羌。"他引证《史记·六国年表序》："禹兴于西羌。"又说："谯周《蜀本纪》：禹本汶山郡广柔县人也，生于石纽。汶川石纽乡有刳儿坪，相传为禹母剖腹生禹之地。《华阳国志·巴志》又载禹娶于涂山，而江州（今重庆）涂山有禹庙。夏王朝的主要部族是羌，根据由汉至晋五百年间长期流传的羌族传说，我们没有理由再说夏不是羌。"他又在注中写道："羌人崇拜白石。禹启之母皆有化石拆剖而生传说，《汉书·武帝纪》载汉武帝元封二年巡幸中岳见夏后启母石，禹都阳城其地即在中岳嵩高山下。是凡夏族或羌族所在之地皆有此传说。"④ 也就是说，大禹建立的夏朝就是羌人建立的政权，因此商朝建立后夏的子民——羌人就成为商朝攻击的对象。羌的主要居住地就在今甘肃西

---

① 袁琳蓉：《百年来羌族宗教研究的回顾与反思》，《民族学刊》2014年第3期。

② 袁琳蓉：《百年来羌族宗教研究的回顾与反思》，《民族学刊》2014年第3期。

③ 转引自史文《古羌人的起源及其迁徙》，《民族论坛》1987年第2期。

④ 徐中舒：《中国古代的父系家庭及其亲属称谓》，《四川大学学报》（哲学社会科学版）1980年第1期。

南部和四川西北部。

第三种视角是从语言学和姓氏角度解读羌人起源。如许慎《说文解字》中记载，"姜""从女从羊"、"羌""从人从羊"①。傅斯年也认为："'姜'本一字，地望从人为'羌'字，女子从女为'姜'字。"顾颉刚则指出："姜之与羌，其字出于同源，盖彼族以羊为图腾，故在姓为姜，在种为羌。"章太炎《检论·种姓》中指出："羌者，姜也。"② 杨宽解释道："伯夷之称四岳与太岳者，盖又因伯夷本为西羌及姜姓民族之岳神耳。"③ 应劭《风俗通》则记载："羌，本西戎卑贱者，主牧羊。故羌字从羊、人，因以为号。"即羌是牧羊人，是炎帝的后裔，与戎人有密切的关系，羌逐渐演变为姜姓。西羌是指他们居住在西部，具体应该与太岳有关，可能与昆仑山有关。

第四种视角是从羌人居住地解读羌人的起源。如《山海经·海内经》云："伯夷父生西岳，西岳生先龙，先龙是始生氐羌。"晋郭璞注《山海经》云："伯夷父颛顼师，今氐羌其苗裔也。"刘尧汉先生《羌戎、夏、彝同源小议》说："古羌人的发祥地在甘南天水一带及相连地区。"郑德坤先生认为："羌族种类不一，其源均出于今甘肃黄河、徨河、赐支河三水之间。"④ 任乃强先生则认为："羌族是在青藏大高原顶部辽阔的大草原上发展起来的"，"向四方扩散派分出若干的支系种族"。"原始羌人进入陇右地区的时间，大约在二十万年以前。"⑤ 也就是说起源于炎帝之后的羌人最先生活在青藏高原。具体位置有人认为在青藏高原北部的甘青两省交界之处，有人则认为在青藏高原顶部区域，还有人认为在甘肃东部的黄河最大支流渭水流域。

第五种视角就是考古学从古 DNA 的角度解读的羌人起源。考古学者

---

① 许慎：《说文解字》，中华书局 1963 年版，第 78 页。
② 章炳麟：《章太炎全集（三）》卷八十七，上海人民出版社 1984 年版，第 2869 页。
③ 吕思勉：《古史辩（七）》上编，上海古籍出版社 1941 年版，第 95、126 页。
④ 转引自史文《古羌人的起源及其迁徙》，《民族论坛》1987 年第 2 期。
⑤ 史文：《古羌人的起源及其迁徙》，《民族论坛》1987 年第 2 期。

曾在俄罗斯南西伯利亚阿尔泰地区的丹尼索瓦山洞发现了生活在大约 4 万年前人类的一根手指骨和两颗牙齿。其 DNA 显示是与尼安德特人和现代人共存的另一种人，于是起名为丹尼索瓦人。它与欧洲的尼安德特人分离的平均时间在 64 万年前，与今天非洲人分离时间是 80 万年前。[①] 研究结果还显示在欧亚大陆东部和美洲土著人中有很低水平的源自丹人的广泛分布的遗传信号，还证实大洋洲人源自丹人的成分高于东亚人和美洲土著人，丹人对大洋洲人祖先的贡献与新几内亚人祖先贡献的量相关，但是与澳大利亚土著祖先的贡献量无关，而东亚人和美洲土著祖先中源自丹人的成分与他们中源自新几内亚或者澳洲土著的（基因）成分相关的程度则相等。这就表明，欧亚大陆东部的人、美洲土著和大洋洲人群中源自丹人的成分有共同来源[②]；随着 Huerta-Sánchez 等人在 40 个西藏人和 40 个汉人的 EPAS1 基因所在的区域测序，并且扫描全世界的大量人群后，发现这个单倍体类型仅仅发现于丹人和西藏人，在汉人中则出现率很低。由于这个单倍体的长度比较长，以及这种相似性并未见于其他人群，使得西藏人和丹人共同具有的这个单倍体类型几乎不可能是由于统计误差，而更可能是由于基因渗入，也就是说西藏人的祖先人群曾经与丹人发生过基因交流。[③] 无独有偶，"2019 年 5 月 2 日，国际顶级学术刊物 Nature 杂志在线发表中国科学院院士陈发虎带领的兰州大学环境考古团队最新研究成果'青藏高原中更新世晚期丹尼索瓦人的下颌骨化石'。该研究团队对上世纪 80 年代发现于青藏高原东北部的夏河县甘加盆地白石崖溶洞的一块人类下颌骨化石进行了研究，测定结果显示这块化石形成于至少距今 16 万年前。研究人员在对化石进行了古蛋白分析时显示，该化石在遗传学上与阿尔泰山地区丹尼索瓦洞的丹尼索瓦人亲缘关系最近，可以确定其为青藏

① 吴新智、崔娅铭：《过去十万年里的四种人及其间的关系》，《科学通报》2016 年第 24 期。

② Qin P., Stoneking M., *Denisovan ancestry in east Eurasian and native American populations.*, Mol Biol Evol, 2015, pp.2665-2674.

③ Huerta-Sánchez E., Jin X., Asan, et al., *Altitude adaptation in Tibetans caused by introgression of Denisovan-like DNA*, Nature, 2014, pp.194-197.

高原的丹尼索瓦人。丹尼索瓦人是发现于西伯利亚丹尼索瓦洞的一支神秘的中晚更新世古老人群，其人骨遗存目前只发现于丹尼索瓦洞，且仅有几件孤立牙齿和骨骼碎片。"[1] 那么就可以说，最近荣获 2019 年全球十大考古发现的甘肃省甘南藏族自治州夏河县的丹尼索瓦人骨将丹尼索瓦人的生活年代从距今 4 万年改写为距今 16 万年且夏河县就位于甘青川三省交界。藏族来源于南下的丹尼索尼人。由于羌人是最先向青藏高原迁徙的人，即藏族的先民就是羌人，直到现在安多的藏族依然将生活的谷地中种田的人叫戎，生活在山上放牧的人叫羌，可以证明羌及以后的吐蕃、现在的藏族就是丹尼索瓦人的后代。

　　将以上说法连接起来，我们大体可以描述出的羌人起源轮廓：丹尼索尼人是现在可以追溯到的羌人最早源头，炎帝则是具体的古羌人的始祖。因为《山海经》内的《大荒南经》记载："大荒之中，有不庭之山，荣水穷焉。有人三身，帝俊妻娥皇，生此三身之国。"《大荒西经》："有北狄之国。黄帝之孙曰始均，始均生北狄。""有互（氏）人之国。炎帝之孙曰灵恝，灵恝生互（氏）人。"《海内经》也记载："伯夷父生西岳，西岳生先龙，先龙是始生氐羌。"[2] 与羌人同时存在的还有戎人和狄人。关于戎和狄已经在前章论述过，此处不再重复。羌人他们生活的区域在青藏高原东北边缘区域，因而有牧羊的羌人，以"羌"字从羊、与游牧人崇尚白色的风俗相近。如钱安靖教授在《论羌族原始宗教》一文中指出："白石神的神性特征不是石块，而是白色，这是古羌人和北方游牧民族宗教习俗的存留。羌人尚白，古已有之。"[3] 也有采集的羌人，以他们信仰神树林为证。如"陶然士指出，神树是羌族宗教的另一个必不可少的特征。在被羌族称之为神树林的树林里，所有的树都是神圣的，因而禁止任何人砍伐，而位

---

[1]　2019 年度世界十大考古新发现（美国考古学会评选），2020 年 2 月 24 日，https：// mp.weixin.qq.com/s？src=11&timestamp=1582503119&ver=2177&signature=h87eUNbkL 6-wWdCOYC5PgkNQnec909lFBl2a7FNOEP3X5UeVVadbSQ*6TX*wDhEx-wfGpEXnpYt *lrDeXMqy*vIdAdeHxNL8JrLU2Y2-QzNr0gwV1wg5irhjCsbWEHi4&new=1。

[2]　杨建军：《羌族起源神话》，《西北民族研究》2003 年第 4 期。

[3]　钱安靖：《论羌族原始宗教》，《社会科学研究》1990 年第 5 期。

于祭坛后、靠近白石旁的那棵树更是非同寻常的神圣。"① 也就是说，他们居住的区域是集采集与狩猎为一体的山区。他们与夏王朝的建立有密切的关系，正同戎狄与商朝、周朝、秦朝有关一样。从他们后来逐渐向西、南和东三个方向的迁徙来看，可能与北方游牧人因地球板块北移、气候变冷而不得不南迁有关。对此，四川大学的胡鉴明教授在《羌族之信仰与习为》和《羌民的经济活动形式》二文中说："羌人的白石神与神林信仰之由来，亦可以从他们的传说与歌谣中探窥之。据传说羌曾有一次流亡，弄得东分西散，其中一支羌民定居后，遇到一种敌人称'葛人'，虽愚而强，羌人畏之，思遁，幸在梦中得神启示，并指导如何作战，羌人遵行，果将葛人打灭，神所指示打灭葛人之法甚为简单，即使用坚硬之棍，更继之以白石块，葛人覆灭，羌人始得安居乐业。"② 这里的葛人，也许就是戎人，因为戎人也被称为戈人，葛与戈音同，均与他们有铁制的兵器有关。另外根据西戎八国的位置在今天定西、陇西、天水、陇南等地的记载来看，羌人虽然与戎人生活的区域有交叉，但主体应该在戎人的西部。由于羌人建立的夏朝灭亡，戎狄建立的商朝不断侵犯羌人（武丁伐羌就是明证），于是他们分别向西、东和南迁徙。现在，除了进入甘肃南部四川西部、直到现在仍有羌族生活在四川省阿坝藏族羌族自治州之外，其余的羌人均融入后起民族当中。

至于羌人的原居住地，虽然说法很多，如甘肃省的天水、甘青两省交界或青藏高原，但均没有离开黄河上游区域，因此郑德坤先生所说"羌族种类不一，其源均出于今甘肃黄河、徨河、赐支河三水之间"③ 的说法比较可信。虽然至今剔支河的位置不明确，但黄河和湟水的位置确定且湟水汇入黄河的地点确定，那么剔支河也就在现在的青海省和甘肃省交界的谷地中。最有可能的河流就是现在的大通河。因为大通河是"湟水支流，位于青海省东北部，又称浩门河，宋代在河畔筑大通城后出现今名，以长

---

① 邓宏烈：《国内外羌族宗教文化研究评述》，《中央民族大学学报》2010 年第 1 期。
② 胡鉴明：《羌族之信仰与习为》，《金陵大学金陵学报·边疆研究论丛》1941 年第 10 期。
③ 转引自史文《古羌人的起源及其迁徙》，《民族论坛》1987 年第 2 期。

度与流量论，大通河实为湟水正源。发源于海西州木里祁连山脉东段托来南山和大通山之间的沙呆林那穆吉木岭。向东流经祁连、门源盆地及甘肃的连城、窑街，穿流于走廊南山—冷龙岭和大通山—达坂山两大山岭之间，于民和县的享堂入湟水，总长554公里。"①湟水则"是黄河上游重要支流，位于中国青海省东部，发源于青海省海晏县境内的包呼图山，流经青海省大通—达坂山与拉脊山之间的纵谷，为羽状水系。流经青海省、甘肃省，在甘肃省永靖县和青海省民和县之间注入黄河。全长374公里，流域面积3200多平方公里。"②因此湟水和大通河都是黄河的支流，且均在民和县汇入黄河。民和就成为三河汇集的地方，也是丝绸之路绿洲道和青海道进入河西走廊和新疆东部的东关，交通便利、气候温暖，资源相对丰富，易于人类居住。除此之外，我们从羌人西迁、南迁和东迁的足迹来看，其源头总是能够上溯到这一区域，因此青海省和甘肃省在三河交汇的地方应该是羌人起源地。

第二节　沿丝绸之路绿洲道和青海道向西迁徙的羌

虽然羌人的起源地在"今甘肃黄河、湟河、赐支河三水之间"③，但在《后汉书》的记载中，他们的足迹翻越祁连山进入西至河西走廊西部的敦煌。如《后汉书·西羌传》记载："西羌之本，出自三苗，姜姓之别也，其国近南岳。及舜流四凶，徙之三危，河关之西南，羌地是也。滨于赐支，至于河首，地千里……南接蜀汉，缴外蛮夷，西北鄯善、车师诸国……滨于赐支，至河首，羌地千里。"苏北海教授解读：三危山即今敦煌东南山区；河关县，古代金城郡，即兰州一带。而"滨于赐支，至河

---

①　百度百科：《大通河（黄河支流湟水的支流）》，2020年2月2日，见 https：//baike.baidu.com/item/大通河/6357082？fr=aladdin。

②　百度百科：《湟水（黄河上游重要支流）》，2020年2月2日，见 https：//baike.baidu.com/item/湟水/2624680？fr=aladdin。

③　史文：《古羌人的起源及其迁徙》，《民族论坛》1987年第2期。

首，羌地千里"指明羌族分布的区域直至于田一带的昆仑山、喀喇昆仑山区。[1] 至于羌人能够从丝绸之路所在的青海道进入绿洲道，与羌建立夏朝并不断向西发展有关。因为《史记·六国年表序》记载："禹兴于西羌。"[2] 也与夏灭亡后成为商朝驱赶的对象有关，如武丁时曾令证人伐羌方，便留下"王重北羌伐""王乎伐马羌""王重次，令五族伐羌方"[3] 等记载。这就是为什么羌人西迁的原因。战国时期，群雄争霸，也为羌向西的发展提供了机会。如李绍明教授说："公元前五世纪中叶，羌人发展了生产，河湟地区开始出现农业。此时羌人中出现了一个名爱剑的首领。爱剑在秦厉公时（前476—前443年），曾为秦国俘为奴隶，他在那里学习了先进的农牧生产技术，后得逃归，领导羌人发展了生产。此时秦国亦在西北崛起，不断扩展领土，对羌人进行压迫。同时羌人经济的发展也需向外伸张。在这种情况下，于秦献公时羌人开始向西南及西北大迁徙。"秦汉之际，大月氏西迁，小月氏则南迁青海祁连山区融入羌人的记载也表明，那时羌人仍在青藏高原的北部和东北部生活。两汉时期，他们的足迹已到新疆昆仑山区，因为韩康信教授的体质人类学研究表明，在新疆、甘肃和青海交界之地，是东藏人、蒙古人和欧罗巴人的汇合之处。王力教授也认为"两汉时期，羌族支系众多，分布甚广，北自陇西郡（治狄道，今甘肃临洮），南自广汉（西汉治梓潼，东汉治雒县今广汉）、蜀郡（治成都）以西，包括今甘肃、青海、四川西部、西藏、新疆昆仑山区。"[4] 苏北海教授也认为："若羌去长安六千三百里，难兜去长安万一千五百里，这样自若羌至难兜长达三千八百五十里，在这将近四千里的山区，连绵不绝的散牧着若羌部落。"[5] 也就是说，早在西汉开通丝绸之路时，羌人已经分布在陆

① 苏北海：《两汉在西域昆仑山、喀喇昆仑山及帕米尔高原的统治疆域》，《新疆师范大学学报》1982年第1期。

② （汉）司马迁：《史记》，中华书局1959年版，六国年表序。

③ 转引自史文《古羌人的起源及其迁徙》，《民族论坛》1987年第2期。

④ 王力：《东汉时期羌族内迁探析》，《中国边疆史地研究》2007年第3期。

⑤ 苏北海：《两汉在西域昆仑山、喀喇昆仑山及帕米尔高原的统治疆域》，《新疆师范大学学报》1982年第1期。

上丝绸之路的青海道和绿洲道了。

另外，广大青藏高原也为羌人的继续西迁提供了更多的地域。关于此点，中国官修史书的记载和藏族 DNA 中包含丹尼索瓦人成分的体质人类学成果已经证明。如《后汉书·西羌传》记载："河关之西南，羌地是也，滨于赐支，至乎河首，绵地千里。"史文先生认为其分布到赐支、河曲以西数千里的部落当为发羌、唐旄，后发展成为吐蕃。①《新唐书·吐蕃传》也记载："吐蕃，本西羌属，盖百有五十种，散处河湟江岷间。"《通鉴》胡注也说："发羌，羌之别种，或曰唐之吐蕃即其后也。"华大基因"关于藏族人低氧适应相关的 EPAS1 基因片断源于丹尼索瓦古人的发现"②不仅揭示了藏人祖先与丹尼索瓦古人可能发生过基因交流，也为我们提供了藏族祖先羌人的西迁足迹。

从羌人西迁的方向来看，并不是正西方向，而是可以分为两个方向，一是沿湟水向西经过青海湖、格尔木向西北方向的甘肃、新疆迁徙；二是翻越诸多雪山进入青藏高原腹地，成为吐蕃人的祖先。

第三节　沿河西走廊东端和藏彝走廊北端向东迁徙的羌

由于黄河、湟水和剔支河区域是羌人起源地，羌人在这里生活久了，人口自然繁衍，便会向四周迁徙，向东则是黄河及其沿途支流区域，很自然就会成为羌人的迁徙区域，并与狄、戎等部族相接。随着戎狄东入关中，黄河最大的支流渭水流域就是羌人东迁的区域。我们从羌与姜姓的渊源关系中得知羌人早在炎帝统治时期就在渭水流域生活。至于此点，有以下史籍为证：《史记·补三皇本纪》记载"共工氏姜姓"，乃属姜姓部落；《帝王世纪》也记载："神农氏，姜姓，母曰任拟，有乔氏之女，名女登为少典妃，游于华阳，有神龙首感，女登于常羊，生炎帝，人身牛首，长于

---

① 史文：《古羌人的起源及其迁徙》，《民族论坛》1987 年第 2 期。
② 华大基因：《藏族人高原适应能力或源于已灭绝的丹尼索瓦》，《青海科技》2015 年第 5 期。

羌水，以火德王，故谓之炎帝";《左传·哀公九年》:"炎帝为火师，姜姥其后也";《国语·晋语》"炎帝以羌水成……炎帝为姜"。因此传说中的共工氏和神农氏皆系姜姓。不仅如此，炎帝与黄帝还是互相婚配的两大部落联盟。如黄帝之曾孙帝喾的"元妃"是姜人部落之女曰姜源。传说夏禹也是羌人的后裔。除《史记·六国表》有"禹兴于西羌"外，《吴越春秋·越王无余外传》也记载：禹"家于西羌，地曰纽"。因此徐中舒先生认为："夏王朝的主要部族是羌，根据由汉到晋五百年间长期流传的羌族传说，我们没有理由再说夏不是羌。"[1] 因此渭水流域也许就是羌人最东的活动范围。

西周时，属于羌人的姜姓与周朝的姬姓结成了长期的婚姻联盟。羌人中的姜姓贵族一直是周王朝的有力支柱。姜姓则在陕西的宝鸡一带，属于渭水流域。"公元前 1098 年，周武王联合羌、蜀、微、卢等部落组成军事联盟，终于推翻了殷商王朝。战国以后，史载羌人活动的地区多在河（黄河）、湟（湟水）、洮（洮河）、岷（岷江上游）一带，而以三河，即黄河、湟水及赐支河为中心。当时这一带的羌人尚过着'所居无常，居随水草'的游牧生活。"[2] 由此可见，渭水是羌人东迁的区域。田昌五先生有关"仰韶文化的分布与古羌人的活动地区基本上是一致的"，"所谓仰韶文化实即古羌人的文化遗存"[3] 的论断也证明古羌人向东迁徙的区域大致与仰韶文化的分布范围一致。

当然沿河流的迁徙总是因水而动，因此羌人的东迁方向也不是正东方向，而是东南方向，因为渭水就是从西北流向东南的河流。而位于甘肃定西的黄河与长江的分水岭以南的河流如白龙江、岷江等也是向东南方向流动，因而也为居住在青藏高原东北部，也是河西走廊与藏彝走廊结合部的羌人沿岷江和白龙江进入长江流域提供了便利条件。如早在秦惠文王时（前 337—前 311），遣强仪及司马错平巴、蜀以后，即于今以松潘为中心

---

① 徐中舒：《中国古代的父系家庭及其亲属称谓》，《四川大学学报》1980 年第 1 期。

② 李绍明：《关于羌族古代史的几个问题》，《历史研究》1963 年第 5 期。

③ 田昌五：《古代社会形态研究》，天津人民出版社 1980 年版，第 87 页。

的岷江上游及甘南一带置湔氏道。《华阳国志·蜀志》记载："周灭后，秦
孝文王以李冰为蜀守，冰能知天文理，稍议山为天彭阙，乃至湔氏县"；
汶山郡有"六夷、羌胡、羌虏、白兰烔九种之戎"；"天汉四年，罢沈黎，
置两部都尉，一治旄牛主激外羌，一治青衣主汉。"《后汉书》也说其地有
"六夷、七羌、九氐"，这些支系"自爰剑后，子孙分支凡百五十种。其九
种在赐支河首以西，及在蜀汉徼北，前史不载口数。唯参狼在武都，胜兵
数千人。……发羌、唐旄等艳远未尝往来。笼牛、白马羌在蜀汉，其种别
名号皆不可纪之也。"① 由此可见，羌人沿黄河支流渭水东迁定西、陇西、
天水一带，与西戎八国杂居；沿长江支流岷江上游和白龙江流域则向东南
的四川方向迁徙。

　　东汉时，沿黄河和长江支流东南迁徙的"内属"羌人更多。如《后
汉书》记载："建武十三年，广汉塞外白马羌豪楼登等率种人五千余户内
属，光武封楼登为归义君长。至和帝永元六年，蜀郡徼外大样夷种羌豪造
头等率种人五十余万口内属，拜造头为邑君长，赐印授。至安帝永初元
年，蜀郡徼外羌龙桥等六种万七千二百八十口内属。明年，蜀郡檄外羌薄
申等八种三万六千九百口复举土内属。冬，广汉塞外参狼种羌二千四百口
复来内属。桓帝建和二年，白马羌千余寇广汉履国，杀长吏，益州刺史率
板楯蛮豺破之。"② 因此正如李绍明先生所说："自秦至东汉，徨中一带的
羌人日益强盛，他们自行地或在封建王朝的强迫下逐渐地内徙，拜与汉族
错居，从事农业生产者增多，私有制也有很大的发展。有的进入定西、天
水一带，他们与汉族人民在生产斗争与阶极斗争中建立了亲密联系，并相
互同化。此中有不少汉化程度已很深，比如魏晋南北朝时'五胡十六国'
中的后秦（385—417 年），即是此时内徙的烧当种南安羌人之后姚氏，仿
照汉族封建王朝的形式所建立的政权。其余留居湟中的羌人亦在魏晋南北
朝后，因受吐谷浑和吐蕃的扰治，而逐渐为他们所同化。"③ 由于羌人东南

---

① （宋）范晔：《后汉书》，中华书局 1965 年版，第 2869—2908 页。
② （宋）范晔：《后汉书》，中华书局 1965 年版，第 2869—2908 页。
③ 李绍明：《关于羌族古代史的几个问题》，《历史研究》1963 年第 5 期。

迁入之地即是西戎八国的戎人生活区域，也是至今狄姓为大姓的临洮（民国时期还称为狄道）的狄人生活区域，因此迁入甘肃陇南、四川的氐来源于狄。随着羌人东南迁入内地，与戎、狄、汉相处，最终今天这一区域成为汉、藏、羌、氐等民族生活的区域。

第四节　沿藏彝走廊南迁的羌

古羌人沿藏彝走廊向南迁徙的人数最多，根据《史记·西南夷列传》的记载，羌人南迁的种类极为繁杂："西南夷君长以什数，夜郎最大；其西靡莫之属以什数，滇最大；自滇以北君以什数，邛都最大；此皆魋结、耕田、有邑聚。其外，西自同师以东，北至碟榆，名为禽、昆明，皆编发，随畜迁徙，毋常处，毋君长，地方可数千里。自嶲以东君长以什数，徙、筰都最大；自筰以东北君长以什数，冉陇最大，在蜀之西。自冉陇以君长以什数，白马最大。皆氐类也。"《后汉书·西南夷列传》则将南迁的羌人分为"其山有六夷、七羌、九氐，各有部落"。说明南迁的羌人不仅数量多，而且名称繁杂。

现在考古发现的新石器遗址也同样证实了羌人沿藏彝走廊南迁的事实。如李绍明先生认为："这一带的新石器文化分布极广，除岷江上游和其支流杂谷脑河外，在金川和马尔康等大渡河上游亦有发现。如再上溯此二支河流到松潘草地——甘、青、川三省交界的大草原，沿途皆有新石器的发现和关于'雷公石'（当地对新石器的称呼）的传说。根据我国西北和西南的新石器文化遗址，以及岷江上游发现的这种文化，遂可将这两个地区的新石器文化连成这样一条线路：从西北高原的甘肃、青海一带，攘松潘草地而达岷江和大渡河的上游；又沿岷江和大渡河（其后搏安宁河）河谷南下，而达云南的鲁甸、昭通、昆明、大理及食州的毕节等处，通向西南的广大地区。"[①] 近些年来随着金沙遗址、三星堆考古发现，进一步证

---

① 李绍明：《关于羌族古代史的几个问题》，《历史研究》1963 年第 5 期。

实羌人沿藏彝走廊南迁的历史。李绍明先生又将线路上的羌人与现代民族进行对比研究，发现"今甘、青、川三省交界处，古代是西羌以及共后的党项羌，现在是藏族，岷江和大渡河上游，古代是冉、陇及其后的西山诸羌（包括嘉良），现在是羌族和藏族中的嘉戎支；沿大渡河及安宁河至滇东、黔西及昆明一带，古代是作都、邛都、崔、靡莫、夜郎、滇等部落，或者是越崔羌、里人，现今则主要是彝族；沿安宁河至大理一带，古代是摩沙和昆明，现今是钠西族、普米族和白族。"① 方国瑜先生也在《彝族简史》中指出："彝族祖先从祖国西北迁到西南，结合古代记录，当与羌人有关，早期居住在西北河徨一带的就是羌人分向几方面迁徙，有一部分向南活动的羌人，是彝族的祖先。"古羌人的其他部分迁至西南后，"经过漫长的发展过程，分别形成了今日藏缅语族之哈尼、傈僳、纳西、拉祜、白、景颇、普米、怒、独龙、阿昌等民族。古羌人向东南迁徙者，主要有巴人，形成了今日土家族的主要先民。"② 另外，至今在云南少数民族当中存在的指路经，也明确指出他们来自甘青区域。因此可以说，羌族是至今还存在且成为藏族、彝族等众多西南少数民族源头的民族。

---

① 李绍明：《关于羌族古代史的几个问题》，《历史研究》1963 年第 5 期。
② 转引自史文《古羌人的起源及其迁徙》，《民族论坛》1987 年第 2 期。

第七章　乌　孙

　　乌孙是一个起源、迁徙和最终居住区域没有离开陆上的两条丝绸之路——草原和绿洲丝路——的古代政权及民族名称，因此它就是在陆上丝绸之路上生活的民族。本章主要论述乌孙的起源、人种、迁徙及沿丝绸之路与其他民族的融合。

第一节　乌孙起源

　　由于乌孙是与西汉开拓西域相关的民族，因此与其他中亚民族相比，中文史籍对乌孙的记载较多，也为我们论述乌孙的起源提供了证据之一。如《史记·西域列传》记载：乌孙"本与大月氏俱在祁连、敦煌间"；《汉书·张骞传》记载："昆莫父难兜靡本与大月氏俱在祁连敦煌间"[1]；《汉书·西域传》也记载："乌孙本与大月氏共在敦煌间"[2]。由此来看，中文有史记载的乌孙居住地就在丝绸之路上的祁连敦煌之间，但是就现在的地望来看，祁连是包含敦煌在内的河西走廊南山的名称，那么两汉匈奴时代的祁连是不是就是现在青海与甘肃两省之间界山，则需要证据。以下是本书找到的证据：第一，按照古代汉语的从右向左竖写的习惯，祁连在敦煌

---

①　（汉）班固：《汉书》，中华书局 1962 年版，第 2691—2692 页。
②　（汉）班固：《汉书》，中华书局 1962 年版，第 3902 页。

的右方，应该指天山。第二，从匈奴比汉朝更早占据并以匈奴语称谓的祁连就是天山的说法来看，祁连即指天山。第三，从乌孙国首府赤谷城到长安的距离来看，也应该在天山。如有史记载："乌孙国，大昆弥治赤谷城，去长安八千九百里。户十二万，口六十三万，胜兵十八万八千八百人。"①如果这里的祁连山是指现在青海与甘肃的界山祁连山，那么肯定没有8900 里。第四，西汉名将霍去病从东向西的行军路线也说明祁连山就是天山。《史记·匈奴列传》记载："元狩二年，霍去病出陇西、北地二千里，击匈奴。过居延，攻祁连山。"②可见霍去病是从今天的内蒙古额济纳（古居延）进入新疆的天山。第五，与乌孙同在祁连、敦煌间的月氏的地望在河西走廊，即史记所说的"凉、甘、肃、延、沙等州地，本月氏国也。"③这些州就分布在现在祁连山北部的河西走廊，那么乌孙就有可能与月氏的地望重复，但实际上乌孙在月氏的西面，钱伯泉先生认为"张掖郡，故匈奴昆邪王地。"④昆邪王为浑邪王的异译，其居住地原为乌孙故地，可知乌孙国的东境为西汉的张掖郡。那么史记和汉书中的祁连就应该指的是天山。《汉书·西域传·乌孙》也明确记载："乌孙国……东与匈奴、西北与康居、西与大宛、南与城郭诸国相接，本塞地也。大月氏西破走塞王，塞王南越悬度，大月氏居其地后乌孙昆莫击破大月氏，大月氏徙西臣大夏。而乌孙昆莫居之，故乌孙民有塞种、大月氏种云。"近些年来，随着中国新疆北疆考古发掘取得的新成果，结合中国《史记》《汉书》《后汉书》等文献，确定"乌孙遗迹分布状况，主要在'天山到伊犁河之间''广阔的草原地带'，如昭苏、特克斯、新源、巩留、尼勒克等县"⑤。那么乌孙就是在陆上草原与绿洲合并的新疆北疆段生存的政权及民族。再退一步讲，即使祁连是指现在的祁连山，那么也在丝绸之路上，因此乌孙是中文有史

---

① （汉）司马迁：《史记》，中华书局 1959 年版，第 2879—2919 页。

② （汉）司马迁：《史记》，中华书局 1959 年版，第 2908 页。

③ （汉）司马迁：《史记》，中华书局 1959 年版，第 2879—2919 页。

④ （汉）班固：《汉书》，中华书局 1959 年版，第 1609—1674 页。

⑤ 王炳华：《古代新疆塞人历史钩沉》，《新疆社会科学》1985 年第 1 期。

记载以来就生活在丝绸之路中段的民族。

我们再从苏联考古材料中寻找一些有关乌孙起源的资料。1953 年，苏联在其伊犁河曾出土了对兽形铜祭台、三足铜复等造型精美的青铜器；1983 年，伊犁新源县亦出土了一批同一类型的青铜器与赤铜器。除此之外，伊犁河上源还有一座名为"乌孙山"大山，它的西南部与阿拉木图、伊塞克湖、天山、阿赖山及帕米尔相邻。这些区域是塞人活动的中心区域。① 即有乌孙山的伊犁河谷地带，曾经是塞人（即本书在斯基泰人一章中所说的希腊人称为斯基泰人、波斯人称为萨迦、中国人称为塞种的人）。关于这一点，有波斯大流士一世纳黑希鲁斯塔姆的楔形文字石刻为证，此石刻"曾提到古代塞人有三个集团，各有不同的地域。其中，提拉豪达·萨迦意为戴尖顶帽子的萨迦人。分布于黑海以东，锡尔河东南，包括吉尔吉斯和哈萨克斯坦南部、帕米尔、阿赖岭以北，塔什干、天山以至巴尔喀什湖以南，楚河、塔拉斯河流域。"② 塞人的活动中心也因伊犁河流域自然条件优良，很可能曾是塞人活动的中心地区。关于此点，可以从阿拉沟等众多遗址中出土的文物得到证明。如沿巩乃斯河谷上行进入天山，直到阿拉沟东口（包括于尔都斯草原）都是优良的夏牧场地区，"巩乃斯河南岸出土的铜器与阿拉沟东口竖穴木椁墓中的多量金器，都不是一般塞人平民所能享有。"③ 因此伊犁河流域很有可能是头戴尖顶毡帽、从事游牧的塞人活动中心之一。由于头戴尖顶毡帽、从事游牧的塞人分支较多，究竟是哪一支塞人在这里居住，欧洲史料及考古学资料也给出了答案。"据希洛多德记载，占据哈萨克斯坦中部、北部和东北部广大草原的诸部落中，有一个被称誉为'守护金子的鹰'的部落，从'鹰'那儿，通过伊塞顿人，希腊人得到了金子（公元前五世纪）。"考古学家伯恩斯坦在其著作《塞族考古》中记载："伊塞顿人活动范围就在伊犁河流域，尤其是土尔

---

① 张志尧：《略论我国阿尔泰、天山北部与东部的塞人——匈奴文化》，《中央民族学院学报》1988 年第 6 期。

② 马国荣：《新疆古代塞人的社会生活》，《中央民族大学学报》1994 年第 3 期。

③ 王炳华：《古代新疆塞人历史钩沉》，《新疆社会科学》1985 年第 1 期。

根、伊塞克湖、塔尔加尔和东到额尔齐斯河，曾经是'祢王'（与乌孙昆弥之'弥'音同形近）塞族之境，这支塞人很可能就是所谓伊塞顿。"① 苏联阿尔泰学的研究专家库沙耶夫则根据他在伊犁河流域的考古发掘资料记载："塞人墓多出土饰金青铜器，广泛流行西伯利亚动物风格。……前期乌孙墓出土的器物与南西伯利亚、阿尔泰、西哈萨克，北吉尔吉斯等地区古墓出土器物大体相近。"② 伯恩施坦也指出："塞克时期的古墓一直蔓延到'守金怪兽'地区而无间断，即通过额尔齐斯河即阿尔泰山前之河流的北捷什斯族可能是黠戛斯之先祖地区到阿尔泰和中亚。"③ 以上苏联考古学成果表明：乌孙是塞人中头戴尖帽中的伊塞顿人后裔，主要居住在伊犁河流域。

从中国和苏联两方面的历史考古资料表明：乌孙是塞种后裔，活动中心在伊犁河流域。

第二节　乌孙的人种与名称

中文之所以将波斯人称为萨迦、希腊人称为斯基泰人的人称为塞种，一是因为他们自称 Saka，中文音译为"塞"，"种"是因为中国汉朝人是蒙古人种，在他们看来，塞人其形最异，属于不同人种，因此称其为塞种。如唐朝颜师古在《汉书·西域传》的注里这样写道："乌孙与西域诸戎，其形最异，今之胡人青眼赤须状类猕猴者，本其种也。"④ 现在则随着中国古 DNA 研究不断取得成果，对包括乌孙在内塞种的人种也有进一步的印证。如刘宁博士则认为：乌孙人种的主体属于中亚两河类型，公元前

---

① 张志尧：《略论我国阿尔泰、天山北部与东部的塞人——匈奴文化》，《中央民族学院学报》1988 年第 6 期。

② 张志尧：《略论我国阿尔泰、天山北部与东部的塞人——匈奴文化》，《中央民族学院学报》1988 年第 6 期。

③ 张志尧：《略论我国阿尔泰、天山北部与东部的塞人——匈奴文化》，《中央民族学院学报》1988 年第 6 期。

④ （汉）司马迁：《史记》，中华书局 1959 年版，第 2879—2919 页。

2世纪西迁后，不断融入不同的部族，特别是蒙古人种的成分不断增加，形成了黄白两大人种的过渡类型——南西伯利亚人种，其基因的流向主要散布在哈萨克、吉尔吉斯等现代中亚民族之中。[1] 牛立峰教授认为："乌孙立国后，其民众之中有月氏种，这是学界认可的。在使节的东西往来中，那些在乌孙的月氏人的后裔和直系的乌孙人（先跟随昆莫父难兜靡、又跟随昆莫的那些乌孙人，姑且称之为直系乌孙人）一起东来，而月氏本居河西地。也就是说，这些血统上的月氏人现在是乌孙国人了，其身份有点复杂。"[2] 另外中国近些年在新疆鄯善发现了早在距今3000—1000年间在这一区域生活的洋海人就是戴着高高的帽子、高鼻深目的欧罗巴人种[3]。可以说，中国的研究成果表明：乌孙属于欧罗巴人种。

　　国外的研究成果也同样印证了乌孙在内的塞种人人种属性。20世纪20—30年代以来，"伯恩施坦等人根据伊塞克湖／热海所出土的人头骨，认为：其中的80%属欧罗巴型，但亦发现一定数量的短头型具有蒙古利亚人种特征。伯恩斯坦根据1938年至1949年对根科克古墓、阿尔帕古墓、阿赖山马阿莎古墓、基扎尔特古墓所出土的人头骨，根据斯特拉波、托勒密提供的人种图，认为：天山（早期）帕米尔地区（晚期）发现的匈奴文化的古人种学资料是明确无误的。"继伯恩施坦之后的阿基舍夫等人于1975年在伊犁河发现了塞人"王墓"（别沙梯尔石墓）后得出了"居于天山和帕米尔的塞种乃是尖帽塞克，因与中亚蒙古利亚型人种为邻，早就开始至少在公元前五世纪逐渐蒙古利亚化"[4]。20世纪60年代，人类学家伊斯马戈洛夫在研究公元前4至公元前3世纪中亚七河地区乌孙31具男性头骨和31具女性头骨后的结论是："七河地区的乌孙的人类学类型是在当

---

[1] 刘宁：《新疆地区古代居民的人种结构研究——以楼兰、乌孙、车师、回鹘为例》，博士学位论文，吉林大学考古学院，2010年，第51页。

[2] 牛云峰：《乌孙故地的研究述评》，《昌吉学院学报》2008年第4期。

[3] 搜狗百科：《洋海古墓群》，2020年2月15日，见15https://baike.sogou.com/v10215078.htm?fromTitle=%E6%B4%8B%E6%B5%B7%E5%8F%A4%E5%A2%93%E7%BE%A。

[4] 张志尧：《略论我国阿尔泰、天山北部与东部的塞人——匈奴文化》，《中央民族学院学报》1988年第6期。

地欧洲人种类型居民的基础上形成的，它们除主要表现明显的欧洲人种特点之外，也存在少量蒙古人种混血；此外，七河地区、天山、阿莱和东哈萨克斯坦乌孙的人类学类型彼此具有很近的亲缘关系；将早期和晚期乌孙头骨形态特征比较说明，乌孙的体质特点在 800 年的时间里没有表现出明显的变化。"即为"南西伯利亚人种成分之一"。苏联学者吉谢列夫在《南西北利亚古代史》一书中也认为卡拉苏克时期叶尼塞河中游的居民，属"高脸、圆而高的眼眶、中等高度，或甚至扁平的鼻子占相当大的比例"。他指出："这一类型很可能源于蒙古人，接近远东人种的华北类型。"[1] 关于此点，我们可以从 2000 多年后的今天，这里仍然是欧罗巴人种与蒙古人种的汇合区域的事实得到证明。因此乌孙为欧罗巴人种，但因生活在欧罗巴人种和蒙古人种的交汇区域，自然会有人种之间的交融，正如《汉书》所说，乌孙民有塞种、大月氏种。只是在乌孙时代，欧罗巴人种的居民人数比蒙古人种居民人数多。

关于乌孙的名称，可能是政权之名。因为《史记》《汉书》均称其为乌孙国；另外，我们从同样是塞种的捐毒国、休循国的记载可以印证。如《汉书·西域传·休循国》记载："休循国，王治鸟飞谷，在葱岭西……民俗衣服类乌孙。因畜随水草。本故塞种也。"《汉书·西域传·捐毒国》也记载："捐毒国，王治衍敦谷……北与乌孙接，衣服类乌孙。随水草，依葱岭，本塞种也。"所以乌孙应该是国家政权的名称。其王族为塞种，居民则既有属于塞种的分支，也有属于蒙古人种的居民。

第三节　乌孙沿丝绸之路的迁徙

既然乌孙是塞种，居留地在伊犁河流域，那么根据塞种人（斯基泰、萨迦）原居留地在乌拉尔—阿尔泰区域的判断，是塞种人向南迁徙的结

---

① 张志尧：《略论我国阿尔泰、天山北部与东部的塞人——匈奴文化》，《中央民族学院学报》1988 年第 6 期。

果。但乌孙以伊犁河流域为中心，继续向外迁徙。从史料和考古成果来说，一则向东南迁入甘肃西部；二则向西南方向迁往帕米尔高原。之所以沿着这两个方向迁徙，主要是因为高山牧场适合包括乌孙在内的游牧人继续保持他们的游牧生活。

一、向东南方向迁徙

从中国史料来看，只有《史记》所说的"本与大月氏俱在祁连、敦煌间"，《汉书》和《后汉书》只不过重复了这句话而已。根据前文对祁连山是天山、敦煌仍在现在甘肃省河西走廊西端的情形判断，乌孙沿东南走向的阿尔泰山从草原丝绸之路来到绿洲丝绸之路的河西走廊西端的敦煌所在地，就是西汉时曾在敦煌设郡的区域。即乌孙的中心在伊犁河流域，但其向东最远到达敦煌。虽然乌孙与月氏都在祁连、敦煌间，但乌孙从现在的新疆北疆沿阿尔泰山到达天山东部区域的新疆、甘肃和内蒙古交界之处，可能地望在天山东部北麓及甘肃和内蒙古的西部。之所以得出这样的结论，证据如下：第一，乌孙不可能和月氏重叠使用祁连敦煌间的牧场，它们之间应该有相对模糊的牧场界线，只是没有留下记载，后人难以判断。第二，从大月氏沿天山南麓西迁及塔里木盆地中散居着不同名称的月氏小国的事实来看，大月氏的牧场应该在天山东部和甘肃河西走廊敦煌以西区域。那么乌孙就在东天山北麓和甘肃、内蒙古所在的敦煌以西区域。

二、向西南方向迁徙

虽然乌孙的最东居住地在祁连、敦煌间，但乌孙却先后受月氏和匈奴的攻击，如《汉书》《张骞传》记载："时月氏已为匈奴所破，西击塞王，塞王南走远徙，月氏居其地。昆莫既健，自请单于报父怨，遂西攻破大月氏。大月氏复西走，徙大夏地。昆莫略其众，因留居，兵稍强，会单于死，不肯复朝事匈奴。"[①] 但《史记》卷43《大宛列传》却记载是匈奴人杀

---

① （汉）班固：《汉书》，中华书局1962年版，第2687—2698页。

害了乌孙的头人："乌孙王号昆莫，昆莫之父，匈奴西边小国也。匈奴攻杀其父，而昆莫生弃于野。乌嫌肉蜚其上，狼往乳之。单于怪以为神，而收长之。及壮，使将兵，数有功，单于复以其父之民予昆莫，令长守于西城（域）。昆莫收养其民，攻旁小国，控弦数万，习攻战。单于死，昆莫乃率其众远徙，中立，不肯朝会匈奴。匈奴遣奇兵击，不胜，以为神而远之，因羁属之，不大攻……"① 对此钱伯泉先生认为："乌孙昆莫猎骄靡约生于公元前 178 年夏天。月氏攻杀乌孙难兜靡则在公元前 177 年秋天。匈奴西击月氏，征服西域则在公元前 177 年秋天至公元前 176 年初夏。"② 但无论是月氏或匈奴杀害了乌孙头人，对乌孙来说，小国被欺凌则是事实。等到昆莫长大后，匈奴汗国将其故地归还于他，于是昆莫帮助匈奴守卫西域，直到"大月氏西破走塞王，塞王南越县夏，大月氏居其地。乌孙昆莫击破大月氏，大月氏西徙臣大夏，而乌孙昆莫居之，故乌孙民有塞种、大月氏种云。"③ 具体时间则是张骞出使西域的公元前 139 年。"乌孙举族西迁则应是此后一两年的事。当时乌孙昆莫正为 38—39 岁，确为人生的'壮'、'健'时期。"④ 即公元前 138 年左右，乌孙从祁连敦煌间逐渐退回到伊犁河流域。

16 年以后，即汉武帝元狩年间（公元前 122—前 117 年）张骞第二次出使西域到乌孙时，"昆莫（指猎骄靡）有十余子，中子大禄彊，善将，将众万余骑别居……昆莫与（其孙）岑陬万余骑，令别居，昆莫亦自有万余骑以自备。国分为三，大总羁属昆莫"。也就是说，三者相加，此时乌孙有兵约 4 万人左右。又过了 50 多年，即公元前 71 年，《汉书·西域传》记载："（解忧）公主及昆弥皆遣使上书，言'匈奴复连发大兵侵击乌孙，取车延、恶师地，收人民去……昆弥愿发国半精兵，自给人马五万骑，尽力击匈奴'。……汉兵大发十五万骑，五将军分道并出……（汉）遣校尉

① （汉）司马迁：《史记》，中华书局 1959 年版，第 3131—3155 页。
② 钱伯泉：《乌孙和月氏在河西的故地及其西迁的经过》，《敦煌研究》1994 年第 4 期。
③ （汉）班固：《汉书》，中华书局 1962 年版，第 3871—3874 页。
④ 钱伯泉：《乌孙和月氏在河西的故地及其西迁的经过》，《敦煌研究》1994 年第 4 期。

常惠使持节护乌孙兵，昆弥自将翎侯以下五万骑从西方入，至右谷蠡王庭……是岁，本始三年也。"即当匈奴再次攻击乌孙时，乌孙举"国半"力量回击匈奴，"国半"是 5 万兵，那么乌孙共有兵 10 万。这次汉与乌孙联手，给了匈奴致命一击，《汉书·西域传》记载：乌孙兵"至（匈奴）右谷蠡王庭，获单于父行及嫂，居次，名王，犁汙都尉，千长，骑将以下四万级，马牛羊驴橐驼七十余万头，乌孙皆自取所虏获"。"匈奴民众死伤而去者，及畜产远移死（亡）不可胜数。于是匈奴遂衰耗，怨乌孙……匈奴大虚弱，诸国羁属者皆瓦解，攻盗不能理。"① 到了公元前 53—前 50 年（汉宣帝甘露年间），"（汉）立元贵靡为大昆弥，乌就屠为小昆弥，皆赐印绶……汉复遣长罗侯（常）惠将三校屯赤谷，因为分别其人民地界，大昆弥户六万余，小昆弥户四万余……"这时的乌孙已经有约 11 万户，人口 55 万人，兵约 17 万人左右，其统治疆域"东从巩乃斯河，喀什河向北越山直到乌苏一带；西可至楚河附近，南到裕勒都斯河流域；北在尼勒克以西大体以伊犁河为界。其中纳伦何、特克斯河、裕勒都斯河流域应为乌孙的主要活动地域。"② 至于它的首都赤谷城，有很多说法，如赤谷城在伊塞克湖盆地，或在伊塞克湖东南岸、伊塞克湖东的纳林果勒地方；伊塞克湖东南岸七济河（即克孜尔河）；伊犁特克斯河南岸；③ 今温宿县、乌什县之北，特克斯河之南。④ 日本学者松田寿男也认为："不言而喻，所谓的城，像乌孙这样的游牧国家（相当于蒙古的 ulus，突厥碑文的 il，汉文的行国）来说，并不一定指定居的、房屋密集的城市。在大多情况下，是指游牧民在商业上占有位置以后，在其王庭以及国内的重要地点自然形成的集市。"⑤ 前辈学者的这些话告诉我们，以考古为手段去寻找乌孙赤谷城看来绝非易事。汉文文献的记载同样证实了这一说法。元封（公元前 110—

---

① （汉）班固：《汉书》，中华书局 1962 年版，第 3746—3794 页。

② 孟凡人：《乌孙的活动地域和赤谷城的方位》，《西北师范大学学报》1978 年第 1 期。

③ 刘国防：《汉代乌孙赤谷城地望蠡测》，《中国边疆史地研究》2016 年第 1 期。

④ 孟凡人：《乌孙的活动地域和赤谷城的方位》，《西北师范大学学报》1978 年第 1 期。

⑤ ［日］松田寿男：《古代天山历史地理学研究》，陈俊谋译，中央民族学院出版社 1987 年版，第 229 页。

前 105 年）中，西汉以江都王建女细君为公主，与乌孙和亲，"公主至其国，自治宫室居，岁时一再与昆莫会，置酒饮食，以币帛赐王左右贵人。昆莫年老，语言不通，公主悲愁，自为作歌曰：'吾家嫁我兮天一方，远托异国兮乌孙王。穹庐为室兮旃为墙，以肉为食兮酪为浆。居常土思兮心内伤，愿为黄鹄兮归故乡。'"① 即有可能不同的乌孙王定都在不同的地方，但都没有离开伊克塞湖区域。

从乌孙迁徙的过程来看，迁徙的过程也是不断发展壮大的过程。乌孙从一个被月氏和匈奴攻击的小国到与西汉联手成长为一个强国。在这个过程中，"乌孙民有塞种、大月氏种云"。乌孙的昆莫家庭也是多元民族家庭，如汉武帝封罪臣之女细君为公主，下嫁乌孙国王昆莫猎骄靡，以和乌孙结为兄弟之邦，共同对付匈奴；细君去世后，又将另一罪臣之女封为解忧公主嫁给乌孙昆莫之孙岑陬为右夫人，妾室，地位在同为妾室的匈奴公主左夫人之下。迁入伊克塞湖区域后，这里历来都是丝绸之路北道穿行区域，也是草原丝绸之路通行区域，因此有更多的东西方民族成分进入乌孙国境内。

三、迁徙过程中的文化交流与融合

最能体现乌孙在草原丝绸之路和绿洲丝绸之路来回迁徙从而使乌孙文化呈现多元性的事件就是其居住方式的多元化。关于乌孙在伊犁河流域的生活状况，与其他高帽塞人一样，随水草而迁徙。夏秋季节住在拆卸方便的帐篷里。帐篷"从外形看是圆柱形的，类似现在的蒙古包。里面以木料成格子，可以张缩自如，顶上环列着轻巧的橡木，木格外面要张上毡。这种便于拆卸和折叠的木格和毡，极易放在车上和马背上运走。可以说，后来乌孙人使用的毡房以及用羊毛淤制的各种毡毯，有可能就是从塞人那里沿袭下来。不过结构和技术都有所改进和提高。二是木屋和土房。塞人进入冬季牧场以后，有一个较长的不流动时间。人们基本都住在木屋和土

---

① （汉）班固：《汉书》，中华书局 1962 年版，第 3901—3911 页。

屋内。屋以圆木为墙，盖顶。其结构与乌孙墓葬中的木椁几乎完全相同。撑室四壁、以圆木叠砌成墙，接头处互相榫铆，撑室顶部筱盖松木二三层，撑室内壁不可以见到挂毯的残痕。在毡毯外面，铆有米子形的细木条。虽然这是死者墓撑的形式，实际上是为生者安排的地下居，反映了生者所居住的冬屋式样。伊犁河流，树木繁茂，为建造这种木屋提供了丰富的木材料资源。土屋用草泥筑成，平顶。"① 也就是说，伊犁河流域丰富的树木为其提供了建造木屋和土屋的原材料。

在最能体现亚欧草原文化的兵具、兵器和动物纹方面，包括乌孙在内的塞人文化和东方的文化有所交流，如苏联学者吉谢列夫在《南西伯利亚古代史》中指出："卡拉苏克时期（公元前一千年中叶）有许多东西是从中国传入的。殷商和西周的青铜器、陶器、玉器和其它材料制品的纹饰均予以卡拉苏克文化以重大影响。"张志尧也认为"曾在伊犁河伊塞克湖及天山北部，天山中部苏境与东部一度鼎盛的塞人——匈奴文化，它在艺术题材、艺术风貌上曾受阿尔泰——南西伯利亚的强烈影响，而阿尔泰——南西伯利亚文化却又深受殷商文化的强烈影响。换言之，殷商文化通过上古匈奴联盟匈奴的人种成分比较复杂，它包含蒙古、突厥、塞种。在征战、迁徙中，进行了持续而遥远的传播，至少在卡拉苏克时期已影响到蒙古、阿尔泰、南西伯利亚及我国东北。而阿尔泰——南西伯利亚，这一欧亚文化荟萃之地，又对其邻境的天山北部、中部、东部及七河地文化予以了极大影响。"② 因此包括乌孙在内的塞人东迁与东方殷商文化之间的交融，不仅再次证明亚欧草原游牧人的原居地就是在乌拉尔—阿尔泰之间，而且也为乌拉尔—阿尔泰之间草原与绿洲丝绸之路段成为欧罗巴人种与蒙古人种混合区奠定了基础。

① 马国荣：《新疆古代塞人的社会生活》，《中央民族大学学报》1994 年第 3 期。
② 张志尧：《略论我国阿尔泰、天山北部与东部的塞人——匈奴文化》，《中央民族学院学报》1988 年第 6 期。

第八章　月　氏

　　月氏是秦汉之际活跃在河西走廊西部和新疆的古代游牧民族。公元前3世纪末，由于匈奴崛起，月氏人被迫开始向遥远的中亚腹地迁徙，中国史书将那些远走他乡的月氏人称为"大月氏"；将翻越祁连山进入青海北部的月氏人则称作"小月氏"①。远走他乡的大月氏人在迁徙途中一度夺取了原为塞种人占据的伊犁河谷地带，但是在乌孙——匈奴联军的再度追击下继续西迁，直至妫水（阿姆河）流域方止。徙居阿姆河流域后的大月氏人在昆莫猎骄靡率领下于公元前2世纪30年代中期，征服了号称"千城之国"的大夏，再度成为丝绸之路沿线的一方霸主。② 公元1世纪前半叶，大月氏五部翕侯中的贵霜翕侯丘就却（kujula kudephise）统一其余四部翕侯③，建立了著名的贵霜帝国。在公元1世纪末至3世纪前期，贵霜

---

① 《魏书·西域传》中也将定都富楼沙的寄多罗王建立的国家称作小月氏，"小月氏国，都富楼沙城。其王本大月氏王寄多罗子也。寄多罗为匈奴所逐，西徙后令其子守此城，因号小月支。"

② 见（西汉）司马迁《史记·大宛列传》及（东汉）班固《汉书·西域传上》：罽宾、大月氏条。据桑原骘藏等人的考证，征服大夏之事大约发生在前2世纪30年代至40年代初。

③ 据《汉书·西域传》及《前汉纪》记载，统一之前的月氏五部翕侯为：休密（亦作体密或未密）翕侯，都和墨城；双靡（或双麋）翕侯，都双靡城；贵霜翕侯，都护澡城；肸顿（判顾）翕侯，都薄茅城；高附翕侯，都高附城。（南朝宋）范晔在所著《后汉书》中则认为高附乃独立之国，并非五翕侯之一，第五翕侯实应为都密翕侯。

帝国统治着巴克特里亚及北印度的广大地区，控制着丝绸之路中段的中转贸易，也是早期佛教传入西域的必经之地。

流寓河西走廊南部山区一带的小月氏人则与当地的羌人产生了密切的联系，并在汉羌战争中比较活跃。东汉末年，月氏血统的义从胡骑乃是西凉地区一股举足轻重的军事力量，他们的活动对东汉晚期的政治局势有着重要的影响。[1] 由此可见月氏人是活跃在陆上丝绸之路的一个政权及民族。本章以月氏的起源、迁徙为重点，论述其沿丝绸之路的民族交融与文化交流。

第一节　月氏的起源及起源地

一、月氏起源

在 20 世纪 90 年代之前，由于月氏的考古遗存稀少，于是大多数学者只能将主要精力投入到记载详细的汉代史籍的解读中。20 世纪初的学者如王国维、白鸟库吉，藤田丰八、桑原骘藏等非常详细地考察了文献记载较为丰富的月氏始居地[2]、大月氏西迁的时间和路径[3]、月氏族源和族属问

---

[1]　《后汉书·邓寇列传》记载："先是，小月氏胡分居塞内，胜兵者二三千骑，缘勇健富强，每与羌战，常以少制多。虽首施两端，汉亦时收其用。"与汉朝关系紧张的情况可参见《汉书·赵充国辛庆忌传》："狼何，小月氏种，在阳关西南，势不能独造此计，疑匈奴使已至羌中……到秋马肥，变必起矣。"东汉末年，义从胡是以董卓为首的西凉军阀的重要组成部分，相关记载见于《后汉书·董卓传》《三国志·魏书·董二袁刘传》等。

[2]　如王国维：《月氏未西迁大夏时故地考》，《观堂别集·卷一》，白鸟库吉：《乌孙考》，《史学杂志》，第十二辑，第 65 页；藤田丰八：《月氏、乌孙之故地》，《焉支与祁连》以及《大宛贵山城与月氏王庭》等。(上述三篇文章载于藤田丰八著，杨链译之《西域研究》，商务印书馆 1937 年版)

[3]　如日本学者白鸟库吉就在《乌孙汇就》(《史学杂志》，第十二卷，第 1 页) 一文中较早地提及了月氏第二次西迁之事，而藤田丰八 (著《月氏西移之年代》，《西域研究》第 85—95 页)、桑原骘藏 (《张骞西征考》，第 16—18 页) 等学者对此进行了进一步的考察，并取得了相当的成果。

题①，并进行了相当深入的探索。此外，也有一些学者对月氏的社会形态及文化特征进行了研究。民国时期，郑鹤声先生的文章《大月氏与东西文化》② 刊发十年后，《禹贡》在 1936 年第八期和第九期刊发了多篇对当时国内外月氏研究成果进行全面述评的作品③，龚骏《月氏与乌孙的西迁过程考》④、郝树声《论月氏在河西的几个问题》、曹怀玉《商周秦汉时期甘肃境内的氏羌月氏和乌孙》⑤ 等等，均提及月氏的起源问题，但从讨论的后果来看，有西来说、东来说、本土说、一族多源说。所谓西来说，主要是西方学者观点，他们认为月氏来源于阿利安人⑥；所谓东来说，主要是中国学者观点，认为月氏是匈奴人⑦；所谓本土说，主要是杨建新先生的观点，他认为月氏就是河西的老住户，是河西地区养育出来的一个土生土长的古老民族⑧；一族多源说则认为月氏是由羌、突厥和乌孙三个民族成员所构成的一族多源民族⑨。

除了从历史资料中解读月氏起源问题外，还有一些学者从语言学与历史学印证的角度对月氏起源进行了研究。如加拿大的蒲立本教授于 1966 年推出了在月氏研究领域具有相当影响力的 *Chinese and Indo-*

---

① 一些学者持月氏人本土起源说，包括北狄说（此说以何秋涛、王国维等为代表，如王便在《月氏未西迁大夏时故地考》中认定"周末月氏故居盖在中国之北"）和西戎说（此说为梁启超首倡，见于《国史研究六篇·中国历史上民族之研究》，梁认为月氏乃是与春秋时期阴戎同系的氏羌人，并认为氏羌是现代藏族的先民）。目前的主流意见认为月氏人很可能具有印欧血统并使用某种伊朗语。此外还有突厥说、塔吉克说（此说为张西曼及部分苏俄学者所支持）以及东方郁夷说（此说为何光岳所支持）等。

② 郑鹤声：《大月氏与东西文化》，《东方杂志》卷二十三，第十号，第 77—96 页。

③ ［日］安岛弥一郎：《月氏西迁考》，王崇武译；冯家升：《大月氏民族及其结论》；（挪威）斯敦柯诺甫著，张政烺评述：《大月氏民族最近之研究》，均刊于《禹贡》1936 年第 5 卷，第 8—9 期。

④ 龚骏：《月氏与乌孙的西迁过程考》，《新中华》1944 年第 9 期。

⑤ 郝树声：《论月氏在河西的几个问题》，《甘肃社会科学》1994 年第 6 期。

⑥ ［日］羽田亨：《西域文明史》，耿世民译，新疆人民出版社 1981 年版，第 7 页。

⑦ 李芳：《建国以来月氏、乌孙研究综述》，《西域研究》2010 年第 3 期。

⑧ 杨建新：《中国西北少数民族史》，民族出版社 2003 年版，第 75 页。

⑨ 侯丕勋：《"祁连小月氏"族源新探》，《青海民族研究》2001 年第 4 期。

European 一文。蒲立本教授在文中以《史记·建元以来侯者年表》中于元封四年降汉的小月氏若苴王（《汉书》作右苴王）为例，第一次以对音的方式指出月氏为吐火罗语使用者的可能性，并认为身为北魏贵族和唐代于阗国皇族的尉迟氏出身小月氏[①]；周一良先生则认为北凉沮渠蒙逊所出、居于西宁卢川一带卢水胡与汉代小月氏间存在着密切的关系[②]；唐长孺先生则进一步认定包括沮渠氏在内的卢水胡，以及与卢水胡同种的羯胡正是小月氏的后裔[③]；日本著名学者榎一雄先生在全面梳理了我国史书中与小月氏相关的记载后提出了月氏使用的吐火罗语词汇乃是从他们所统治的伊朗族人处采借而来[④] 的观点，即小月氏来源也是多元化。

考古发掘资料的出现则为学者们从月氏活动区域出发研究月氏起源提供了另一个途径。如根据在月氏先民活动过的东天山地区——包括巴里坤山、哈尔里克山南北山麓和博格达山东段北麓的山前地带，以及哈密盆地、巴里坤盆地和准格尔盆地东部靠近天山山脉的一部[⑤]，开展的考古工作所取得的一系列成果来看，在公元前一千纪至公元前 3 世纪，东天山地区存在着以红山口——石人子沟一期文化为代表的兼具农业和游牧两种生计方式特征的文化遗存，这些遗存体现出了与甘青地区年代更早的四坝文化、沙井文化等相近的文化特征。同时，红山口—石人子沟一期文化于公元前 3 世纪为更具游牧特征的红山口—石人子沟二期文化所取代的事实也能够与匈奴崛起并向西扩张的历史记载相互印证。林梅村先生则认为以吐鲁番鄯善县洋海墓地遗址为代表的苏贝希文化正是讲吐火罗语的月氏人，即汉代文献记载中的月氏人的直接祖先留下的文化遗

---

① ［加］蒲立本：*Chinese and Indo-European*，journal of royal asiatic society，1966，pp.18-20。

② 周一良：《北朝的民族问题与民族政策》，《燕京学报》1950 年第 39 期。

③ 唐长孺：《魏晋南北朝史论丛》，武汉大学出版社 2013 年版，第 404—414 页。

④ ［日］榎一雄：《小月氏与尉迟氏》（下），斯英琦、徐文堪译，《民族译丛》1980 年第 4 期。

⑤ 任萌：《公元前一千纪东天山地区考古学文化遗存研究》，博士学位论文，西北大学考古学系，2012 年，第 80—85 页。

存①。如果这一观点成立，那么目前为多数国内学者接受的蒲朝跋与戴春阳两位先生②的观点——他们倾向于将主要分布于甘肃境内的沙井文化视为起源于河西走廊的月氏人遗留之文化遗存，或许可以纳入印欧人的起源与迁徙这一宏大历史叙事之中。进一步而言，部分学者认为与月氏人相关的四坝文化以及火烧沟文化③视为印欧人与东方人发生初步融合的标志。因此即使某些文化遗存最终被证实为中国史籍中记载的月氏或其先民所遗留，恐怕也不能基于某些遗存表现的特征来对这一群体在不同历史时期表现出的文化特征做完全的推定。

近年来国内外又出版了一些涉及月氏的研究成果。如 2007 年，长期从事印欧民族起源研究的美国学者 C.G.R. 本杰明出版的《月氏：起源、迁徙及其对北巴克特里亚的征服》的专著、黄靖的《大月氏的西迁及其影响》④也为我们探讨月氏起源提供了便利。本杰明在他的著作中从印欧语起源与发展的角度探讨了月氏人的起源问题。在他看来，月氏的祖先可能是一个使用印欧语系 centum 语的游牧群体，他们于公元前四千纪中期从南西伯利亚草原向东方的哈萨克草原迁徙并最终定居于此。公元前两千纪初，以安德罗诺沃文化之制造者为代表的使用 satem 语的印度—伊朗游牧民入侵了哈萨克草原，于是月氏的祖先又不得不离开居住了很长时间的哈萨克草原向南迁徙。迁徙的月氏人可能在商初就已经抵达并占据了以敦煌为中心的河西走廊，而以齐家文化为代表的甘青考古学遗存也与他们有着一定的联系，这种联系可以被视为河西地区印欧—东亚民族与文化融合的开端。⑤

---

① 林梅村：《大月氏人的原始故乡——兼论西域三十六国之形成》，《西域研究》2013 年第 2 期。林氏认为其与活跃于秦汉之际的月氏人有直接的承继关系。

② 蒲朝跋：《月氏文化：中国北方民族文化史》，黑龙江人民出版社 1993 年版，第 993—1043 页；戴春阳：《月氏文化族源、族属刍议》，《西北史地》1991 年第 1 期。

③ 赵建龙：《关于月氏族文化的初探》，《西北史地》1992 年第 1 期。

④ 黄靖：《大月氏的西迁及其影响》，《新疆社会科学》1985 年第 2 期。

⑤ Craig.G.R. Benjamin：*The Yuezhi. Origin*，*Migration and the Conquest of Northern Bactria*. Turnhout，Belgium Brepols Publishers，2007，p.28；王欣：《印欧人的起源与吐火罗人的迁徙》，《暨南史学》第八辑，广西师范大学出版社 2013 年版，第 40 页。

可以说，月氏文化上表现出东西方融合的特征。

　　总之，从上述各类成果中来看，学者们对月氏起源仍然没有取得一致意见。本书认为，《史记·大宛列传》明确记载月氏和乌孙"居敦煌、祁连间"，而祁连是指现在新疆南北疆的分界山——天山，而不是今天青海与甘肃在河西走廊的界山——祁连山的话，那么月氏从一开始就处于东方的蒙古人种与西方的欧罗巴人种之间，或许它本身就是由于东西方民族在敦煌祁连间互相融合而形成的政权及民族名称。证据有以下几点：第一，月氏居于敦煌祁连间的地域本身就是一个东西方民族互相交融的丝绸之路上，有可能是老住户和新住户不断混合的结果。这是东来、西来、本土或一族多源说均不能否定的可能性。第二，从韩康信先生所说的"从河西月氏人早期游牧地区的考古发掘看，至今没有西方人种头骨"[①] 和公元前3000—前1000年间新疆鄯善洋海古墓、哈密五堡古墓群等出土人骨及随葬来看，这里确实是蒙古人种和欧罗巴人种相邻区域，那么居于河西走廊西部和天山东部的月氏人可能就是混合人种的民族。第三，与月氏同时代的乌孙中多为欧罗巴人种但也混有蒙古人种的事实来看，居于月氏之西的乌孙尚且如此，月氏居于乌孙之东、匈奴之西则更有可能吸收两个人种的人，何况匈奴、乌孙、月氏之间你攻我伐的冲突也为其民族成分多元化奠定了基础。第四，从大月氏选择西迁进入中亚，只有小月氏人选择进入青海祁连山区与羌人同处的选择来看，具有欧罗巴血统的月氏人选择西迁、回归其祖先之地，具有蒙古人种血统的月氏人则留在祁连山区的可能性。因此，月氏从源头上来看是一个混合了东西方人种的政权及民族名称。

　　至于月氏人中的欧罗巴人种，无论从月氏活动的时代、游牧生活、文化特征及语言来看，均与塞人（希腊人称为斯基泰人、波斯人称为萨迦人）密不可分。关于此点，《汉书》西域传、张骞传、李广利传都记载：

---

① 　韩康信等：《中国西北地区古代居民种族研究》，复旦大学出版社2005年版，第245—248页。

"由于大月氏人的西迁，塞人放弃了世代居住的伊犁河流域。其中一部分南下，散处帕米尔各地，即'自疏勒以西北，休循、捐毒之属，皆为塞种'。以后又逐渐向东进入塔里木盆地。于是，于阗绿洲、罗布荒原、吐鲁番盆地，都曾留下过一代塞人的足迹。"① 彭树智先生也提到："乌孙及《汉书·西域传》中的伊循、姑师、渠勒、莎车、西夜、蒲犁、依耐等均属塞种，甚至强大的贵霜王朝也与塞人有渊源关系。"② 王炳华则认为："所谓'带着所崇拜的植物叶子'的萨迦人，他们这一特殊的习俗与罗布荒原上头戴尖帽的土著人习俗，完全一致。"③ 近些年来在新疆鄯善、哈密、且末发现的洋海古墓、哈密五堡古墓、扎滚鲁克古墓都显示出新疆在春秋战国时期均有欧罗巴人种居住的事实，因此月氏人中的欧罗巴人种来自塞种的可能性更大。

二、月氏故地生活

我们先引两段史料：

第一条史料："甲午，天子西征，乃绝隃之关隥。己亥，至于焉居禺知之平。"④

第二条史料："东胡黄黑，山戎戎菽……禺氏騊駼。大夏兹白牛，兹白牛野兽也，牛形而象齿。犬戎文马，文马赤鬣缟身，目若黄金，名古黄之乘。数楚每牛，每牛者，牛之小者也。匈奴狡犬，狡犬者，巨身四足果。皆北向。"⑤

上述第一条史料来自《逸周书》，第二条史料来自《穆天子传》。王国维先生认为禺、月为一音之转，因而"禺知""禺氏"即月氏二字的不

---

① 马国荣：《新疆古代塞人的社会生活》，《中央民族大学学报》1994 年第 3 期。

② 彭树智：《一个游牧民族的兴亡——古代塞人在中亚和南亚的历史交往》，《西北大学学报》1994 年第 1 期。

③ 王炳华：《古代新疆塞人历史钩沉》，《新疆社会科学》1985 年第 1 期。

④ 郭璞注：《穆天子传》，中华书局 1985 年版。

⑤ [晋] 皇甫谧：《帝王世纪》，辽宁教育出版社 1997 年版，第 3 页。

同写法。杨宽先生考证《穆天子传》源自于西方河宗氏少数民族传说，后被魏国史官整理成书，其内容历史和神话混杂①。《逸周书·王会》则被学者认为是具有原始小说性质的作品，但至少可以从年代上得知"月氏"出现在中国人民视野中的年代不晚于西周中期。

西方对月氏人的记录则要晚得多。公元前 1 世纪的地理学之父斯特拉波在《地理志》一书中提及 Assii、Pasiani、Tochari 和 Sacarauli 四个来自药杀水彼岸的著名游牧民族夺取希腊人统治的巴克特里亚一事，其中的 Assii 部族乃是这些游牧民的王族。史学界大体认同四族中的 Assii 即月氏之对音，《新唐书·吐火罗传》认为"大夏即吐火罗"。然而，斯特拉波的记载与中国汉朝史书不同，《汉书·西域传》这样记述：

> 大月氏本行国也，随畜移徙，与匈奴同俗。控弦十余万……过大宛，西击大夏而臣之……大夏本无大君长，城邑往往置小长，民弱畏战，故月氏徙来，皆臣畜之……

显然，从"民弱畏战"这一点来看，《汉书》中的大夏似乎并不是《地理志》中的游牧民族 Tochari。而且《地理志》的记载也没有体现大月氏"西击大夏而臣之"一事，反而认定是三个游牧民族在月氏的领导之下共同作战。换言之，因"民弱畏战"而被征服的大夏人乃是希腊人以及希腊化的当地居民。这与"始居敦煌、祁连间"等中文记载判定月氏乃中国河西地区土著的传统观点相矛盾。关意权先生便基于国际学界的主流观点，认为大月氏乃是一个说吐火罗语的部落联合体，汉朝人对其以王族月氏之名称呼，而印欧人则取其人数最众的一族吐火罗（大夏）为其名号。林梅村先生则从语言学角度指出：许多与月氏相关的人名或地名都是相应的吐火罗语词汇的音译，人名如冒顿单于之父头曼单于便得名于吐火罗语对万户长的称呼"tumane"，匈奴和卢水胡的官职（或称号）

---

① 杨宽：《西周史》，上海人民出版社 1999 年版，第 87 页。

之一的沮渠则源于"cambura",意思是头领①。地名如司马迁《史记·大宛列传》中记载的"始月氏居敦煌、祁连间"的祁连山之名便是吐火罗语"kolomon"的音译,kolomon 意为"圣天,高贵的天",此山在《旧唐书·地理志》伊吾条中写作析罗漫山,即今天山山脉东段之巴里坤山。巴里坤和伊吾两个名字也分别是吐火罗语水(war)的突厥化名词"barkul"和吐火罗语的马(yakwe)的音译。匈奴人在"失我祁连山,使我六畜不繁息;失我焉支山,使我嫁妇无颜色"的哀歌中所提及的焉支山,其山名也得自吐火罗语的黑色一词——arkent,此山今名"哈尔里克山",正是突厥语"黑山"之义②。众所周知,匈奴人使用的语言并非吐火罗语,从现存史料中发现其从月氏人手中夺取的土地上有这么多吐火罗语的地名,并非巧合。《史记·大宛列传》"自大宛以西至安息,国虽颇异言,然大同俗,相知言。其人皆深眼,多须髯"的记载支持此说。不过大月氏人西来之说目前仍然缺乏来自考古学的证据,韩康信先生就指出河西地区至今未出土西方人种的头骨③。因此语言学研究成果支持月氏人西来说,不过,即使月氏人来自遥远的西方,他们也很可能因为长期涵化而接纳了相当多的东方文化。如韩建业就发现洋海一号墓地出土的彩陶上绘有相当数量的斜角云纹图案,而这一图案多见于以二里岗上层文化为代表的早商文化之青铜器④,因而我们没有理由认为月氏人与东方文明处于相互隔绝的状态。

关于月氏故地的问题,林梅村先生通过语音变迁得出的结论——月氏牧地的东部边界位于巴里坤山一带,但对于月氏西部边界的看法笔者难以赞同。林先生在《吐火罗人与龙部落》一文中,引用陈梦家先生的研究成果,认定敦煌设立郡县乃是元封四年或五年之事(即公元前 107 或公元

①　林梅村:《大月氏人的原始故乡——兼论西域三十六国之起源》,《西域研究》2013 年第 2 期。

②　林梅村:《吐火罗人与龙部落》,《西域研究》1997 年第 1 期。

③　韩康信等:《中国西北地区古代居民种族研究》,复旦大学出版社 2005 年版,第 245—248 页。

④　韩建业:《新疆的青铜时代和早期铁器文化时代》,文物出版社 2007 年版,第 109 页。

前 106 年），那么元朔元年（公元前 128 年）回国述职的张骞所提及之敦煌不一定是大多数研究者所认为的敦煌郡望之所在。进而考证敦煌乃《山海经·北山经》所言之敦薨之山，亦为《汉书·西域传》所说之单桓国得名之山，即现在之天山东部最高峰博格达山，而与敦煌读音相近的吐火罗语乃"高"之意，与之暗合①。此说看似有道理，然而察诸所载事件与敦煌地区最为密切之《大宛列传》，则其中关于敦煌的记载如下：

（太初元年）而关东蝗大起，蜚西至敦煌……

（贰师将军）引兵而还。往来二岁。还至敦煌，士不过什一二。使使上书言："道远多乏食；且士卒不患战，患饥。人少，不足以拔宛。原且罢兵，益发而复往。"天子闻之，大怒，而使使遮玉门，曰军有敢入者辄斩之！贰师恐，因留敦煌。

……

（武帝）乃案言伐宛尤不便者邓光等，赦囚徒材官，益发恶少年及边骑，岁余而出敦煌者六万人，负私从者不与。

……

（武帝）益发戍甲卒十八万，酒泉、张掖北，置居延、休屠以卫酒泉，而发天下七科适，及载给贰师。转车人徒相连属至敦煌。

……

初，贰师起敦煌西，以为人多，道上国不能食，乃分为数军，从南北道。

显然，《史记·大宛列传》中只提及一个敦煌，这个敦煌在玉门关外不远之处，在太初元年曾罹蝗虫之害，也是贰师将军李广利大军驻扎休憩之地。那么这里显然不是一座高山。此外，《汉书·地理志》对汉代河西诸郡的历史沿革与周围环境也有所描述：

———————

① 林梅村：《吐火罗人与龙部落》，《西域研究》1997 年第 1 期。

天水郡，武帝元鼎三年置。莽曰填戎。明帝改曰汉阳。户六万三百七十，口二十六万一千三百四十八。县十六：……冀，《禹贡》朱圉山在县南梧中聚……

武威郡，故匈奴休屠王地。武帝太初四年开。莽曰张掖。户万七千五百八十一，口七万六千四百一十九。县十：姑臧，南山，谷水所出，北至武威入海，行七百九十里。张掖，武威，休屠泽在东北，古文以为猪野泽。休屠，莽曰晏然。都尉治熊水障。北部都尉治休屠城…媪围，苍松，南山，松陕水所出，北至揟次入海……

张掖郡，故匈奴昆邪王地，武帝太初元年开。莽曰设屏。户二万四千三百五十二，口八万八千七百三十一。县十：觻得，千金渠西至东涫入泽中。羌谷水出羌中，东北至居延入海，过郡二，行二千一百里…删丹，桑钦以为道弱水自此，西至酒泉合黎……居延，居延泽在东北，古文以为流沙……

酒泉郡，武帝太初元年开。莽曰辅平。户万八千一百三十七，口七万六千七百二十六。县九：禄福，呼蚕水出南羌中，东北至会水入羌谷。莽曰显德……天陕，玉门，莽曰辅平亭。

……敦煌郡，武帝后元年分酒泉置。正西关外有白龙堆沙，有蒲昌海。莽曰敦德。户万一千二百，口三万八千三百三十五。县六：敦煌。中部都尉治步广侯官。杜林以为古瓜州地，生美瓜。莽曰敦德。冥安，南籍端水出南羌中，西北入其泽，溉民田…宜禾都尉治昆仑障。莽曰广桓。龙勒。有阳关、玉门关，皆都尉治。氐置水出南羌中，东北入泽，溉民田。

……安定郡，武帝元鼎三年置。户四万二千七百二十五，口十四万三千二百九十四。县二十一：高平，莽曰铺睦。复累，安俾，抚夷，莽曰抚宁。朝那，有端旬祠十五所，胡巫祝，又有湫渊祠。泾阳，开头山在西，《禹贡》泾水所出，东南至阳陵入渭，过郡三，行千六十里，雍州川。临泾，莽曰监泾。卤，灅水出西。乌氏，乌水出西，北入河。都卢山在西。莽曰乌亭。阴密，《诗》密人国。有瘖安

亭。安定，参，主骑都尉治。三水，属国都尉治。有盐官……爰得，
朐卷，河水别出为河沟，东至富平北入河……月氏道。莽曰月顺。

上述对汉代河西地区地望的记录中并无一言提及敦煌郡附近之高山，
在张掖及酒泉郡望之内亦不见祁连山之名。故林先生称彼时祁连山非此
时之祁连山乃于史书有据，而称彼时敦煌并非汉朝之敦煌郡则无凭。退
一步而言，即使司马迁笔下实际存在着两个"敦煌"，我们也不能证明史
书中摘录的正是未经史学家润色的张骞本人之言语而非司马迁以后世地名
指当时地名的行为。因此本书认为月氏之故地正是巴里坤草原至汉代敦煌
郡之间的广阔草原，这也与《史记》对大月氏迁徙后依然有"控弦者可
一二十万"的势力之描述相当。①

《史记·大宛列传》称月氏"行国也，随畜移徙，与匈奴同俗"，这
段记载乃是探讨月氏社会形态及其文化特征的重要依据。关于匈奴各部之
习俗，《史记·匈奴列传》是这样描述的：

> ……唐虞以上有山戎、猃狁、荤鬻，居于北蛮，随畜牧而转移。
> 其畜之所多则马、牛、羊，其奇畜则橐驼、驴、□、□駃騠、□驹
> 駼、驒騱。逐水草迁徙，毋城郭常处耕田之业，然亦各有分地。毋
> 文书，以言语为约束。儿能骑羊，引弓射鸟鼠；少长则射狐兔；用为
> 食。士力能毌弓，尽为甲骑。其俗，宽则随畜，因射猎禽兽为生业，
> 急则人习战攻以侵伐，其天性也。其长兵则弓矢，短兵则刀鋋。利
> 则进，不利则退，不羞遁走。苟利所在，不知礼义。自君王以下，
> 咸食畜肉，衣其皮革，被旃裘。壮者食肥美，老者食其余。贵壮健，
> 贱老弱。父死，妻其后母；兄弟死，皆取其妻妻之。其俗有名不讳，
> 而无姓字。

---

① 从《汉书·霍去病传》对霍去病征匈奴之休屠王与浑邪王的记载来看，汉代小月氏人
居住的南山很可能就是现代之祁连山。

如果与匈奴同俗，那么此时的月氏人的主要生计方式是游牧，同时从事少量以城郭为中心的绿洲农业，没有文字。普通的月氏男子自幼习骑射，成年后即为部族的战士，其婚俗、政治制度也与匈奴相似：

淳维以至头曼千有余岁，时大时小，别散分离，尚矣，其世传不可得而次云。然至冒顿而匈奴最彊大，尽服从北夷，而南与中国为敌国，其世传国官号乃可得而记云。置左右贤王，左右谷蠡王，左右大将，左右大都尉，左右大当户，左右骨都侯。匈奴谓贤曰"屠耆"，故常以太子为左屠耆王。自如左右贤王以下至当户，大者万骑，小者数千，凡二十四长，立号曰"万骑"。诸大臣皆世官。呼衍氏，兰氏，其后有须卜氏，此三姓其贵种也。诸左方王将居东方，直上谷以往者，东接秽貉、朝鲜；右方王将居西方，直上郡以西，接月氏、氐、羌；而单于之庭直代、云中：各有分地，逐水草移徙。而左右贤王、左右谷蠡王最为大，左右骨都侯辅政。诸二十四长亦各自置千长、百长、什长、裨小王、相、封都尉、当户、且渠之属。

岁正月，诸长小会单于庭，祠。五月，大会茏城，祭其先、天地、鬼神。秋，马肥，大会蹛林，课校人畜计。其法，拔刃尺者死，坐盗者没入其家；有罪小者轧，大者死。狱久者不过十日，一国之囚不过数人。而单于朝出营，拜日之始生，夕拜月。其坐，长左而北乡。日上戊己。其送死，有棺椁金银衣裘，而无封树丧服；近幸臣妾从死者，多至数千百人。举事而候星月，月盛壮则攻战，月亏则退兵。其攻战，斩首虏赐一卮酒，而所得卤获因以予之，得人以为奴婢。故其战，人人自为趣利，善为诱兵以冒敌。故其见敌则逐利，如鸟之集；其困败，则瓦解云散矣。战而扶舆死者，尽得死者家财。后北服浑庾、屈射、丁零、鬲昆、薪犁之国。于是匈奴贵人大臣皆服，以冒顿单于为贤。①

---

① （汉）司马迁：《史记》，中华书局 1959 年版，第 2879—2919 页。

在春秋时代，匈奴似乎正处于各部"分散居谿谷，自有君长"的部落社会，各个部落"时大时小""分散别离"并"世传不可得而次云"。尤其在战国晚期，匈奴社会中出现了所谓的"王"，其权力大小尚不得而知。[①] 头曼单于统治时期，作为匈奴各部首领的头曼已经有权柄使孑然一身自月氏逃归的冒顿"将万骑"，杀父自立的冒顿单于则可以斩杀在东胡土地问题上群臣"诸言予之者"及对东胡战争中畏葸不前的匈奴民众。显然上述行为只能出现在一个组织严密、等级森严的政治体系中。冒顿单于制服北地后所建立的也是一套包括"世官"和"贵种"，并"各有分地"的完善的具有"封建性"的政治体制。在这一体制下，单于应在每年的正月、五月召集自置官吏以治理其封土的诸地方长官参与祭祀活动，这似乎可以看作是一种单于对匈奴上层贵族，尤其是各部落军事首长的政治笼络行为；九月秋高马肥之时，各地长官要向单于报告领地内的人口和畜产之状况，这显然是一种对这些完全独立于单于发号施令的军事贵族们加以监视和约束的举动。考虑到冒顿在月氏处当人质的经历，笔者认为，这一系列完善的体制并非冒顿的发明，而是他从月氏王庭处有样学样的结果。作为这一结论的衍生推论，我们可以认为头曼单于在月氏的政治组织之中也处于类似匈奴"二十四长"的地位，而且"头曼"这一源于吐火罗语"万户长"的名字也很有可能是匈奴单于在月氏政治体系中的头衔或官名，而非冒顿单于父亲的真名。另一个匈奴政治体制源于月氏的证据则是小官"且渠"之称号，前引林梅村先生文章已经指出此为吐火罗语"头领"之意，故此官名当是一处对月氏官名的直接引用。因此，与其说月氏与匈奴同俗，倒不如说匈奴之政大体源于月氏。而匈奴习俗中重天象、祭天、对金银极为重视、大规模的殉葬、"得人为奴婢"乃至以所杀敌人之头盖为饮器等部分也为东西方古代草原游牧民族所共有[②]，这些习俗正是塞人的习俗。因此这不仅说明月氏与塞人关系密切，而且也能说明匈奴与月氏之

---

① （汉）司马迁：《史记》，中华书局 1959 年版，第 2439—2458 页。

② 参见希罗多德《历史》第二章对斯基泰人的描述。

间的密切关系，因此未西迁前的月氏实际上是一个拥有严密政治、经济和社会体系的政权名称。

第二节　月氏沿丝绸之路的西迁

在公元前 3 世纪末至前 2 世纪中后期发生的大月氏西迁很可能是这一古老民族漫长历史中发生的一系列迁徙中唯一留下文字记载的一次，因此这次迁徙也有着最为重大的历史意义，甚至有学者认为这一次迁徙直接影响了未来数个世纪的中亚以及东亚的历史进程[1]。因此以这些文献记载为基础，探讨月氏在丝绸之路上的迁徙与融合，将为我们今天的民族交往交流交融提供古代范例。

一、月氏迁徙时间

首先有必要确定月氏迁徙的时间。《史记》与《汉书》中与匈奴西击月氏及与月氏西迁相关时间之事的记载大抵如下，彼此间亦有矛盾之处：

> （冒顿单于破东胡后）既归，西击走月氏[2]，南并楼烦、白羊河南王。
>
> ……（冒顿）单于遗汉书曰：……今以小吏之败约故，罚右贤王，使之西求月氏击之。以天之福，吏卒良，马彊力，以夷灭月氏，尽斩杀降下之。定楼兰、乌孙、呼揭及其旁二十六国，皆以为匈奴。诸引弓之民，并为一家
>
> ……（孝文帝立四年，匈奴遣使赍上述之书于汉）以六月中来至薪望之地。书至，汉议击与和亲孰便。公卿皆曰：单于新破月氏，乘

---

① ［美］克雷格·本雅明：《有大批的游牧武士正在逼近——征服希腊—巴克特里亚，世界史上的第一件大事》，孙岳译，《全球史评论》2012 年第 10 期。

② 日本学者藤田丰八等人认为冒顿单于击走月氏事即月氏第一次西迁。

胜，不可击。①

（张骞）抵康居，康居传致大月氏。大月氏王已为胡所杀，立其太子（《汉书·张骞李广利传》作夫人）为王。既臣大夏而居，地肥饶，少寇，志安乐，又自以远汉，殊无报胡之心。骞从月氏至大夏，竟不能得月氏要领……留岁余，还，并南山，欲从羌中归，复为匈奴所得。留岁余，单于死，国内乱，骞与胡妻及堂邑父俱亡归汉。

……（大月氏）故时彊，轻匈奴，及冒顿立，攻破月氏，至匈奴老上单于，杀月氏王，以其头为饮器。始月氏居敦煌、祁连间，及为匈奴所败，乃远去，过宛，西击大夏而臣之，遂都妫水北，为王庭。

……骞既失侯，因言曰："臣居匈奴中，闻乌孙王号昆莫，昆莫之父，匈奴西边小国也。匈奴攻杀其父，而昆莫生弃于野。乌嗛肉蜚其上，狼往乳之。单于怪以为神，而收长之。及壮，使将兵，数有功，单于复以其父之民予昆莫，令长守于西。昆莫收养其民，攻旁小邑，控弦数万，习攻战。单于死，昆莫乃率其众远徙，中立，不肯朝会匈奴。匈奴遣奇兵击，不胜，以为神而远之，因羁属之，不大攻。②

骞既失侯，因曰："臣居匈奴中，闻乌孙王号昆莫。昆莫父难兜靡本与大月氏俱在祁连、敦煌间，小国也。大月氏攻杀难兜靡，夺其地，人民亡走匈奴。子昆莫新生，傅父布就翕侯抱亡置草中，为求食，还，见狼乳之，又乌衔肉翔其旁，以为神，遂持归匈奴，单于爱养之。及壮，以其父民众与昆莫，使将兵，数有功。时，月氏已为匈奴所破，西击塞王。塞王南走远徙，月氏居其地。昆莫既健，自请单于报父怨，遂西攻破大月氏。大月氏复西走，徙大夏地。昆莫略其众，因留居，兵稍强，会单于死，不肯复朝事匈奴。匈奴遣

---

① （汉）司马迁：《史记》，中华书局1959年版，第2879—2919页。
② （汉）司马迁：《史记》，中华书局1959年版，第3157—3180页。

兵击之，不胜，益以为神而远之。"①

　　乌孙国……本塞地也，大月氏西破走塞王，塞王南越县度。大月氏居其地。后乌孙昆莫击破大月氏，大月氏徙西臣大夏，而乌孙昆莫居之，故乌孙民有塞种、大月氏种云。②

　　从上述引文可以看出，匈奴与月氏互相攻击始于冒顿单于统治时期。据《史记·匈奴列传》，蒙恬死后不久，匈奴依然处于头曼单于治下，因而冒顿单于继位当在秦二世统治时期。不过冒顿卒于文帝前元六年则于《史记》《汉书》中确实有据，故冒顿统治时期大致为约公元前 209—前 174 年。杀月氏王、以其头为饮器并迫使大月氏迁徙的老上单于之统治始于冒顿死后不久，故其继位之年争议不大，唯学界对其薨逝之年较为关注。《史记》中记载老上单于卒于文帝后元六年，其子军臣单于即位之初仍然保持着和亲关系，但在继立四年后便与汉朝断绝和亲。《汉书·匈奴传》将其断绝和亲的时间点改为继位一年后。据藤田丰八考证，这一更改与文帝后元六年冬，匈奴 3 万入上郡、3 万入云中之事相关。藤田则由此认定老上单于当卒于公元前 161 年，并将月氏第二次西迁定于该年之前③。不过笔者对此难以认同，因为此说并没有考虑到即使双方和亲而匈奴一部或多部亦有可能在自然灾害频发的冬季因饥寒交迫而寇边之情形。而且与一个多世纪后成书的《汉书》相比，《史记》的记事似乎更加具有权威性。

二、月氏两次西迁

　　月氏第一次西迁之落脚点及第二次西迁与乌孙国昆莫的故事密切相关。《史记》中对乌孙昆莫以及张骞言行之描述与《汉书》迥异，原因很可能是因为班固基于对西域的深刻了解而对《史记》之记事加以附会，故其记录的西域各国相互攻伐的内容之真实性很有可能胜过《史记》。据

---

① （汉）班固：《汉书》，中华书局 1962 年版，第 2687—2698 页。
② （汉）班固：《汉书》，中华书局 1962 年版，第 3901—3911 页。
③ ［日］藤田丰八：《西域研究》，山西人民出版社 2015 年版，第 88 页。

《汉书》所述，杀死难兜靡者乃大月氏①，月氏为匈奴所迫西迁后占领故塞地（即今伊犁河流域），昆莫以替父报仇为由而在匈奴支持下再次逐走大月氏，以此地为根据地发展壮大，并以单于之死为契机实现独立。巧合的是，张骞也是由于一位单于的逝世导致的内乱才能第二次从匈奴处脱困并归汉。如果双方遭遇的是同一位单于，那么困于匈奴与羌边界的张骞便不太可能得知昆莫因单于之死而不朝事匈奴，以及匈奴因此发动对乌孙之征讨及败绩的故事。察诸史料，这位时间与张骞出使西域重叠而身后引发内乱的匈奴单于正是卒于元朔二年冬（公元前 126 年）的军臣单于，那么昆莫所能遇到的单于便有极大概率是将月氏逐出故地的老上单于了②。如此，大月氏的第二次西迁必然在老上逝世的公元前 158 年前后。笔者认为，不妨将月氏第一次西迁的时间设定于老上单于即位之初，此时月氏已经为冒顿单于所重创，实力大减，原本从属于月氏的各部逐渐开始西迁。老上继承乃父遗志追杀穷寇，率领包括青年昆莫所辖乌孙人口在内的联军一举击溃了护卫月氏王庭之最后武力，甚至杀死了月氏王本人，最终迫使月氏完全撤出河西地区。在老上统治晚期，逐渐强盛的乌孙以讨伐月氏为借口，在匈奴的帮助下将月氏逐出塞地。包括月氏西迁时征服的塞人在内的一部分月氏所属人口为乌孙所获，肥沃的伊犁河谷也成为乌孙完全脱离匈奴的经济基础。再度西迁的大月氏很快征服了阿姆河流域并凭借武力控制了富庶的大夏，对这一诸城林立地区的全面攻击自然耗费了相当的时间，而且这一次成功的军事行动恐怕也并不意味着希腊—巴克特里亚的毁灭。如前

---

① 即使《汉书》记载较《史记》而言看似合理，然而杀父立子之事并非没有先例，如汉朝在楼兰之所为，故对此记载仍然可以存疑。

② 虽然从时间上而言，此单于为军臣单于的可能性也存在，然而军臣单于死后匈奴发生内乱，张骞也是趁乱逃离匈奴处，并且没有提及张骞目睹了伊稚斜单于的继位，而且内乱中的匈奴能否大举征伐已经强盛起来的乌孙也非常可疑。最重要的是，此内乱在昆莫故事中并未提及。如果以老上单于在位时间较短而否定昆莫建立如许之大功业的情形，那么我们也不能忘记霍去病之功绩。《史记·卫青霍去病传》载，"青壮，为侯家骑"，卫青壮为贵胄之童骑（青年侍从骑手），可见壮并不作现今之壮年解，同理适用于昆莫。

引述，在《史记》成书的公元前 1 世纪初，大月氏王庭仍然没有迁入大夏首都蓝氏城。当然也可以认为大夏为大月氏所灭亡的消息在张骞归国后近 30 年中都无法为司马迁乃至汉廷所知，不过从目前的考古成果来看，尤其是出土的希腊—巴克特里亚钱币来看①，这一推测可能性并不大。

关于月氏西迁路线，有三种不同观点：第一种观点认为月氏被匈奴击败后，向西南经青海柴达木盆地，沿着昆仑山北麓越葱岭征服大夏。② 第二种观点认为月氏是从敦煌、祁连间沿天山北麓迁到伊犁河流域，经过若干年后受到乌孙打击，始南行到大夏。③ 第三种观点认为月氏在进入罗布泊、楼兰后，分成两路：一路经焉耆入天山进巩乃斯川进入伊犁；一路经库车、阿克苏等越拔达岭而至伊塞克湖一带。④ 本书作者认为：月氏沿塔里木盆地的绿洲丝绸之路中线（指沿天山南麓）西迁巴克特利亚的可能性较大。理由如下：第一，遍布塔里木盆地天山南麓的塞人是月氏西迁的依靠。月氏生活时代，塞人已经遍布塔里木盆地和伊犁河流域。月氏和乌孙作为有塞人成分且数量不少的政权或民族居于塞人最东部，其中乌孙主要势力范围在东天山北部及河西走廊西部北端，月氏的势力范围则在东天山南部及河西走廊西部南端。关于此点本书已经在乌孙、斯基泰人等章节中论述过。那么月氏作为塞人政权之一，它在遭受匈奴和乌孙打击时首先要考虑的事情是如何西迁才能生存的问题，而遍布塔里木盆地天山南麓的塞种人是可以依靠或支持的对象。因为毕竟月氏与塞种关系密切。第二，从河西走廊西部直接进入塔里木盆地更为便捷。河西走廊西部与塔里木盆地在同一纬度，直线连接，生态环境相同，易于月氏人迁徙。而天山北部则是乌孙的活动中心地带，更会遭受强大的阴力。第三，羌人建立的若干小

---

① 巴克特里亚及北印度地区的末代希腊王赫尔墨乌斯在位年代约在公元前 75—前 55 年或约公元前 40—公元 1 年。

② 王国维：《月氏未西徙大夏时故地考》，《观堂别集》卷一。转引李芳《建国以来月氏、乌孙研究综述》，《西域研究》2010 年第 3 期。

③ 杨建新：《中国西北少数民族史》，第 77 页。转引李芳《建国以来月氏、乌孙研究综述》，《西域研究》2010 年第 3 期。

④ 苏北海：《大月氏的西迁及其活动》，《新疆大学学报》1989 年第 2 期。

国分布在塔里木盆地的昆仑山、哈喇昆仑山北麓区域，小月氏虽与羌人关系密切，但大月氏则与塞种关系更为密切。因此鉴于以上三点，月氏更有可能直接穿越塔里木盆地的天山南麓进入帕米尔高原醇西侧巴克特利亚（大夏），最终在这里建立了贵霜帝国。

第三节 月氏沿丝绸之路西迁中的族群关系

与大月氏人第一次西迁有所关联的族群包括匈奴、乌孙、塞种等，他们之间存在着明确的军事对抗关系。第二次西迁后，由于大月氏人所占据的阿姆河流域作为中亚文明的一处核心区域有着得天独厚的自然及人文环境，其与西域各国彼此间的交流更为密切，最终在吸收当地文明之文化特质的基础上发展出属于自己的贵霜文明。淹留于故地的另一部分月氏人则与羌人和中原王朝建立了密切的关系，并最终成为中国历史之一部分。由于这种关系建立的前提是西迁所致，因此可以视为月氏西迁中族群关系的一部分加以考察。

一、月氏与匈奴、乌孙的关系

按史书中记载，月氏与匈奴和乌孙的关系似乎远远超出了恶劣的范畴，几乎可以用"世仇"来形容，而这一世仇的开端则源于冒顿单于的故事：

> （头曼）单于有太子名冒顿。后有所爱阏氏，生少子，而单于欲废冒顿而立少子，乃使冒顿质于月氏。冒顿既质于月氏，而头曼急击月氏。月氏欲杀冒顿，冒顿盗其善马，骑之亡归。[1]

如前所述，头曼乃吐火罗语"万骑""万户"之意，而头曼单于质子

---

[1] （汉）司马迁：《史记》，中华书局 1959 年版，第 2879—2919 页。

于月氏之举也体现了匈奴对月氏的从属关系。不过从头曼的借刀杀人之计及后续故事来看，这种从属关系并不稳固，而且很可能因双方实力对比出现变化而结束。在头曼单于统治时期，其实力已经超出了"万户"的规模，这恐怕也是冒顿单于能够击破东胡、月氏，使"匈奴贵族大臣皆服"的根本原因。

匈奴对月氏的压迫和打击在冒顿单于统治后期和老上单于即位之初臻于顶峰，晚年的冒顿在去世前不久送达汉廷的书信中称自己"以小吏败约故①，罚右贤王，使之西求月氏击之。以天之福，吏卒良，马彊力，以夷灭月氏，尽斩杀降下之"，老上单于在位期间杀月氏王并以其头为饮器，迫使月氏迁徙塞人之地以避其锋芒。在匈奴的支持下，昆莫率领乌孙人以报父仇的名义再次来袭。夺取塞人土地不久而立足未稳的月氏人匆忙离去，甚至没有来得及带走全部民众，落队的月氏人和塞人很快便被整合入乌孙之中，故而汉书《西域传》乌孙条特别提及"乌孙民有塞种、大月氏种云"，我们也可以由这一记载推测月氏最初为匈奴所击破时一部分月氏人的命运。至张骞于公元前 130 年前后抵达妫水北岸的月氏王庭时，当政之王子（《汉书》作女王）似乎仍然对匈奴的强大心有余悸。而且阿姆河流域土地肥沃，流寓于此的大月氏人已然习惯了安定富足的生活，故对张骞的使命显得漠不关心。直到贵霜帝国建立之前，大月氏都对康居以东的西域纷争淡然处之②，甚至在邻近的康居为乌孙郅支单于侵夺时仍然无动于衷③。

在第二次迁徙后，大月氏人所处的环境有了很大的改善，如《史记·大宛列传》记载，其时大月氏国周边环境大抵如此：

匈奴右方居盐泽以东，至陇西长城，南接羌，鬲汉道焉。

---

① 当指文帝前元十四年匈奴入寇，杀北地都尉昂之事，见《汉书·文帝纪》。

② 《后汉书·西域传》记载，直到公元 1 世纪中后期时才发生了贵霜王支持臣磐夺取疏勒国王位的事件。（宋）范晔：《后汉书》，中华书局 1965 年版。

③ （汉）班固：《汉书》，《傅常郑甘陈段传》《匈奴传》《下西域传·上》。

乌孙在大宛东北可二千里，行国，随畜，与匈奴同俗。控弦者数万，敢战。故服匈奴，及盛，取其羁属，不肯往朝会焉。

康居在大宛西北可二千里，行国，与月氏大同俗。控弦者八九万人。与大宛邻国。国小，南羁事月氏，东羁事匈奴。

……大月氏在大宛西可二三千里，居妫水北。其南则大夏，西则安息，北则康居。

可见在《史记》成书之时，大月氏已经征服了南方人口盛而财物殷富的大夏，其国土东部有大宛、东北有康居为其屏障，足以隔绝匈奴和乌孙的袭扰；西面强盛的安息正与罗马共和国争霸于东地中海和叙利亚而无暇东顾。故大月氏享受了近二百年的和平与发展，其生计方式也逐渐当地化，如《汉书·西域传》记载：

罽宾国，王治循鲜城，去长安万二千二百里。不属都护。户口胜兵多，大国也……西北与大月氏、西南与乌弋山离接。昔匈奴破大月氏，大月氏西君大夏，而塞王南君罽宾。塞种分散，往往为数国。自疏勒以西北，休循、捐毒之属，皆故塞种也。

……罽宾地平，温和，有目宿、杂草、奇木、檀、槐、梓、竹、漆。种五谷、蒲陶诸果，粪治园田。地下湿，生稻，冬食生菜。其民巧，雕文刻镂，治宫室，织罽，刺文绣，好酒食。有金、银、铜、锡，以为器。市列。以金银为钱，文为骑马，幕为人面。

……乌弋山离国，王去长安万二千二百里。不属都护。户口胜兵，大国也。东北至都护治所六十日行，东与罽宾、北与扑挑、西与犁靬、条支接……乌弋地暑热莽平，其草木、畜产、五谷、果菜、食饮、宫室、市列、钱货、兵器、金珠之属皆与罽宾同，而有桃拔、狮子、犀子。俗重妄杀。其钱独文为人头，幕为骑马。以金银饰杖。

……安息国，王治番兜城，去长安万一千六百里。不属都护。北与康居、东与乌弋山离、西与条支接。土地风气，物类所有，民俗与乌弋、罽宾同亦以银为钱，文独为王面，幕为夫人面。王死辄更铸钱。

……大月氏国，治监氏城，去长安万一千六百里。不属都护。户十万，口四十万，胜兵十万人。东至都护治所四千七百四十里，西至安息四十九日行，南与罽宾接。土地风气，物类所有，民俗钱货，与安息同。出一封橐驼。

显然，此时的大月氏国早已不再是当年的"行国"，其人民同周边的几个大国一样以先进的绿洲农业、畜牧业以及发达的商业和手工业为主要的生计手段。随着经济基础的改变，大月氏社会很可能还发生了其他的变化，当代最为著名的中亚考古成果之一的罗巴塔克石碑之碑文[①]就相当值得参考：

1. ……伟大的拯救者、贵霜的迦腻色伽，正义、公正、君主、值得崇拜的神

2. 他已从娜娜（Nara）及所有众神那里获得了王权他已开创了纪元元年

3. 如神所愿。而且他颁布了一项希腊文诏令（并且）随即将它推行到雅利安（Aryan）人当中

4. 在纪元元年已经对印度和刹帝利诸城宣布，征服了

5. ……和……和娑枳多（Sāketa），和桥赏弥（Kauśāmbī），和华氏城（Pataliputra），远至室利·瞻波（Śrī-Campā）

6. 在他和其他将军们所到的任何（城市）（他）使（它们）屈从于（他的）意志，而且他使全

7. 印度屈从于（他的）意志。随后迦腻色伽王命令边地领主沙

<hr />

① 此为赵玲及罗帅据西姆斯·威廉姆斯英文译本转译，见载于赵玲《罗巴塔克碑铭与早期贵霜王问题》及《解读印度贵霜早期国王和年代的重要实物依据——腊跋闼柯贵霜碑铭评述考》，《湖南工业大学学报》（社会科学版）2012 年第 5 期。

法尔（Shafar）

8. 在这个地方建造名为巴格—阿布（Bage-ab）的神庙，位于迦施格（Kasig）平原，为这些神

9. 他们已经加入到光荣的乌摩（Umma）引导仪式中来，这些神（是）上述提到的娜娜和

10. 上述提到的乌摩、阿胡拉·马兹达（Aurmuzd）、Muzhduwan、斯罗施哈德 Sroshard）——印度人称其为摩诃舍那（Mahāsena）或毗舍佉—纳尔瑟（Viśākha-Narasa）、（和）密特拉（Mihir）而且他

11. 下令制作与这些铭刻在上的相同的神的肖像，并且

12. 他下令制作这些王（的肖像）：库朱拉·卡德菲赛斯（Kujula Kadphises）王，（他的）曾

13. 祖父；和维马·塔克图（Vima Taktu）王，（他的）祖父和维马·卡德菲赛斯（Vima Kadphises）王

14. （他的）父亲；和他本人，迦腻色伽（Kanishka）王。然后，作为众王之王、诸神之子

15. 迦腻色伽下达了命令，边地领主沙法尔（Shafar）建造这个神庙

16. 边地领主白阿什（Pyash），边地领主沙法尔（Shafar），和hashtwalg 努昆祖克（Nukunzuk）

17. 执行王的命令。祈这些铭刻于此的神［护佑］

18. 众王之［王］，贵霜的迦腻色伽，永远健康、幸运、（和）胜利！19 以及王，诸神之子从纪元元年到六年一直致力于征服整个印度

20. ［所以］此神庙建于纪元元年；然后，在第三年也……

21. ……遵照王的命令，许多仪式被资助，许多侍从被捐献，许多…［被］

22. ［捐献而且］［迦腻色伽］王将该城堡献给诸神，并提供给在

巴格—［阿布］里……的这些自由民……

正如这件铭文中所显示，月氏人广泛地吸纳了希腊化的当地文化（至迦腻色伽时期依然要使用希腊文诏书）、来自安息的政治组织形式（假定边地领主类似于罗马和安息的总督一职）和琐罗亚斯德信仰（文中出现的阿胡拉玛兹达乃是琐罗亚斯德教主神）连印度的神明也开始进入贵霜人的精神世界。这也可以从出土的前期贵霜帝国钱币中得到验证，最早的贵霜钱币形制之一就是在末代希腊王赫尔墨乌斯（在位时间约公元前 75—前 55 年或约公元前 40—公元 1 年）之钱币背面增刻佉卢文字母。在第一代贵霜王丘就却时期，除了一种正面为公牛、背面为骆驼，并附有名为"nandipada"的古老印度皇冠符号者之外，其余形式的丘就却铸币之正面图案均为希腊式，包括宙斯神（背面是盘坐之丘就却王）、赫尔墨乌斯王半身像（此种形制铸币的背面乃是赫拉克勒斯神）以及罗马皇帝全身像。其孙维玛·卡德费塞斯的金银铸币中有以国王与印度教大神湿婆并立图像为正面图案的品种，其铜铸币之背面图案则统一为琐罗亚斯德教之圣火坛。迦腻色迦一世时期，除了上述元素外，佛陀也成为金银铸币图像的选择之一。此外，在这一时期，以希腊字母拼写的巴克特里亚语逐渐取代了希腊语和佉卢文成为钱币铭文使用的语言①。这也标志着在希腊—巴克特里亚、波斯以及印度文化基础上融汇而成的贵霜文化的多元性。

二、小月氏与周边的关系

西迁之路上的月氏人或者为匈奴—乌孙所俘获并融合，或者跟随迁徙的大部队抵达阿姆河流域，成为中亚历史的一部分。没有加入西迁的月氏人也有着自己的归宿，如《史记·大宛列传》："始月氏居敦煌、祁连间，及为匈奴所败，乃远去，过宛，西击大夏而臣之，遂都妫水北，为王

---

① 王丹：《贵霜帝国和贵霜钱币》，《中国钱币》1998 年第 1 期。

庭。其余小众不能去者，保南山羌，号小月氏。"在汉武帝时期，羌中之地为汉朝对匈奴用兵的必经之地，故而汉朝便与寄居的小月氏发生了联系，如《汉书·卫青霍去病传》记载：

> 去病至祁连山，捕首虏甚多。上曰："骠骑将军涉钧耆，济居延，遂臻小月氏，攻祁连山，扬武乎鱳得①，得单于单桓、酋涂王，及相国、都尉以众降下者二千五百人，可谓能舍服知成而止矣。"

此处之鱳得显然就是前引之《汉书·地理志》张掖郡条下之"鱳得"县，县境有千金渠及羌谷水，羌谷水注入居延海。据著名学者榎一雄考证，此时小月氏居住地区即今湟水流域②。由于汉朝在这一地区展现出的强劲实力，小月氏的一些首领自此采取了亲汉政策，如《史记·建元以来侯者年表》记载：

> 騠兹，以小月氏若苴王将众降，侯。（元封）四年十一月丁卯，侯稽谷姑元年。太初元年，侯稽谷姑薨，无后，国除。
>
> 瓡讘，以小月氏王将众千骑降，侯。（元封）四年正月乙酉，侯扜者元年。（元封）六年，侯胜元年。

此事在《汉书·景武昭宣元成功臣表》中记载更为详细：

> 騠兹侯稽谷姑，以小月氏右苴王将众降，侯千九百户。（元封）

---

① 榎一雄并不认为汉代之祁连与当代之祁连位置不同，并认为大月氏西迁时小月氏并未移动，然而其亦未解释祁连不见于《汉书·地理志》一事。无论汉代之祁连指何处，小月氏所居南山羌地区都是必经之路。在笔者看来，基于匈奴月氏之间的仇恨，小月氏很可能只是退保南山羌地区，而非曾经久居此地。

② ［日］榎一雄：《小月氏与尉迟氏》（上），斯英琦、徐文堪译，《民族译丛》1980年第3期。

四年十一月丁未①封，三年，太初元年薨，亡后，国除。

瓡讘侯扞者，以小月氏王将军众千骑降，侯七百六十户。(元封)四年正月乙酉封，二年薨。六月，侯胜嗣，五年，天汉二年薨，制所幸封，不得嗣。河东。

这一亲密关系在昭宣时期逐渐凸显的汉羌冲突中表现得尤为明显，此一时期的小月氏开始成为汉朝镇抚西羌的重要助力，如《汉书·赵充国辛庆忌传》记载：

> 今诏破羌将军武贤将兵六千一百人，敦煌太守快将二千人，长水校尉富昌、酒泉候奉世将婼、月氏兵四千人，亡虑万二千人。赍三十日食，以七月二十二日击罕羌，入鲜水北句廉上，去酒泉八百里，去将军可千二百里。将军其引兵便道西并进，虽不相及，使虏闻东方北方兵并来，分散其心意，离其党与，虽不能殄灭，当有瓦解者。

此时为汉宣帝神爵元年（公元前61年），宣帝命冯奉世将兵支援赵充国、武贤主动击羌之事。若冯所属之婼羌、月氏兵4000人中有一半为月氏人，则按照一户5人，三丁抽一的古代常见征兵原则来看，此时归附汉朝之小月氏人至少已有万余。当然，作为汉朝在河西地区的竞争者，匈奴也没有放弃争取小月氏人的努力，如赵充国便指出"至征和五年，先零豪封煎等通使匈奴，匈奴使人至小月氏，传告诸羌曰：'汉贰师将军众十余万人降匈奴。羌人为汉事苦。张掖、酒泉本我地，地肥美，可共击居之。'以此观匈奴欲与羌合，非一世也。"而且"疑匈奴更遣使至羌中，道从沙阴地，出盐泽，过长坑，入穷水塞，南抵属国，与先零相直。"故赵充国

---

① 据榎一雄证，元封四年十一月无丁卯，故《史记》之时间记录有误。《小月氏与尉迟氏》（上），《民族译丛》1980年第3期。

要求汉廷"宜及未然为之备"。就在其提出这一见解后不久，小月氏种的狼何羌便果真向匈奴借兵以击鄯善。此后光禄大夫义渠安国借召集先零羌诸豪开会之机大举屠杀其中所谓"桀黠"者的举动更加激化了双方的矛盾，最终引发了以归义羌侯杨玉为首的羌人起义。

东汉时期的小月氏人实力更加雄厚，与汉廷之羁绊亦更加深刻，试举如下：

> 元和三年（公元86），卢水胡反叛，以训为谒者，乘传到武威，拜张掖太守。章和（公元88）二年，护羌校尉张纡诱诛烧当种羌迷吾等，由是诸羌大怒，谋欲报怨，朝廷忧之。公卿举训代纡为校尉。诸羌激忿，遂相与解仇结婚，交质盟诅，众四万余人，期冰合渡河攻训。先是，小月氏胡分居塞内，胜兵①者二三千骑，缘勇健富强，每与羌战，常以少制多。虽首施两端，汉亦时收其用。时迷吾子迷唐，别与武威种羌合兵万骑，来至塞下，未敢攻训，先欲胁月氏胡，训拥卫稽故，令不得战。议者，咸以羌胡相攻，县官之利，以夷伐夷，不宜禁护。训曰："不然。今张纡失信，众羌大动，经常屯兵，不下二万，转运之费，空竭府帑，凉州吏人，命县丝发。原诸胡所以难得意者，皆恩信不厚耳。今因其迫急，以德怀之，庶能有用。"遂令开城及所居园门，悉驱群胡妻子内之，严兵守卫。羌掠无所得，又不敢逼诸胡，因即解去。由是湟中诸胡皆言"汉家常欲斗我曹，今邓使君待我以恩信，开门内我妻子，乃得父母。"咸欢喜叩头曰："唯使君所命"训遂抚养其中少年勇者数百人，以为义从。②

在这段记载中，邓训在羌人起义并欲恃众胁迫小月氏之时开城保护月氏胡之家小，此举赢得了全体月氏胡人的崇敬，胡人们甚至主动提供了

---

① 从对小月氏进行描述的段落来看，此胜兵当系指有相当作战能力的优质兵员乃至常备兵员之人数，参见梁景之《胜兵解析》，《青海师范学院学报》1987年第2期。

② （宋）范晔：《后汉书》，中华书局1965年版，第607—611页。

一支由少年之勇者组成的"义从"部队供他驱策。在此之前，虽然也有窦融"率五郡太守及羌虏小月氏等步骑数万"① 的记载，但是像这样密切的具有私属性质的投效关系始见于此。而且从这段记载中也可以看出，尽管羌与月氏胡有所交融，但是彼此之间的差异仍然相当明确，以至于东汉时人从未将其混淆。

直至汉末，义从胡已经发展为独立的一支，如《后汉书·西羌列传》载：

> 湟中月氏胡，其先大月氏之别也，旧在张掖、酒泉地。月氏王为匈奴冒顿所杀，余种分散，西逾葱领。其赢弱者南入山阻，依诸羌居止，遂与共婚姻。及骠骑将军霍去病破匈奴，取西河地，开湟中，于是月氏来降，与汉人错居。虽依附县官，而首施两端。其从汉兵战斗，随势强弱。被服饮食言语略与羌同，亦以父名母姓为种。其大种有七，胜兵合九千余人，分在湟中及令居。又数百户在张掖，号曰义从胡。中平元年，与北宫伯玉等反，杀护羌校尉泠征、金城太守陈懿，遂寇乱陇右焉。

不过在《后汉书·董卓列传》中的记载似乎与此有所不同：

> 中平元年（公元 184），拜东中郎将，持节，代卢植击张角于下曲阳，军败抵罪。其冬，北地先零羌及枹罕河关群盗反叛，遂共立湟中义从胡北宫伯玉、李文侯为将军，杀护羌校尉泠征。伯玉等乃劫致金城人边章、韩遂，使专任军政，共杀金城太守陈懿，攻烧州郡。明年春，将数万骑入寇三辅，侵逼园陵，托诛宦官为名。诏以卓为中郎将，副左车骑将军皇甫嵩征之。

---

① （宋）范晔：《后汉书》，中华书局 1965 年版，第 795—808 页。

虽然被中平元年的"群盗"立为将军的北宫伯玉和李文侯出身于所谓的"湟中义从胡"，但按《西羌传》中记载，能够称作义从胡的似乎只是数百户居于张掖的月氏胡。榎一雄以为义从胡包括湟中、令居以及张掖的所有小月氏胡人，故有湟中义从胡之说。不过在笔者看来，义从胡很可能如同其字面意思，仅仅指一部分归义于汉而服从汉将指挥的胡人，只不过由于这一制度始于邓训与月氏人之间结成的关系，故义从胡主体乃是小月氏人，而且也有"湟中义从羌"①之案例。换言之，义从本质上即是汉廷比较信任的一部分少数民族佣兵，否则就无法解释"湟中月氏胡"与"湟中义从胡"两词含义不同之缘故。而且这种信任也是相对的，《后汉书·西羌传》就不留情面地指出义从胡在战斗中"首施两端""随势强弱"的致命弱点。可见，湟中义从胡（以及义从羌）很有可能只是汉廷安插于羌人腹心之地的一支具有战略意义的楔子。由于其本身的民族属性，他们能够很好地融入当地社会以刺探情报，而其对汉廷的忠诚以及较深的汉化程度②则可以协助汉廷镇压当地的起义。这种现象早在汉羌战争之初就出现了，如《汉书·赵充国辛庆忌传》记载：

> 初，罕、开豪靡当儿使弟雕库来告都尉曰先零欲反，后数日果反。雕库种人颇在先零中，都尉即留雕库为质。充国以为亡罪，乃遣归告种豪："大兵诛有罪者，明白自别，毋取并灭。天子告诸羌人，犯法者能相捕斩，除罪。斩大豪有罪者一人，赐钱四十万，中豪十五万，下豪二万，大男三千，女子及老小千钱，又以其所捕妻子财物尽与之。"

不过随着汉朝朝政的不断腐败以及西边地方势力的崛起，义从胡最终成为以董卓为代表的西凉军阀力量的一部分。如在中平六年，灵帝征董

① 《后汉书》，中华书局 1965 年版，第 345—358 页。

② 如前述之北宫伯玉，如果没有相当的汉学素养和汉化意识，恐怕他也不会在起义之初便挟持韩遂和边章以为谋主，甚至他们之间将很有可能无法顺利交流。

卓为少府时，他就以"所将湟中义从及秦胡兵皆诣臣曰：'牢直不毕，禀赐断绝，妻子饥冻。'牵挽臣车，使不得行。羌胡敝肠狗态，臣不能禁止，辄将顺安慰，增异复上。"即以具有威胁意味的表态拒绝，而朝廷则因对董卓无力制约而"颇以为虑"。至三国时期，对湟中小月氏人的记载就相当之少了，虽然《三国志·蜀书·后主传》建兴五年（公元 227 年）条目下，裴松之引《诸葛亮集》注而有"吴王孙权同恤灾患，潜军合谋，掎角其后。凉州各国王各遣月支、康居胡侯支富、康植等二十余人俱受节度，大军北出，便欲率将兵马，奋戈先驱"之语，然而支富等人事迹已不可考。小月氏这个兴盛一时的族群似乎在三国时期就完全融入了中原社会，月氏人的血统留在他们后裔身上的唯一痕迹便是支姓。

第四节　月氏对丝绸之路的影响

由于月氏和乌孙一样，虽然多次迁徙，但始终没有离开丝绸之路，因此月氏对丝绸之路的影响很大，具体表现在以下方面。

一、丝绸之路中段归于贵霜帝国的控制之下

月氏的西迁对丝绸之路的直接影响之一便是使得丝绸之路中段归于一大强国乃至一个帝国的控制之下。参照丝绸之路东段的状况，我们可以认为月氏到来之前的丝绸之路中段处于小国林立的状态。月氏西迁破走塞王后，塞王自伊犁河谷一路逐水草而下，南越县度（今明铁盖达坂地区），在克什米尔西部的斯瓦特河谷[①] 建立了罽宾国。逐水草而南迁的塞人大股部队剽掠了途中的城邦小国，我们也可以推断一部分塞人能够深入富饶的巴克特里亚地区，并显而易见地削弱了该地区的抵抗能力[②]，为此后月氏

---

① 黄靖：《大月氏西迁及其影响》，《新疆社会科学》1985 年第 2 期。

② 黄先生在上述文章中引用了安息帝国费腊特二世在位时期抗击塞人的历史记录，并认定短短十余年间塞人和月氏人先后征服了巴克特里亚，笔者认为这些塞种入侵者很可能是一部分侵入巴克特里亚的塞人后裔。

彻底征服这一地区创造了便利条件。如司马迁所记载，月氏人在巴克特里亚以北建立了霸权，并将原先分裂的各城邦纳入自己的势力范围，这一地区正如克雷格所说，乃是跨区域文化和商业交流体系的核心地带。①

到《汉书》所记载之时，大月氏国与东南之塞种大国罽宾国，正南之大国乌弋山离，西部的安息和北面的康居并列为"绝远不在数中"之国，汉朝对这五个国家采取"来贡献则相与报……不督录总领"的相对平等的交往方针。虽然此时之月氏似乎并非五国中之最强者，如书中记载："大月氏……户十万，口四十万，胜兵十万人"——而屈服于实力早已大不如前的匈奴，甚至一度为流亡的郅支单于所侵凌的康居国中就有户 12 万，口 60 万，胜兵 12 万人。不过，仅仅百余年，休密、双靡、肸顿及都密四部便相继为贵霜翕侯丘就却所统一，此后丘就却西侵安息，夺得"善贾贩，内富于财"的高附国地，向东吞并了濮达和罽宾。其子阎膏珍更是征服了有"别城数百"，"别国数十"，以"大水"为险，能"乘象而战"的身毒地，并置将一人监领之。显然，此时的贵霜帝国已经有足够的实力独霸丝绸之路中部。强盛的贵霜帝国的存在似乎扫平了其境内丝绸之路沿线的障碍，据《汉书·西域传》记载：

> 大秦国，一名犁鞬，以在海西，亦云海西国。地方数千里，有四百余城。小国役属者数十。以石为城郭。列置邮亭，皆垩塈之。有松柏诸木百草。人俗力田作，多种树蚕桑。皆髡头而衣文绣，乘辎轷白盖小车，出入击鼓，建旌旗幡帜。

> 所居城邑，周围百余里。城中有五宫，相去各十里。宫室皆以水精为柱，食器亦然。其王日游一宫，听事五日而后遍。常使一人持囊随王车，人有言事者，即以书投囊中，王室宫发省，理其枉直。各有官曹文书。置三十六将，皆会议国事。其王无有常人。皆简立

---

① ［美］克雷格·本雅明：《有大批的游牧武士正在逼近——征服希腊—巴克特里亚，世界史上的第一件大事》，孙岳译，《全球史评论》2012 年第 10 期。

贤者。国中灾异及风雨不时，辄废而更立，受放者甘黜不怨。其人民皆长大平正，有类中国，故谓之大秦。

土多金银奇宝，有夜光璧、明月珠、骇鸡犀、珊瑚、琥珀、琉璃、琅玕、朱丹、青碧。刺金缕绣，织成金缕罽、杂色绫。作黄金涂、火浣市。又有细布，或言水羊毳，野蚕茧所作也。合会诸香，煎其汁以为苏合。凡外国诸珍异皆出焉。

以金银为钱，银钱十当金钱一。与安息、天竺交市于海中，利有十倍。其人质直，市无二价。谷食常贱，国用富饶。邻国使到其界首者，乘驿诣王都，至则给以金钱。其王常欲通使于汉，而安息欲以汉缯彩与之交市，故遮阂不得自达。至桓帝延熹九年，大秦王安敦遣使自日南徼外献象牙、犀角、玳瑁，始乃一通焉。其所表贡，并无珍异，疑传者过焉。

众所周知，此处之大秦系指罗马帝国，而汉朝史书中对罗马帝国元老院制度，总督制度以及朱莉亚·克劳狄王朝晚期（公元前27—公元68年）罗马帝国皇帝变更频繁的状况有着相当准确地了解，而且明确地提及了罗马帝国之珍宝及安息以汉缯彩与之交易获利之事。虽然此处并未提及大月氏人及其贵霜帝国，然而不难想见中亚绿洲间畅通的贸易线路对这些信息和物资的交流的影响。

二、促进佛教的东传

畅通无阻的丝绸之路上最为重要的文化传播活动很可能就是佛教的东传。关于中土佛教最早的记载见于《后汉书》：

天竺国，一名身毒，在月氏之东南数千里。俗与月氏同，而卑湿暑热。其国临大水。乘象而战。其人弱于月氏，修浮图道，不杀伐，遂以成俗……和帝时，数遣使贡献，后西域反叛，乃绝。至桓帝延熹二年、四年，频从日南徼外来献。

世传明帝梦见金人，长大，顶有光明，以问群臣。或曰："西方有神，名曰佛，其形长丈六尺而黄金色。"帝于是遣使天竺，问佛道法，遂于中国图画形象焉。楚王英始信其术，中国因此颇有奉其道者。后桓帝好神，数祀浮图、老子，百姓稍有奉者，后遂转盛。

可见，东汉时中原的佛教文化从印度经日南传入，直到汉桓帝时期才在深入民间。西域的佛教信仰则深受贵霜帝国影响，被称为天竺的北印度也一度处于贵霜帝国统治之下。故彼时以三支、竺法护为代表的来华月氏高僧甚多①，中原高僧求法亦多经丝绸之路而行，所记录与月氏王相关之故事不少，譬如：

（弗楼沙）王作塔成已小塔即自傍出大塔南。高三尺许。佛钵即在此国。昔月氏王大兴兵众。来伐此国欲取佛钵。既伏此国已。月氏王等笃信佛法。欲持钵去。故大兴供养。供养三宝毕。乃校饰大象置钵其上。象便伏地不能得前。更作四轮车载钵。八象共牵复不能进。王知与钵缘未至。深自愧叹即于此处起塔及僧伽蓝。并留镇守种种供养。②

月氏国有王。名栴檀罽尼吒。闻罽宾国。尊者阿罗汉。字祇夜多。有大名称。思欲相见。即自躬驾。与诸臣从。往造彼国。于其中路。心窃生念。我今为王。王于天下。一切人民。靡不敬伏。自非有大德者。何能堪任受我供养。作是念已。遂便前进。迳诣彼国。③

尊者迦旃延言。此梦甚吉。当有欢庆。不足为忧。头上火然者。宝主之国。当有天冠。直十万两金。来贡于（恶生）王。正为斯梦。夫人心急。七日向满。为王所害。惧其来晚。问尊者言。何时来到。

---

① 三支来华弘扬佛法的月氏高僧支娄迦谶、支亮和支谦三人。

② 法显：《佛国记》，三晋出版社 2017 年版，第 12 页。

③ 立人主编：《杂宝藏经》，团结出版社 2006 年版，第 34 页。

尊者答言。今日晡时必当来至。两蛇绞腰者。月支国王。当献双剑。价直十万两金。日入当至。细铁网缠身者。大秦国王。当献珠璎珞。价直十万两金。后明晨当至。赤鱼吞足者。狮子国王（即斯里兰卡）当献毗琉璃宝屐。价直十万两金。后日食时当至。四白鹄来者。跋耆国王。当献金宝车。后日日中当至。血泥中者。安息国王。献鹿毛钦婆罗衣。价直十万两金。后日日映当至。登太白山者。旷野国王。当献大象。后日晡时当至。鹳雀屌头者。王与夫人。当有私密之事。事至后日自当知之。果如尊者所言。期限既至。诸国所献一切皆到。王大欢喜。①

在上述故事中，月氏王无不以尊崇佛道的大国之主的身份出现，可见此时月氏—贵霜帝国虽已衰败，但是由于贵霜帝国及其统治者在佛教历史上的崇高地位，这一族群及其国度仍然被视为佛教文化的核心受众。

三、月氏后裔在丝绸之路沿线的扩散

月氏西迁对丝绸之路的另一重大影响便是作为月氏后裔的吐火罗语族群在丝绸之路沿线的扩散，如《三国志·魏志·卷三十·乌丸鲜卑东夷传》所引之《魏略·西戎传》记载：

> 敦煌西域之南山中，从婼羌西至葱岭数千里，有月氏余种葱茈羌、白马、黄牛羌、各有酋豪，北与诸国接，不知其道里广狭。

榎一雄先生认为，所谓葱茈羌等月氏种人群均是月氏西迁之后淹留故土的遗民，此遗民分布自柴达木盆地直至帕米尔高原之阿尔金山脉及昆仑山脉南麓，故上述各处均是月氏故土。② 不过，如笔者先前所述，将月

---

① 立人主编：《杂宝藏经》，团结出版社 2006 年版，第 67 页。
② ［日］榎一雄：《小月氏与尉迟氏》（上），斯英琦、徐文堪译，《民族译丛》1980 年第 3 期。

氏故地东界定于敦煌郡望，西界定于东天山山脉之巴里坤山较有道理，故这一广泛分布必然有迁徙之因素。

中亚地区月氏种国度的著名者当属嚈哒及以康国为首的昭武诸国，其在中国史书中的相关记载如下：

> 嚈哒国，大月氏之种类也，亦曰高车之别种，其原出于塞北。自金山而南，在于阗之西，都马许水南二百余里，去长安一万一百里。其王都拔底延城，盖王舍城也。其城方十里余，多寺塔，皆饰以金。风俗与突厥略同。其俗兄弟共一妻，夫无兄弟者其妻戴一角帽，若有兄弟者依其多少之数，更加角焉。衣服类加以缨络。头皆剪发。其语与蠕蠕、高车及诸胡不同。众可十万。无城邑，依随水草，以毡为屋，夏迁凉土，冬逐暖处。分其诸妻，各在别所，相去或二百、三百里。其王巡历而行，每月一处，冬寒之时，三月不徙。王位不必传子，子弟堪任，死便授之。其国无车有舆。多驼马。用刑严急，偷盗无多少皆腰斩，盗一责十。死者，富者累石为藏，贫者掘地而埋，随身诸物，皆置冢内。其人凶悍，能斗战。西域康居、于阗、沙勒、安息及诸小柄三十许皆役属之，号为大国。①
>
> 康国者，康居之后也。迁徙无常，不恒故地，自汉以来，相承不绝。其王本姓温，月氏人也。旧居祁连山北昭武城，因被匈奴所破，西逾葱岭，遂有其国。枝庶各分王，故康国左右诸国，并以昭武为姓，示不忘本也。王字世夫毕，为人宽厚，甚得众心。其妻突厥达度可汗女也。都于萨宝水上阿禄迪城，多人居。大臣三人共掌国事。其王索发，冠七宝金花，衣绫、罗、锦、绣、白叠；其妻有髻，蒙以皂巾。丈夫剪发，锦袍。名为强国，西域诸国多归之。米国、史国、曹国、何国、安国、小安国、那色波国、乌那曷国、穆国皆归附之。有胡律，置于祆祠，将决罚，则取而断之。重者族，

---

① 《魏书·列传九十·西戎传》《隋书·列传四十八·西域传》作怛国。

次罪者死，贼盗截其足。人皆深目、高鼻、多髯。善商贾，诸夷交易多凑其国。有大小蹄、琵琶、五弦箜篌。婚姻丧制与突厥同。国立祖庙，以六月祭之，诸国皆助祭。奉佛，为胡书。气候温宜五谷，勤修园蔬，树木滋茂。出马、驼、驴、犎牛、黄金、金冈沙、香、阿薛那香、瑟瑟、獐皮、氍毹、锦、叠。多葡萄酒，富家或致十石，连年不败。太延中，始遣使贡方物，后遂绝焉。①

安国，汉时安息国也。王姓昭武氏，与康国王同族，字设力登。妻，康国王女也。都在那密水南，城有五重，环以流水。宫殿皆为平头。王坐金驼座，高七八尺。每听政，与妻相对，大臣三人评理国事。风俗同于康国。唯妻其姊妹，及母子递相禽兽，此为异也。②

如此看来，月氏人及其后裔在丝绸之路沿线的影响力持续了千余年，而且在相当长的一段时间内以中亚的心脏地带——阿姆河、锡尔河以及泽拉夫尚河流域为其活动的中心。不得不说，这是一件相当令人惊奇的事情。

结　语

综上所述，月氏人是南西伯利亚的印欧语居民与河西走廊地区居民互相融合的混合民族。在匈奴英雄冒顿和老上稽粥两位单于的连续打击下，月氏人损失极为惨重，不得不以迁徙的方式避其锋芒。

毫无疑问，月氏的西迁是中亚历史上的一件大事。西迁的大月氏人首先驱逐了伊犁河流域的塞种人，又征服了巴克特里亚，为丝绸之路中段地区带来了秩序和长久的和平。而富饶的巴克特里亚也使得大月氏人从游牧者变成了定居者，并逐渐接受了当地的文化，最终建立了中亚历史上第

---

① （北齐）魏收：《魏书》，《西域传》，吉林人民出版社 1995 年版。
② 《隋书·西域传》记载昭武诸国均为康居王同族，故均为月氏后裔。（唐）魏征：《隋书》，武林竹简斋本，清光绪十八年。

一个大帝国——贵霜帝国。贵霜帝国在其存在的四个半世纪中始终保持着多元文化的色彩，似乎是在提醒着我们中亚地区自古以来便是欧亚大陆的十字路口，各方的物资和文化都在此汇聚，甚至直到今天也不例外。如克雷格·本雅明便认为，若非上述历史事件的渐次展开，也许丝绸之路——前现代史上规模最大的商贸和交流网络之一，可能会延迟建立，甚至无法达到既有的规模和繁盛程度。① 在世界范围内反对全球化、多元文化以及区域合作的极右翼势力鼓噪的当下，这一历史认识或许能够坚定我们建立一个没有隔阂的未来世界的信念。

① ［美］克雷格·本雅明：《有大批的游牧武士正在逼近——征服希腊—巴克特里亚，世界史上的第一件大事》，孙岳译，《全球史评论》2012 年第 10 期。

第九章　匈　奴

　　匈奴是与西汉沿长城与丝绸之路并存的中国政权。在讨论匈奴沿长城和丝绸之路的迁徙与融合时，匈奴离不开两汉、两汉也离不开匈奴，它们共同开拓和维护了长城与绿洲丝绸之路及草原丝绸之路沿线的交通，并与西方的亚历山大帝国对接将亚欧文明连接起来。本章重点讨论匈奴沿长城、绿洲和草原丝绸之路沿线的迁徙与活动。

第一节　沿长城和丝路兴起的匈奴

一、匈奴的起源

　　关于匈奴的起源，《史记》曾记载："匈奴，其先夏后氏之苗裔也，曰淳维（獯鬻、熏育）。唐虞以上有山戎、猃允、薰粥，居于北边，随草畜牧而转移"。《史记索隐》引张晏话说："淳维（熏育、獯鬻）以殷时奔北边。"[1] 即夏的后裔淳维（獯鬻、熏育）在殷商时逃到北边，子孙繁衍成了匈奴。据王钟翰的《中国民族史》记载："匈奴早在公元前7、8世纪时就已惩处和繁衍在中国北方的广大地区，建立起氏族和部落联盟了。匈奴人最初的政治、经济中心在今内蒙古自治区的河套及大青山一带，后逐渐移居漠北。"[2] 也就是说在匈奴不断向北移居的过程中，不断吸收其他氏族

---

[1]　（汉）司马迁：《史记》，中华书局1959年版，第2883页。
[2]　王钟翰：《中国民族史》，中国社会科学出版社2001年版，第201页。

和部落，如王国维在《鬼方昆夷猃狁考》中，把匈奴名称的演变作了系统的概括，认为商朝时的鬼方、混夷、獯鬻，周朝时的猃狁，春秋时的戎、狄，战国时的胡，都是后世所谓的匈奴。比如戎中的鬼戎、义渠、燕京、余无、楼烦、大荔被匈奴所吸收；"以灭夷月氏，尽斩杀降下定之。楼兰、乌孙、呼揭及其旁二十六国皆已为匈奴。诸引弓之民并为一家，北州以定。"① 也就是说，匈奴是北方许多氏族与部落联盟的共同体。正如王钟翰所说："在匈奴共同体中，见诸记载的就有休屠（屠各）、宇文、独孤、贺赖、羌渠等部，其下，还有众多氏族，如挛鞮氏、呼延氏、兰氏、须卜氏、丘林氏、乔氏、当于氏、韩氏、栗籍氏、沮渠氏等诸姓。"② 但这只是离汉朝较近的沿长城和丝绸之路区域的匈奴国人而已，因为在贝加尔湖区域还生存着与塞人相似的欧罗巴人种的人，早在秦汉时期，外贝加尔地区的古代居民属于古西伯利亚类型；蒙古高原的古代居民属于古蒙古高原类型；中国北方长城地带东周时期南下的牧人在人种类型上也属于古蒙古高原类型。③ 法国人韩伯诗认为，西方所说的"匈人"与中国所说的"匈奴人"并非同出一族，也不是同种。"匈人起源于西伯利亚的驯鹿居民，后来西徙进入草原，放弃了'驯鹿文明'，采纳了'马匹文明'，他们在占领了阿尔泰地区之后，南下进入今中亚的巴尔喀什湖直达咸海一带，从而产生了历史上的匈人。中国匈奴人的发祥地在今内蒙古鄂尔多斯等地，在公元初年匈奴国家灭亡之后，他们中的一部分人迁至巴尔喀什湖草原定居，在战胜了乌孙的印欧居民之后，又冲击了自阿尔泰南下并向东欧迁移的匈人，随后匈人也自称或被视为匈奴人，从而利用了匈奴人固有的名称。"④ 他还认为"匈人属蒙古人种，无胡须、扁鼻梁，而匈奴人则是由某些西伯利亚人的成员组成，长鼻子、大胡子。"⑤ 虽然韩伯诗对匈人和匈奴人做了

① （汉）司马迁：《史记》，中华书局 1959 年版，第 2883 页。
② 王钟翰：《中国民族史》，中国社会科学出版社 2001 年版，第 201 页。
③ 张全超、朱泓：《关于匈奴人种问题的几点认识》，《中央民族大学学报》2006 年第 6 期。
④ 林干：《国学者研究匈人和匈奴述评》（下），《内蒙古社会科学》1990 年第 1 期。
⑤ 林干：《国学者研究匈人和匈奴述评》（下），《内蒙古社会科学》1990 年第 1 期。

比较，但由于他对阿尔泰山以东文明并不了解，因此也就不清楚早在斯基泰人西迁黑海北岸时，贝加尔湖区域就有人类生存。我们"从陶器的纹饰、某些青铜器和铁器的形制、'野兽纹'装饰艺术等方面得到证实，从而得出外贝加尔遗留下石板墓的当地居民加入到匈奴成分之中的结论。"① 除此之外，晋北的林胡、楼烦之戎，燕北的东胡、山戎，赵武灵王亦变俗胡服② 等记载，也表明戎、赵等也是匈奴的组成部分，故匈奴是聚集了东起大兴安岭西到阿尔泰山的各种起源不同族群的集团。

这么多不同氏族和部落，匈奴不可能在很短的时间内就将他们统一在匈奴的旗帜下，而是先以阴山南北包括河套以南所谓"河南"（鄂尔多斯草原）一带为根据地，向西迫使月氏和乌孙西迁，向东将分布在草原东南西喇木伦河和老哈河流域的东胡部落联盟并入汗国，向北则将分布在贝加尔湖以西和以南色楞格河流域的丁零部落联盟收入麾下。因此匈奴是在日益强盛的过程中吸收了蒙古高原上许多氏族和部落的基础上形成的民族共同体名称和国家名称，它是中国形成过程中的重要组成部分。

从匈奴起源的过程中可以看出，虽然我们需要探求在丝绸之路上活动的民族的来源，但匈奴的个案告诉我们，早在 2000 多年以前生存过的民族从源头上来说已经不是单一的源头。即"游牧民族名称的变迁，全受政权转移的支配，匈奴族在政治上得到领导权之后，大漠南北及中亚部分的游牧民族都受匈奴人支配，'皆以为匈奴'。"③ 强大的民族的名称就成为其所建立的政权的名称，因而也是国家范围内民族共同体的名称。

二、匈奴汗国

匈奴作为夏的子民在夏灭亡后进入蒙古高原，与众多其他居住在蒙古高原上的民族一起缔造了的匈奴汗国，并在中原的战国七雄经过冲突与战争后统一为秦汉时已经强大到足以让秦汉王朝担心的程度。但这并不是

---

① 乌恩：《论匈奴考古研究中的几个问题》，《考古学报》1990 年第 4 期。

② 乌恩：《论匈奴考古研究中的几个问题》，《考古学报》1990 年第 4 期。

③ 林干：《国学者研究匈人和匈奴述评》（下），《内蒙古社会科学》1990 年第 1 期。

说中原王朝就是中国王朝，匈奴汗国不是中国王朝，而是它们均是中国的王朝，因为它们的源头都是华夏。中国因为它们才逐渐发展成为一个亚洲的国家。

匈奴早在公元前 3 世纪时就已经进入铁器时代，生产和生活中无一不与铁器相关。根据蒙古国学者格·苏赫巴托的著作《匈奴人的经济、社会制度、文化和族属》记载："匈奴的社会经济形态，依靠苏联学者的研究，可把从匈奴到公元 12 世纪看作是早期封建主义蒙古圈。匈奴是上限，12 世纪是下限。'圈'是一个范畴，是社会形态内部的一种类型。'圈'虽然是一个特定的地域单位，但不是纯地理概念，而是社会历史概念。划定从匈奴至 12 世纪为蒙古圈的依据是：（1）匈奴、鲜卑、柔然、蒙古等人占领的蒙古地区，比起邻近的地域，有其自然地理的特点。（2）上述那些游牧人的基本经济是古典形式的游牧经济，占统治地位的生产方式是早期封建主义。（3）匈奴、鲜卑、柔然等国和合木黑，蒙古汗庭，基本上都是早期封建国家。这些国家都有专一的君主（单于、可汗），都有建立在十进制基础上的军事行政组织，而行政单位也都是由'万户'或'部'组成。故国家的形式基本上是相同的。（4）匈奴、鲜卑、柔然、蒙古都是属于同一种族。（5）匈奴、鲜卑、柔然、蒙古等人，一般地说，都有其共同的文化，主要的宗教是萨满教。（6）匈奴、鲜卑、柔然、蒙古等人在历史舞台上相继出现，他们的社会经济文化的发展有其继承性，他们的经济文化是蒙古经济文化类型。"[1] 另外，《史记·匈奴列传》载："秋，马肥，大会蹛林，课校人畜计。"所谓在"蹛林"聚会，即匈奴人选择自然林木为圣所，"行祭祀、宴乐、或竖树枝、或积之为祭坛，会众绕其周边，以祭祀天地诸神的习俗，东起太平洋，西迄东欧，北自西伯利亚，南至喜马拉雅山，至今仍为欧亚诸民族最普遍实行的宗教活动之一。"[2] 所以从经济、政治和文化因素来看，匈奴之所以能够沿长城和绿洲及草原丝绸之路建立强大的

---

① 林干：《国学者研究匈人和匈奴述评》（下），《内蒙古社会科学》1990 年第 1 期。
② 林干：《国学者研究匈人和匈奴述评》（下），《内蒙古社会科学》1990 年第 1 期。

匈奴汗国是不断开拓和融合整个蒙古高原人与物的结果。

第二节　沿长城和丝绸之路的迁徙

尽管汉文史料中有关匈奴的记载以汉匈之间的战争和张骞、班固出使西域为重点，但我们仍然能够从中梳理出匈奴沿陆上丝绸之路从东向西的迁徙和跨越陆上丝绸之路从北向南的迁徙。

一、沿长城和陆上丝路东西方向的拓展与迁徙

早在公元 4 世纪末期，匈奴将赵武灵王驱逐的林胡、楼烦收于麾下，设置了云中等县。林胡、楼烦北迁融入新崛起的匈奴。公元前 265 年匈奴被赵将李牧击败；公元前 215 年秦将蒙恬取匈奴 "河南地。"[1] 但到秦末时，匈奴已经再次 "渡河南"。我们从蒙恬将军的军事行动中得知，在秦始皇统一中国后，公元前 215 年，命蒙恬率领 30 万秦军北击匈奴，收河套，屯兵上（今陕西省榆林市东南）。"却匈奴七百余里，胡人不敢南下而牧马"（《过秦论》）。蒙恬从榆中（今属甘肃）沿黄河至阴山构筑城塞，连接秦、赵、燕 5000 余里旧长城，据阳山（阴山之北）逶迤而北，并修筑北起九原、南至云阳的直道，构成了北方漫长的防御线。蒙恬守北防十余年，匈奴慑其威猛，不敢再犯。也就是说，在这次军事行动前，长城、丝绸之路沿线都在匈奴的控制之下，虽然秦朝收复了长城和陆上丝绸之路东端的区域，但由于秦朝短暂，到了秦末汉初楚汉战争之时，匈奴又再次收复了这些区域。

公元前 209 年，冒顿单于继位后东征西讨，"大破灭东胡王，而虏其民人及畜产。既归，西击走月氏，南并楼烦、白羊河南王。"此后，又征服了居于北方的浑庚、屈射、丁零、鬲昆、薪犁诸族。匈奴右贤王用兵西域、中亚一带，征月氏，"定楼兰、乌孙、呼揭及其旁二十六国，皆以

---

[1]　（汉）司马迁：《史记》，中华书局 1959 年版，第 2886 页。

为匈奴",形成"诸引弓之民,并为一家"① 的局面。其统治结构分为中央
王庭、东部的左贤王和西部的右贤王,即"诸左方王将居东方,直上谷
以往者,东接秽貉、朝鲜;右方王将居西方,直上郡以西,接月氏、氐、
羌;而单于之庭直代、云中。各有分地,逐水草迁徙。"② 其中冒顿可汗云
中(今内蒙古自治区托克托县)等中部在置单于庭;左贤王在位于上谷郡
(今河北省怀来县)管辖匈奴东部;右贤王在上郡(今陕西榆林县一带)
管辖匈奴以西地区。即在冒顿单于于公元 174 年去世之前,长城和陆上丝
绸之路地带就是匈奴汗国的组成部分,匈奴右贤王统治的区域包括绿洲和
草原丝绸之路。

好景不长。冒顿单于去世后,随着西汉的强盛和匈奴内部冲突,匈
奴在与汉的斗争中处于弱势,由此引发了匈奴向北向南的迁徙。直到西汉
末年,又开始了从东到西的迁徙。原因是匈奴分裂为南、北两部,如《后
汉书》记载:"时北虏衰耗,党众离畔,南部攻其前,丁零寇其后,鲜卑
击其左,西域侵其右,不复自立,乃远引而去。"③ 与此同时,东汉政府从
公元 89—91 年持续打击北匈奴,窦宪又派两将出居延塞,围北单于于金
微山(今阿尔泰山),大破之。此后北单于逃走,不知所在。④ 但在欧洲
的著作中,北匈奴西迁直至顿河、多瑙河流域,其后裔不断向西征服,直
达地中海西岸,引起欧洲大陆居民的大范围迁徙。记载最多的就是公元 5
世纪在欧洲出现的、由匈奴王阿提拉(Attila,约公元 406—453 年)领导
建立的匈奴王国,虽然存在的时间不长(从阿提拉于 434 年即位为匈奴
王,至 452 年匈奴王国覆灭,仅 18 年),但它给予欧洲古代的历史影响很
大。如 18 世纪法国人德基涅在匈奴通史中记载:(1)北匈奴受到汉朝逼
逐,由北方迁到今伏尔加河岸,盘踞欧、亚邻境及黑海东北沿岸一带,后

---

① (汉)司马迁:《史记》,中华书局 1959 年版,第 2287 页。
② (汉)司马迁:《史记》,中华书局 1959 年版,第 2287 页。
③ (宋)范晔:《后汉书·南匈奴列传》,中华书局 1965 年版。
④ 白莉:《北匈奴西迁至中亚及继续西迁之原因》,《和田师范专科学校学报》2007 年第
5 期。

来又从伏尔加河散居钦察高原。(2) 中国史书中说到北匈奴西迁的事实只有《魏书·西域传》一条旁证，即北匈奴单于被窦宪大败以后，渡也儿的石河（今新疆东部的额尔齐斯河），逾金微山（今阿尔泰山）到康居（在今哈萨克斯坦东南部），有一部分大愿远徙，留建悦般国，因为他们是匈奴遗族，所以他们的首领仍被中国人称为"匈奴王"。(3) 匈奴又征服奄蔡，并杀奄蔡王，亦即阿兰人的王。奄蔡地接大秦（东罗马）。匈奴人既占领阿兰人的居地，因此有一部分阿兰人迁入多瑙河一带，由是匈奴人也渐渐侵入多瑙河一带。到了公元 430 年阿提拉执政，兵临东罗马首都君士坦丁，西逼西罗马，罗马乞和。当时自中央亚细亚至莱茵河都受匈人的统治。① 可以说，匈奴从定单于庭到迁徙到欧洲的多瑙河流域，延续了东方民族大规模迁徙到欧洲的历史。

第三节　跨越长城和丝路的迁徙

西汉直到汉武帝国力增长后才向匈奴开战，经过公元前 124、前 121、前 120、前 119 年等多次大的战役，汉朝控制从河西走廊到新疆南疆的交通通道，并设立了河西四郡和西域都护府，但降服的匈奴人仍然居住在长城和丝绸之路沿线，如公元前 121 年西汉出击匈奴后，浑邪王"将众 4 万人降汉，汉封之为漯阴侯，置其众于陇西（今甘肃临洮）、北地（今甘肃庆阳西北）、上郡（今陕西榆林东南）、朔方（今内蒙古杭锦旗黄河南岸）和云中（今内蒙古托克托东北）五郡塞外，设'五属国'"②。五属国的治所分别是："陇西郡治勇士（元鼎后析属天水郡，今甘肃榆中县北），北地郡治三水（元鼎后析属安定郡，今宁夏同心县东），上郡治龟兹（今陕西榆林市北），西河郡治美稷（今内蒙古准格尔旗西北），五原郡治蒲泽（今地无考，大约在内蒙古达拉特旗、准格尔旗一带）。"③ 公元前 120 年战役

---

① 王兴锋：《百年来匈奴族历史地理研究综述》，《唐都学刊》2016 年第 5 期。

② 王钟翰：《中国民族史》，中国社会科学出版社 2001 年版，第 204 页。

③ 谭其骧：《长水集（上册）·西汉地理杂考》，人民出版社 1987 年版，第 92—93 页。

后匈奴退出河套及其以西区域，也就是说虽然匈奴退出绿洲丝绸之路区域，但广大草原丝绸之路区域，仍是匈奴人居住的区域。一些在绿洲丝绸之路沿线立国的城邦小国如车师等，仍在其庇护之下，直到西汉末年才真正附汉。

以后，匈奴人南迁的个案持续不断，如下所示：

公元前 56 年匈奴将领呼速累及右辠等将众 5 万余人附汉，汉在西河（西汉治平定，在今内蒙古东胜县东南）、北地（治马岭，今甘肃庆阳县西北）二郡设置属国安置。

公元 30 年，匈奴人在豪帅肥头小卿的率领下，有 1 万多人归附汉北地（东汉治富平，今宁夏吴忠县西南）太守冯异。

公元 45 年，匈奴人在驳马少伯率领下，从三水（今宁夏固原县北）被徙于冀县（东汉冀县属天水郡，即今甘肃武山县西）。

公元 48 年，统管匈奴南边八部与乌桓部众的日逐王比，率南边八部四五万人，向南移至五原郡（包头西北昆都仑召一带），东汉政府将之安置于云中郡。

公元 50 年，南单于各部徙居西河郡（今山西中部、太原西南离石地区）、美稷。

公元 59 年，北匈奴护于率千人降。

公元 77 年，南单于攻北匈奴于涿山（今蒙古境内阿尔泰山山脉东南部），降者三四千人。

公元 83 年，北匈奴三木楼訾大人稽留斯等率 3.8 万人、马 2 万匹、牛羊 10 万余头，至五原塞降。

公元 85 年，北匈奴大人车利、涿兵等共 73 批入塞归附。

公元 87 年，鲜卑从东部进攻北匈奴，北庭大乱，屈兰、储卑、胡都须等 58 部，人口 20 万，胜兵 8000 人，至云中、五原、朔方、北地投降。

公元 89 年，汉将耿秉、窦宪及南单于出朔方，大破北匈奴，俘虏 20 余万。

公元 97 年，南单于部下乌居战率数千人叛出塞，被汉军击败收降，2

万余人被安置在安定、北地二郡（今宁夏大部和甘肃东部）。

公元216年，南匈奴呼厨泉单于率诸王入朝于东汉，曹操把他留在邺（治所在今河北临漳县西南邺镇），右贤王去卑回平阳管理各部，并听任南匈奴内迁。

公元265年，塞外塞泥、黑难等2万多部落从河西入居内地。

公元277年，西北杂虏及鲜卑、五溪蛮夷、东夷三国前后十余辈，各率种人部落内附。

公元284，匈奴胡太阿厚率其部落29300人归化。

公元286年，匈奴胡都大博及萋沙胡等各率种类大小凡10万余24口，诣雍州刺史扶风王骏降附。[1]

总之，在公元50—90年间，人口34000户、237300口、胜兵5万多的南匈奴沿长城和丝路迁入北地郡（今宁夏回族自治区吴忠市附近）、朔方郡（郡治在磴口、河南地）、五原郡（前套地，郡治包头西）、云中（郡治在呼和浩特西南）、定襄郡（郡治在和森格尔、呼和浩特东南）、雁门郡（山西东北部）、代郡（山西东北和河北西北部，郡治阳高）和西河郡八郡地区，也就是现在内蒙古南部、宁夏、甘肃、陕西、山西、河北北部，逐渐成为汉人的一部分。西晋初，匈奴因鲜卑势力逼迫及自然灾害等原因，迁入内地的匈奴部落有19种。西晋归附的匈奴不少于20万人[2]，多居住在甘肃、宁夏、陕西等长城和丝绸之路沿线。

从匈奴沿长城与丝绸之路迁徙与融合的5个世纪的历史发展过程来看，留在蒙古高原上的匈奴人被后起的鲜卑所取代，成为鲜卑人的组成部分，跨越长城和丝绸之路的匈奴人则与汉人一起居住在从河北到甘肃的黄河流域，并随着生计方式从游牧到农耕的转变，成为汉人的组成部分；沿

---

① （汉）班固：《汉书·卫青传》，中华书局1962年版；林干：《匈奴通史》，人民出版社1986年版；谭其骧：《长水集（上册）·西汉地理杂考》，人民出版社1987年版，第92—93页；（宋）范晔：《后汉书》，《光武帝纪下》《冯异传》《卢芳传》，中华书局1965年版；《晋书·北匈取列传》，中华书局1976年版；（汉）司马迁：《史记·匈奴列传》，中华书局1959年版。

② 李吉和：《匈奴的内徙及其影响》，《内蒙古社会科学》2004年第1期。

草原丝绸之路西迁的匈奴人虽然也在阿提拉的领导下建立过政权，但也逐渐与欧洲人从生计到婚姻的融合成为欧洲人的组成部分。

对于匈奴对丝绸之路开通和维系的贡献，也应该秉持比较公正的态度评价。匈奴是与两汉对峙的中国政权。在黄河中下游的战国七雄处于战争之时，匈奴与西部的乌孙、月氏等一起开通和维护了陆上丝绸之路；从汉武帝到西汉末，虽然西汉经营丝绸之路绿洲道，但匈奴仍然维护着居延道等；西汉与东汉交替之时（公元前33—公元46年），匈奴再次占据漠南地区，直到汉和帝（公元91年）；三国两晋南北朝时期，南匈奴建立的前赵、北凉和夏等国家，北匈奴西迁康居之地，均在丝绸之路的东、中和西段，维系丝绸之路的畅通。"本世纪20年代，俄人科斯洛夫在外蒙诺颜山汉代匈奴古墓发掘中，不仅发现西汉末出自长安的漆耳杯，东汉时的毡子、丝织衣服，而且有希腊式的织物和图案。"① 因此匈奴在绿洲和草原丝绸之路上的迁徙与活动，促进了亚欧文明的交汇与融合。

---

① W. P. Yetts，*Links Between Ancient China and the West*，Geographical Review，Vol. XVI，1926；林干：《匈奴史论文选集 1919—1979》，中华书局 1983 年版，第 375—412 页。

第十章 汉 人

第一节 汉人的起源与形成

一 为什么以汉为族名

现在被称为汉族的这部分中国人，当说起为什么以"汉"为名时，总与历史上曾经与北方的匈奴、西方的亚历山大帝国共同开通丝绸之路的两汉帝国联系在一起。而西汉和东汉也是融合了诸多东南西北民族基础上建立的王朝，它不是民族的名称，是国家政权的名称。而在汉之前有戎、狄、羌、夏、商、周及统一六国的秦，也有来自西戎进入关中统治长达800多年的周，在东汉之后也有强大的隋、唐、宋、元、明、清，至今在许多西方国家的中国人的活动区域也被称为"唐人街"，但无论两汉先或两汉后建立的中原王朝的名称均没有成为在中国东部平原地带生活的人的名称，只有"汉"这个名称被认同并被继承下来，为什么？

原因之一：虽然在汉以前曾经有过戎、狄、羌、夏、商、周、秦，但它们没有能够像汉那样建立如此辽阔的疆土。两汉之所以疆土开拓多，主要是通过丝绸之路的开通，将国土西北部拓展到新疆的帕米尔高原，并与西方的政权对接。这是中国历史上第一次将版图开拓到此地，以后虽然中国境内的北方或南方政权也都曾开疆拓土，但其实际统治范围都止于帕米尔高原。可以说2000多年以前的两汉奠定了中国现代陆地边疆的版图。因此以这样强大的王朝的名字作为族名，当然会被中国平原地区的人所接受。周边其他王朝也从汉朝的功绩中认识了汉朝中的人，汉人也就成为他称和自称都认同的族名。汉以后也有隋唐等强大政权，虽然现在国外到处都有唐人街，但汉人、汉语、汉字仍然是我们和他者都认同的称谓，这与汉朝的前身秦奠定的基础有关。公元前 221 年统一六国，推行郡县制，规定"书同文字"，统一货币、度量衡和"车同轨""行同伦"，以及筑长城等一系列的措施，统一和稳定了华夏子民和炎黄子孙，于是秦人代替华夏。汉继承了秦朝从疆土到文化的成果，并继续向四周开拓，建立了东至于海、西到葱岭、南到南海、北到草原的大帝国。在两汉以后也曾出现了比汉更加强大开放，且文化影响力更大的唐朝，但"唐"却没有成为中国东部平原地带的人的共同名称，是因为唐中期以后藩镇割据，尤其陆地边疆领土不断失守。唐朝开启了由西向东不断迁徙的历史。尽管这与陆上丝绸之路区域的生态环境恶化、青藏高原和蒙古高原民族不断强大相关，唐朝也努力地开拓海上丝绸之路来维护国家利益，但却从此奠定了中国西北成为边疆的格局。相比之下，汉在开拓中国陆地边疆领土和统治边地的经验使汉成为中国东部平原区域的人的我称和他称。

原因之二："汉"字形象地将中国东中部平原河流旁边居住的人归为一类。《说文》中的"汉"最早在天指河汉即银河，在地指汉水（今汉江）。因为汉水与银河夏季走向一致，所以也叫地上的银河，故得名汉水（即汉江）。这是中国文化中适应天意、天地合一的称谓。汉朝的建立者刘邦发迹于汉水边的汉中，建国后称汉（历史上的汉朝），定都长安（今陕西西安），史称西汉或前汉。公元 25 年刘秀重建汉朝，建都洛阳，史称东汉或后汉。两汉时期因汉朝统治者将郡县制分封制推行到其广阔疆土内，从南方的珠江到北部的黄河区域的人就成为汉人。但汉从政权到民族的名称的演变，经历了相当悠久的历史。这要从炎黄二帝的历史说起。炎帝神农氏是中国的农业之神，居于青藏高原与黄土高原的过渡地带，黄帝则是黄土高原东到山东西到崆峒南到长沙北到黄河的政权，他们都是亦农亦牧的中国祖先，戎、狄、羌都曾经在这些区域的河流生活，甚至黄帝的后裔匈奴也是生活在黄河几字形的鄂尔多斯区域。后来的夏有大禹治水，商在洛水，周在泾水，秦在渭水，这些水都属于黄河流域，他们在这里创造了农业，从黄河走向属于长江流域的汉水，以后汉人则越过秦岭淮水、长江到珠江，向西北进入河西走廊，在石羊河、黑河、疏勒河流域屯田，向东北进入辽河、松花江、黑龙江流域，从事集约农业。所有汉字形象地表示出在大江大河边种田的人。

原因之三："汉"是对华夏后裔、炎黄子孙的进一步浓缩和提炼。在汉王朝过去了 2000 多年后的今天，我们被称为汉族的人北方人与南方人的区别很大，比如温州方言与山西方言相互听不懂，西南官话与东北话、西北官话也不同，生活习惯和民间信仰也不同，大家均以省区表示自己的来处，但在族称上则承认自己是汉族，这是生活在中国东中部人类互相融合并在语言文字上不断浓缩和提炼的结果。早在司马迁写《史记》时，在中国这片土地上生活的人类已经经历了太长时间的发展，也无法理清其源头，他只能在《三代世表》里说："舜、禹、契、后稷，皆黄帝子孙也。"[1]近代以来的史学家也试图理清汉族的来源，如郭沫若认为"夷人、戎人、狄人苗人、蛮人，正是汉族的前身。历史上所说的华夏，乃是由他们共同融合而成的。"[2] 邹君孟认为华夏族"就是由中原的炎、黄集团及南方一部分苗蛮集团混血而成的。"[3] 李亚农则从夏商周三代的族源角度指出："三代是不同源的民族，后来被熔（融）合在华的概念之内。"[4] 张正明则认为："华夏是在蛮、夷、戎、狄的某些部分因社会发展阶段相近和彼此频繁交往而发生同化过程中合成的。"[5] 也就是说，汉族其实是混合了中国东中部许多群体的共同体，在统一与分裂的政权更替中不断交融，也许在两汉时"汉"只是政权的名字，但经过长期的历史发展，周边人将中原人称为汉人，汉人自己也因两汉的强盛愿意以"汉"作为自己的族称，汉人后

① 霍彦儒：《"炎黄子孙"称谓的历史演变及其意义》，《协商论坛》2008 年第 4 期。

② 郭沫若：《中国史稿》第一册，人民出版社 1983 年版，第 121 页。

③ 邹君孟：《华夏族起源考论》，《华南师范大学学报》1985 年第 1 期。

④ 李亚农：《西周与东周》，上海人民出版社 1956 年版，第 11 页。

⑤ 张正明：《先秦的民族结构、民族关系和民族思想》，《民族研究》1983 年第 5 期。

裔自然而然地继承了"汉"这个族称。

鉴于以上三个原因,汉人指生活在中国东中部山区和平原的河流区域的中国人。如果从其族源夏朝算起开始约有 200 余万人,历经夏、商、周三代,到战国盛时已有 2000 万人左右了。"西汉初年的人口约 130 多万,西汉前期的人口自然增长率为 12‰左右,文景之际的人口约有 2500 万,景武之际的人口约有 3000 万,武帝发动反击匈奴战争之前的人口约有 3400 万。之后经过 30 余年抗击匈奴的战争,人力物力财力损失较大,社会生产受到影响,加之自然灾害,武帝末年的人口降到 3000 万以内。西汉后期人口自然增长率在 9‰以下,到平帝元始二年,全国人口达到《汉书·地理志》中的 5900 多万。"[①] 人口基数大也是汉族在汉代能够形成的基础,汉人自然就成为居住在河流区域从事农业生产的人的名称。

第二节 汉匈时期汉族沿丝绸之路的西迁

从两汉王朝派遣人员沿丝绸之路迁徙的途径来说,有驻军与行政管理人员及屯田民众等形式。

一、随汉匈军事行动西迁的汉朝驻军

西汉经过前四代帝王的休养生息,终于在汉武帝时积累起实力与匈奴进行了多次军事战争,军事行动结束后,汉武帝及其后代帝王在这些新开拓的地方驻军。河西四郡(武威、张掖、酒泉、敦煌)自汉武帝派驻了大量屯戍军队后,由于军队吏卒在衣食住行等方面都离不开市场商品交换,遂使得这一地区的市场发展起来。这里的市场除像内地一样设置于郡县治所及地方一些乡里外,在某些屯戍吏卒聚居的大坞壁及一些交通要道上的邮驿亦设有市。屯戍吏卒大量参与市场的买卖活动,使该地区市场商品琳琅满目,商品交易比较繁荣。除驻军外,又在河西走廊置河西四郡。

---

① 尚新丽:《西汉人口数量变化考论》,《郑州大学学报》2003 年第 3 期。

根据统计，河西四郡有 35 个县，也需要大量的行政管理人员，如果一个县衙有 10 个官吏，那么就有 350 之多，实际上一个县的管理人员不止 10 个；同时又在新疆南疆设置西域都护府，公元前 60 年，汉朝成立西域最高行政机构——西域都护府，总管西域事务。① 疏勒作为西域都护府治所，被称为汉城，它是班超率领汉军的主要基地。后来班超移治龟兹它乾城，但其副手徐干仍驻节疏勒。在汉军的影响下，疏勒的经济文化有了飞跃性的发展，疏勒国增户加丁，已拥众 2100 户，胜兵 3000 余人。至今这里仍然保留了汉城。

二、两汉时期汉族沿丝绸之路的屯田

元狩二年（公元前 121 年），匈奴退出河西后，西汉在河西地区设置了武威、酒泉二郡。到了元鼎六年（公元前 111 年）"乃分武威、酒泉地，置张掖、敦煌郡，徙民以实之。"② 由于"河西四郡共领 35 县。除去武威郡的媪围（今甘肃景泰附近）、张掖郡的居延（今内蒙古自治区额济纳旗东南）两县之外，其余均在今河西走廊。"③ 为了更好地控制这一战略区域，西汉政府开始进行大规模屯田。《史记·平准书》曰："初置张掖、酒泉郡，而上郡、朔方、西河、河西开田官，斥塞卒六十万人屯田之。"也就是说仅在今天甘肃和内蒙古西部屯田人数就高达 60 万人。屯田需要用水，"自是以后，用事者争言水利，朔方、西河、河西、酒泉皆引河及川谷以溉田"④。我们以居延和敦煌为例说明。由居延汉简知，居延地区的水利灌溉可分明渠和井灌两类。"始元二年，戍田卒千五百人为辟马田官穿径渠。"也就是说，仅仅在这里从事渠道开浚的田卒就有 1500 名。敦煌的

---

① 李旭东：《古今"安西"、"疏勒"地名起源考——兼论西域"安西"、"疏勒"是怎样移居河西走廊的》，《阳关》1998 年第 2 期。

② （汉）司马迁：《史记》，中华书局 1959 年版，第 2879—2919 页。

③ 张学玲：《汉唐时期河西走廊经济变化与城镇发展间的互动》，《北方民族大学学报》2013 年第 4 期。

④ 《汉书·沟恤志》，转引自李并成《汉唐时期河西走廊的水利建设》，《西北师范大学学报》1991 年第 2 期。

屯田也由井水灌溉。如《汉书·西域传》载:"汉遣破羌将军辛武贤将兵万五千人至敦煌,遣行者案行表,穿卑提侯并以西,欲通渠转谷,积居庐仓以讨之。"① 可见有15000名将士在此屯田。由于水利建设促进了大规模土地开发,西汉河西走廊的农业迅速发展,以至于"武威以西'风雨时节谷来常贱,少盗贼,有和气之应,贤于内郡'。到西汉后期,走廊生产的粮食似已自给有余,除供应区内兵民之需,而且有时内地饥馑之时,大司农就调拨了包括河西在内的西北十一农都尉屯田余粮救济灾区。"② 在西域,元狩四年(公元前 119 年),卫青、霍去病大破匈奴,在西域屯田,"吏卒五六万人",设置屯田校尉进行管理。东汉时期因西域三绝三通,东汉政府在西域的屯田似乎没有西汉那样效果好,但屯田仍然存在。如建武十三年(公元 37 年)任延任武威太守时,"置水官吏,修理沟渠,皆蒙其利"③。正是因为两汉对河西走廊的经略,中原文明逐渐传入武威。各民族在这里频繁往来、迁徙、交流、融合。"到十六国时期,河西前后有五个凉国政权割据:汉族张氏建立的前凉(301—376 年),氐族吕氏建立的后凉(386—401 年),鲜卑族秃发氏建立的南凉(397—414 年),匈奴卢水胡沮渠氏建立的北凉(397—439 年),汉族李氏建立的西凉(400—421 年),五凉政权存在约 140 年,其中后凉、南凉、北凉都是少数民族建立的地方政权。除西凉外,其余 4 个政权都曾或一度在姑臧建都。"④ 因此可以说,随着西汉对西域的经略,汉朝内地人沿丝绸之路迁徙到广大西域,不仅促进了中国境内各民族之间的融合,也为后起不同民族政权对丝绸之路的维护和各民族沿丝绸之路的交往交流交融奠定了良好的基础。

---

① 李并成:《汉唐时期河西走廊的水利建设》,《西北师范大学学报》1991 年第 2 期。
② 李并成:《汉唐时期河西走廊的水利建设》,《西北师范大学学报》1991 年第 2 期。
③ 李并成:《汉唐时期河西走廊的水利建设》,《西北师范大学学报》1991 年第 2 期。
④ 齐作锋:《武威历史上的民族变迁与融合》,《发展》2013 年第 6 期。

第三节　汉族跨越丝绸之路和长城与其他民族的交融

两汉和匈奴是中国有史记载以来向西拓展最远的政权，这两大政权及其统治下的民众都曾沿陆上丝绸之路进行由东向西或从西向东的迁徙，与此同时，这两个政权及其民众也互相跨越长城与丝绸之路迁徙与交流。和匈奴沿长城与丝绸之路向南迁徙的规模相比，汉朝因人口基数大跨越长城与丝绸之路向匈奴境内的迁徙人口较多，经本书梳理，汉朝主要通过以下几种途径跨越长城和丝绸之路向北迁徙。

一、和亲

在两汉时代的亚欧大陆上，两汉人口也是世界上人口较多的国家之一。因此不断开疆拓土养育富余人口是两汉政府在人口增长压力下的国家战略，和亲则是实现这种战略的成熟方略。因为通过结亲而结盟是古今中外惯用的方式。不过西汉前四代的君主与匈奴之间通过和亲的方式是西汉弱、匈奴强时应用的方式。但无论情形如何，客观上都起到了汉朝皇室与匈奴汗室带头互相交流的作用。具体和亲事例很多。第一例发生在冒顿单于攻盗代地的汉高帝十一年[1]，"冒顿纵精兵四十万骑围高帝于白登，七日……汉亦引兵而罢，使刘敬结和亲之约。是后韩王信为匈奴将，及赵利、王黄等数倍约，侵盗代、云中。居无几何，陈豨反，又与韩信合谋击代。汉使樊哙往击之，复拔代、雁门、云中郡县，不出塞。是时匈奴以汉将众往降，故冒顿常往来侵盗代地。于是汉患之，高帝乃使刘敬奉宗室女公主为单于阏氏，岁奉匈奴絮缯酒米食物各有数，约为昆弟以和亲，冒顿乃少止"[2]；第二例发生在公元前166年，老上单于"留塞内月余乃去，汉逐出塞即还，不能有所杀。匈奴日以骄，岁入边，杀略人民畜产甚多，云

---

[1]　叶永新：《汉与匈奴第一次、第二次和亲考略》，《中国边疆史地研究》1998 年第 4 期。

[2]　（汉）司马迁：《史记》，中华书局 1959 年版，第 2879—2919 页。

中、辽东最甚，至代郡万余人。汉患之，乃使使遗匈奴书。单于亦使当户报谢，复言和亲事"；第三例发生在公元前 108 年，乌维单于因"故约，汉常遣翁主，给缯絮食物有品，以和亲，而匈奴亦不复扰边"；第四例则发生在公元前 89 年，匈奴狐鹿姑单于在其致汉书信中也曾经说："南有大汉，北有强胡。胡者，天之骄子也，不为小礼以自烦。今欲与汉开大关，取汉女为妻，岁给遗我蘖酒万石，稷米五千斛，杂缯万匹，它如故约，则边不相盗矣。"① 由此可见，汉与匈奴之间的和亲不仅是嫁人，而且还要在"自天子不能均驷驹，将相或乘牛车"的困难时期送给匈奴粮食、布匹等生活物资。

二、战败留居漠北的汉朝将士

苏武牧羊的故事家喻户晓，也是中国小学生的语文范文。但苏武是被匈奴拘留的汉朝使节。终两汉朝，使节是沟通汉与匈奴关系的桥梁，因此汉朝使节、副使及其他随行人员就构成跨越长城和丝绸之路向北迁徙的流动人员之一，其中被扣使节留在漠北居住终身，就成为匈奴人之一。譬如《史记》记载的有黑瞳的人就是汉将李陵之后。"公元前 90 年他还曾奉狐鹿姑单于之命率军三万余人与西汉御史大夫商丘成在匈奴地区的浚稽山附近'转战九日'，互相搏斗拼杀。公元前 56 年，李陵与且侯单于的女儿婚生之子（匈奴大单于的外孙）还曾拥立乌藉都尉为匈奴单于，但不久以后即被呼韩邪单于稽侯珊'捕斩之'。"② 除了汉朝将军外更多的普通士兵被降而成为匈奴人的组成部分，如公元前 103 年春浞野侯赵破奴率"二万余骑出朔方西北二千余里"，因自出寻水而被匈奴省活捉，他率领的 2 万余骑"遂没于匈奴"；公元前 9 年贰师将军李广利率领汉军 7 万余人出五原塞，兵败投降匈奴。那么随赵破奴和李广利降入匈奴之中的 9 万余普通士兵从此不见记载，因为他们在人口繁衍比较慢的漠北就成为匈奴人的组

---

① 王庆宪：《匈奴地区的中原人口及汉匈关系》，《中央民族大学学报》2006 年第 6 期。
② （汉）班固：《汉书》，中华书局 1962 年版，第 3779、3796 页。

成部分。普通的使节则最容易成为人质留在匈奴。如跟随正使苏武和副使张胜的虞常，"曾经'私侯'会见汉朝副使张胜，称他有能力在匈奴地区暗杀当时深受且侯单于宠信的匈奴丁零王卫律。虞常不仅得到了张胜的准许，还收到了张胜随苏武出使匈奴带去的货物馈赠。虞常等七十余人做好了各种准备，打算劫持'单于母阏氏'，只是其中一人不知何故中途变卦，并且告发。适逢匈奴单于不在王庭龙帐，其'子弟发兵与战'，缑王等战死，虞常被俘。汉朝正使苏武亦因其副使张胜卷入此事而受到牵连，留居匈奴地区十九年后乃得返回中原。"[1] 原西汉塞外都尉李绪败降匈奴以后，虽被中原降将差遣的人"刺杀"而死[2]，但他的将士们也成为匈奴人。此外还有翕侯赵信、贰师将军李广利的"护军""军长史""决眭都尉辉渠侯"、军掾胡亚夫以及随同他们一起降入匈奴之中的中原人士兵等等，因此降入匈奴的汉军将士构成了跨越长城与丝绸之路北迁的汉朝人之一。

三、屯田

与汉朝在河西走廊和新疆南疆的屯田相比，跨越长城和丝绸之路的屯田主要集中在北地、上郡等匈奴与汉朝对峙的区域。早在元狩二年（公元前 121 年），西汉发动"河西之战"后匈奴遭到重创，加上匈奴内讧，浑邪王杀休屠王率其众 4 万人附汉。汉朝将匈奴归附将士置北部边境陇西、北地、上郡、朔方、云中五郡塞外五属国[3]。五属国的治所分别在：陇西郡治勇士（元鼎后析属天水郡，今甘肃榆中县北），北地郡治三水（元鼎后析属安定郡，今宁夏同心县东），上郡治龟兹（今陕西榆林市北），西河郡治美稷（今内蒙古准格尔旗西北），五原郡治蒲泽（今地无考，大约在内蒙古达拉特旗、准格尔旗一带）[4]。西汉政府在这些地区实行屯田，如《史记·平准书》曰："初置张掖、酒泉郡，而上郡、朔方、西河、河西

---

① （汉）班固：《汉书》，中华书局 1962 年版，第 2460 页。
② （汉）班固：《汉书》，中华书局 1962 年版，第 2457 页。
③ （汉）班固：《汉书》，中华书局 1962 年版，第 2471—2477 页。
④ 谭其骧：《长水集（上册）·西汉地理杂考》，人民出版社 1987 年版，第 92—93 页。

开田官，斥塞卒六十万人屯田之。"① 其中的上郡、朔方都是在长城以北区域。虽然没有记载这些屯田人的身份，但从来源上来看均为匈奴降汉的将士和从汉朝迁徙到长城北部进行屯田的汉朝人。"建武二十六年（50 年）冬，为避北匈奴之侵扰，南单于各部徙居西河郡（今山西中部、太原西南离石地区）、美稷。从此北边的北地郡（今宁夏回族自治区吴忠市附近）、朔方郡（郡治在磴口，河南地）、五原郡（前套地，郡治包头西）、云中（郡治在呼和浩特西南）、定襄郡（郡治在和森格尔、呼和浩特东南）、雁门郡（山西东北部）、代郡（山西东北和河北西北部，郡治阳高）和西河郡八郡地区，即今内蒙古南部、宁夏、甘肃、陕西、山西、河北北部，都有南匈奴的部落居住。南匈奴迁徙到这里以后，在东汉政府的支持下，休养生息，社会有了很大的发展，如从公元 50 到 90 年，南匈奴人口已由三万多人发展到三万四千户，二十三万七千三百口，胜兵五万多。"② 这些区域都是农牧兼营区域，随着边防的需要，汉朝将士和屯田民众移居此地并不在少数。

除了以上迁徙后相对定居的汉朝人之外，还有一些在汉匈之间流动的人口。如汉匈双方经济物资交换的主要途径之一的关市中存在的汉朝商人、民间私下"犯禁"彼此交易换购物品的民间商人等③。虽然他们因商品交换处于流动状态，但他们也对汉匈之间的交流起着不可忽视的沟通作用。

总体来说，汉族因汉朝而得名，汉朝融合了更多不同民族成为汉人，汉朝人也以长城与丝绸之路为界的区域与匈奴、月氏、乌孙、羌人以及亚历山帝国等展开了亚欧间文明交流与合作。

---

① （汉）司马迁：《史记》，中华书局 1959 年版，第 1417—1444 页。
② （宋）范晔：《后汉书·南匈奴列传》，中华书局 1965 年版。转引自李吉和《匈奴的内徙及其影响》，《内蒙古社会科学》2004 年第 1 期。
③ 王庆宪：《从两汉简牍看匈奴与中原之间的经济文化交流》，《中央民族大学学报》2004 年第 3 期。

第十一章　为什么绿洲丝绸之路
在汉匈时期"贯通"

当海上丝绸之路取代陆上丝绸之路 1100 多年的今天，中国政府提出了"一带一路"（丝绸之路经济带和 21 世纪海上丝绸之路）倡议。这一倡议的依据就是陆上绿洲和草原丝绸之路曾经是中国文明与欧亚大陆文明连接的纽带。那么为什么恰恰在两千多年以前的汉匈时期而不是其他时间段，绿洲丝绸之路能够贯通？本章拟从四个方面论述这一问题。

第一节　自然基础——气候与地貌

绿洲丝绸之路能够在西汉时期成为连接亚欧两大文明的道路，与亚欧两大洲之间连接地带的气候、地貌等生态环境因素有着极其密切的关系。所谓生态环境，包括相对稳定的地形与地貌、海拔和变化多端的气候。众所周知，亚欧两洲内部的交通体系在秦汉建立统一国家之前就已存在，但连接处的交通不够发达，这与这里的人类活动少有关，也与其地貌和海拔有关。因为亚欧连接处正好处于印度板块与亚欧板块互相挤压促使喜马拉雅山脉、昆仑山脉和帕米尔山脉不断隆起并向北不断推进的区域，这一区域的北部是天山山脉、阿尔泰山和蒙古高原，南北两面山脉共同作用，造就了塔里木盆地及河西走廊的形成。与南北山脉和高原相比，这里的海拔在 800—1200 米之间，因低于南北山脉而成为南北山脉中河流汇聚的地方，如发源于帕米尔高原的叶尔羌河、阿克苏河和和田河汇合后形成的塔里木河由西北向东南穿过塔里木盆地；车尔臣等发源于昆仑山的河流也成为盆地南缘绿洲兴起的生态基础；"祁连山北麓自东向西依次为石羊河流域、黑河流域和疏勒河流域"①，成为河西走廊诸如武威、张掖、酒泉、敦煌、玉门等绿洲兴起的生态基础。因此，虽然周围高山与高原围绕，盆地中央是沙漠，但塔里木盆地和河西走廊相对低缓的海拔和周围山脉补给的水源使沙漠边缘的绿洲成为人类通行的自然通道。

但这并不是说这条自然形成的通道就可以永远通行。因为它的地理位置在印度板块的挤压下向北推进，只是因为移动比较慢且稳定我们感知不到而已。另外，某些历史时期的气候变化也成为影响这条连接亚欧的通道能否通行的生态因素。根据竺可桢教授对中国近五千年气候变化的初步分析，得出的初步结论是："（1）在近五千年中的最初二千年，即从仰韶文化到安阳殷墟，大部分时间的年平均温度高于现在2℃左右。一月温度大约比现在高3—4℃，其间上下波动，目前限于材料，无法探讨。（2）在那以后，有一系列的上下摆动，其最低温度在公元前1000年、公元40年、1200年和1700年；摆动范围为1—2℃。（3）在每一个四百至八百年的期间里，可以分出五十至一百年为周期的小循环，温度范围是0.5—1℃。（4）上述循环中，任何最冷的时期，似乎都是从东亚太平洋海岸开始，寒冷波动向西传布到欧洲和非洲的大西洋海岸，同时也有从北向南趋势。"② 由于欧洲处于西方，其暖寒期交替比中国晚50年左右。即地球近五千年来的气候主要经历了三个主要的温暖湿润期与冷干期相互交替的过程。对中国来说："第1个为仰韶暖期（公元前3000年），黄河中下游地区当时为亚热带气候；秦汉时代为第2个暖湿期（公元前770年至公元初）。《史记·货殖列传》中记载在黄河流域有桔、竹、漆和桑等亚热带经济作物生长；第3个暖期为'隋唐暖期'（公元600—1000年），当时的

---

① 张晓晓、张钰、徐浩杰、朱佳君：《河西走廊三大内陆河流域出山径流变化特征及其影响因素分析》，《干旱区资源与环境》2014年第4期。

② 竺可桢：《中国近五千年来气候变迁的初步研究》，《中国科学》1973年第2期。

长安冬季无冰无雪，与暖湿气候期相间隔。中国气候 3 个寒冷干旱时期
为：第 1 个寒冷期为西周冷期（公元前 1000—前 850 年）；第 2 个寒冷期
为魏晋南北朝冷期（公元初—公元 600 年），当时的年均气温比现代低 2—
4℃；第 3 个寒冷期出现在北宋初年到清末（公元 1000—1900 年）。"① 对
照中国气候历史循环过程，存在一个有趣的规律，这就是统一王朝多出现
在暖湿期，分裂王朝多出现于干寒期。如两汉与匈奴、隋唐与突厥等统一
王朝出现在暖湿期，三国两晋南北朝，宋辽金西夏等均出现在干寒期。具
体来说，"三世纪的东汉后期，西域地区气候趋向寒冷，直至整个南北朝
时期，气候都是普遍寒冷的。七世纪西域气候迅速转暖并持续至十世纪，
而这一温暖时期正处于唐代的三百年间。此后十一世纪西域气候再度转向
相对寒冷，十二—十三世纪早期有短暂的转暖现象，十五—十九世纪进入
小冰期，二十世纪后气候再度转暖，气温迅速上升。"② 西汉时期，恰好是
中国进入第二个暖湿期，丝绸之路上河西走廊的"补连山，张掖、酒泉二
界之上，东西二百里，南北百余里。山中冬温夏凉，易牧羊，乳酪较好。
夏泻酪，不用器物。刘草着其上，不散。酥特好，酪一斛；得升余酥。又
有仙人树，行人山中饥渴者，辄食之饱。"③ 在塔里木盆地的楼兰，因位置
比中原西，季风很少到达这里，因此暖湿期来得比中原稍迟一些，"楼兰
在东汉末年达到了其顶峰，其繁荣昌盛一直持续到第二个寒冷时期的前
300 年左右。在其昌盛时期中（如曹魏、西晋时期），它曾作为中原管理
西域的军事行政最高首脑西域长史的驻地。在第 2 个冷干期开始时，即
在东晋初年，当气候发生剧变时，楼兰的用水日渐紧张，楼兰城开始衰
落，其作为古丝绸之路中继站的地位也被高昌取代。"④ 与以后的干冷期相

① 高玉山、桑琰云、徐刚、李月灵：《楼兰的兴衰与环境变迁、灾变》，《阜阳师范学院学报》2004 年第 3 期。
② 张彦虎：《汉唐时期西域生态环境与屯垦开发研究》，《石河子大学学报》2012 年第 1 期。
③ 张澍：《凉州府志备考》（上册），三秦出版社 1988 年版，转引自安旭强《秦汉时期河西走廊农牧经济结构变迁述略》，《宜宾学院学报》2009 年第 10 期。
④ 高玉山、桑琰云、徐刚、李月灵：《楼兰的兴衰与环境变迁、灾变》，《阜阳师范学院学报》2004 年第 3 期。

比，西汉相对暖湿的气候有利于人类沿绿洲丝绸之路居住、生产、迁徙和交流，统一的匈奴和西汉王朝分别在暖湿前期和后期贯通了绿洲丝绸之路。而草原丝绸之路经过的北温带接近寒带的气候对绿洲丝绸之路贯通也有助推作用。可以说，越是人类早期的活动，因人类科技文化力量的弱小而受生态环境的影响越大，反之则小。直到今天，虽然人类的科技文化力量足以上天入地，但尊重生态环境和自然规律仍然是我们人类处理人与自然关系的基本原则。有史记载的第二个暖湿期就是绿洲丝绸之路贯通的生态条件。

第二节 人本基础——东西方人种与族群汇合

由于绿洲丝绸之路是东西方人类活动不断延伸的结果，因此人是绿洲丝绸之路畅通的核心要素。即使通过绿洲丝绸之路的商品货物贸易，也必须靠人或畜力运输才行，因此不同人种、民族及职业群体在亚欧交汇处的塔里木盆地与河西走廊汇合就成为绿洲丝绸之路贯通的人本基础。

从目前塔里木盆地的考古发现来说，从连接塔里木盆地的西部高原帕米尔到塔里木盆地东部的哈密，均有从旧新石器时代、青铜时代和早期铁器时代的人类遗址。如在帕米尔高原塔什库尔干县城东南34公里的吉日尕勒、于阗市南的玉龙喀什河右岸、洛浦县东南干河床岸边，发现旧石器遗址；在哈密市七角井和三道岭、鄯善县迪坎尔和英都尔库什、若羌县阿尔金山中有石器遗址；在吐鲁番阿斯塔那尉犁县辛格尔和罗布泊周围、疏附县乌帕尔，均发现新石器遗址。[①] 这些遗址中多以人类使用的工具为主。但在青铜和铁器时代的遗址中，却发掘出为数可观的人骨，使今天的我们对这里居住的早期人类有了比较清晰的认识。如下表显示：

---

① 张玉忠：《新疆考古述略》，《考古》2002年第6期。

遗址地点	时间	人种类型
1. 哈密焉不拉克村土岗古墓	西周—春秋：公元前10—前5世纪	"焉不拉克墓地的高加索人种头骨在体质形态上与邻近孔雀河下游古墓沟青铜时代居民的头骨比较接近。""焉不拉克头骨的一般形态相当地重复着现代东藏地区（藏族 B 组）头骨的综合特征。"①
2. 和田洛浦桑普拉古墓地	战国——三国：公元前 217 至 283 年②	"桑普拉古代居民的种类型族与其西的南帕米尔塞克（公元前六—四世纪）和其东的罗布泊的古楼兰居民的主要成分相同。在后两者之间，桑普拉遗址占有过渡的地理位置。"③
3. 且末扎滚鲁克古墓群	上限年代距今约 3000 年，下限年代至魏晋④	如今在扎滚鲁克古墓葬陈列室中的一对夫妻的干尸有明显的欧罗巴人种特征。
4. 孔雀河下游古墓沟遗址	距今 3800 多年	"他们是迄今所知欧亚大陆上时代最早，分布位置最东的古欧洲人类型。他们和古楼兰居民的主体（欧亚人种印度—阿富汗类型）具有不同的种族起源关系。"⑤
4. 鄯善洋海古墓群	西周—战国：公元前 10 世纪—前 8 世纪	吐鲁番 3000 年前的洋海墓地、2500 年前苏贝墓地和始建于公元前 5—前 4 世纪的交河故城的人应该是同一个种族，他们已经消失在历史的长河里，他们只留下一个模糊的身影：白种人、戴着高高的帽子、游牧。⑥
5. 苏贝希古墓	距今 2500 年	参见洋海古墓的说法。

---

① 韩康信：《新疆哈密焉不拉克古墓人骨种系成分研究》，《考古学报》1990 年第 3 期。

② 百度百科：《山普拉古墓》，2016 年 1 月 19 日，见 http://baike.baidu.com/link? url=uskajUcY4vU5k-FocQ6s5flmrsct4fPPKRiKLqXmv5U5A_vW3Qq5LUJPgjHHXaWZIm 4ZJvmIWR6XHOvEx8W1NK。

③ 韩康信、左崇新：《新疆洛浦桑普拉古代丛墓葬头骨的研究与复原》，《考古与文物》1987 年第 5 期。

④ 百度百科：《扎滚鲁克古墓群》，2016 年 1 月 15 日，见 http://baike.baidu.com/ view/1064353.htm。

⑤ 韩康信：《疆孔雀河古墓沟墓地人骨研究》，《考古学报》1986 年第 3 期。

⑥ 中央电视台探索与发现频道：《洋海古墓——永恒的守望》，2020 年 2 月 15 日，见 http://tv.cntv.cn/video/C14092/53c7022fe43e4d831b5273869a132a4c。

续表

遗址地点	时间	人种类型
6. 哈密五堡古墓群①	距今 2900—3200 年	1978 年开始发掘，被誉为"金发女郎"的哈密干尸，就是在此地发掘出土的。②
7. 吐鲁番边缘的阿拉沟古代丛葬墓	战国时期：公元前 3 世纪以前	在 49 具欧洲人种头骨里，形态上接近地中海支系的约占 16%，与中亚两河类型接近或具有安德洛诺沃变种向中亚两河类型过渡形态的约占 41% 多，还有大约 3% 多的头骨介于这两者形态之间。③
8. 塔吉克香宝宝墓地	距今 2800—2500 年	头骨与吉尔吉斯斯坦境内南部帕米尔古代塞克 (Seke) 头骨接近，即接近地中海东支类型。④

从上表可知，在秦汉以前，从塔里木盆地西部的帕米尔高原一直向东延伸到塔里木盆地东北部的罗布泊和吐鲁番盆地，均分布着不同亚类型的欧罗巴人种，从上表中显示的新疆南疆多处古墓人骨种族人类学特征来看，有阿尔宾人种、土耳其人种、印度—阿富汗人种、西藏人、蒙古利亚人种等等。⑤ 中国古代史书通称这些欧罗巴人种为"塞种"。如《汉书·西域传》记载：塞人势力强大，支属众多，有高尖帽塞人、水边塞人和牧地塞人等。⑥ 韩康信教授通过大量头骨研究后认为："塞，又称塞种，国外学者常称为 Saca，他们大致在公元前 8—前 3 世纪曾占据从阿尔泰山西段到

---

① 百度百科：《哈密五堡墓地》，2016 年 1 月 15 日，见 http://baike.baidu.com/view/6323086.htm。

② 百度百科：《五堡古墓群》，2015 年 1 月 19 日，见 http://baike.baidu.com/view/509721.htm。

③ 韩康信：《新疆洛浦山普拉古墓人骨的种系问题》，《人类学学报》1988 年第 3 期。

④ 韩康信：《新疆古代居民的种族人类学研究和维吾尔族的体质特点》，《西域研究》1991 年第 2 期。

⑤ 韩康信：《新疆古代居民种族人类学的初步研究》，《新疆社会科学》1985 年第 6 期。

⑥ 百度百科：《阿拉沟金饰》，2016 年 1 月 19 日，见 http://baike.baidu.com/view/87337.htm。

帕米尔高原，从七河流域到北疆的大片土地，是一些民族成分和文化各不相同，但与斯基泰人有血统关系的游牧民族。"① 苏联的塞人研究成果也表明：在公元前 7—前 6 世纪兴盛于中亚的塞人种族特征具有地理分布上的不同。如"从帕米尔地区古代塞人墓中出土的人骨的体质形态特点主要接近东地中海的长颅欧洲人种类型，而从天山和哈萨克斯坦地区出土的塞人时期人骨主要代表了欧洲人种的特殊安德洛诺沃变种向中亚两河类型的过渡形式。"② 即他们属于欧罗巴人种中的若干亚支。但总体来看，在广大塔里木盆地居住的居民以欧罗巴人种为主。

从吐鲁番再向东行，就进入河西走廊。西汉之前，这里是欧罗巴人种与蒙古人种的若干亚群体的过渡地带。其中生活在河西走廊南部祁连山南坡的是羌，生活在河西走廊祁连山西部北麓及走廊地带的是月氏、乌孙，生活在河西走廊北部是匈奴，生活于河西走廊东部是戎。

居住在河西走廊南部祁连山以南广大区域的羌虽然起源有不同说法，如《后汉书·西羌传》记载："西羌之本，出自三苗……即舜流四凶，徙之三危"；许慎《说文解字》中也记载："羌，西戎牧羊人也。从人，从羊，羊亦声。"③ 多年从事四川民族研究的李绍明教授认为"羌人的族源，据认为他们系从南方迁到西方的，而更古的传说，以为羌人早就居于西北，我国农业的始祖炎帝即生于姜水，并以姜为姓。目前学术界一致的看法认为'姜'是羌人中最早转向农业的一支"④；刘尧汉却认为"古羌人的发祥地在甘南天水一带及相连地区"；郑德坤说："羌族种类不一，其源均出于今甘肃黄河、徨河、赐支河三水之间"⑤；任乃强则在结合考察的基础上认为"羌族是在青藏大高原顶部辽阔的大草原上发展起来"，"并向四方扩散

①　韩康信：《塞、乌孙、匈奴、突厥之种族人类学特征》，《西域研究》1992 年第 2 期。

②　韩康信：《新疆古代居民的种族人类学研究和维吾尔族的体质特点》，《西域研究》1991 年第 2 期。

③　转引自史文《古羌人的起源及其迁徙》，《民族论坛》1987 年第 2 期。

④　李绍明：《西羌》，《文史知识》1984 年第 6 期。

⑤　民国三十五年《四川古代文化史》第 9 章。转引自史文《古羌人的起源及其迁徙》，《民族论坛》1987 年第 2 期。

派分出若干的支系种族"。① 但从这些说法中可以确定：羌在秦汉统一中国以前已是西北主要族群，他们农牧兼营。其分布范围西起今天新疆南疆、东至渭水流域、北到河西走廊、南到藏彝走廊北部地区、西南到今天的西藏。如《资治通鉴》卷 52《汉纪》胡三省注曰："羌居安定、北地、上郡、西河者，谓之东羌；居陇西、汉阳，延及金城塞外者，谓之西羌。"② 常氏子地《汉中志》也记载：武都郡"有氐雯，多羌戎之民，其人半秦，多勇慈，有瞿堆百顷险势，云雯常依之为叛。"③ 至今在藏彝走廊北部仍然有羌族自治区域的事实也印证了此点。关于其人种特征，我们可以从新疆哈密焉不拉克古墓为证。如"焉不拉克墓地蒙古人种形态资料证明，至迟在西周春秋甚至更早的时候，我国西北地区便已存在与现代西藏东部居民更为接近的体质类型。这一发现无疑有利于藏族（至少是东部藏族）种族来源与西北古代氐羌系有密切联系的观点。"④ 因为这里自古以来就是羌与欧罗巴人种汇合的地带。

居于河西走廊的族群则有月氏、乌孙、匈奴和汉。如汉文史籍记载："凉、甘、肃、瓜、沙诸州，本月氏国之地。"⑤ 韩康信教授认为："乌孙则和月氏原来互相毗邻游牧于甘肃河西走廊西段的敦煌—祁连间，大约在公元前 177—前 176 年（汉文帝前元三至四年），月氏遭匈奴攻击而大部分西迁入塞人地域，即今新疆西部伊犁河流域及其迤西的苏联境内。大约在公元前 161 年（汉文帝后元三年），乌孙也被迫西迁，并攻击月氏占据了伊犁河和伊塞克湖一带，迫使一部分月氏继续西迁。"⑥ 即月氏受到匈奴攻击而西迁，乌孙在月氏西迁十年后也因受匈奴攻击而西迁。我们虽然没有任何关于月氏的体质人类学资料，但却有其邻居——乌孙的体质人类学资料。唐朝颜师古在《汉书·西域传》的注里这样写道："乌孙与西域诸戎，

① 转引自史文《古羌人的起源及其迁徙》，《民族论坛》1987 年第 2 期。

② 王力：《东汉时期羌族内迁探析》，《中国边疆史地研究》2007 年第 3 期。

③ 李绍明：《关于羌族古代史的几个问题》，《历史研究》1963 年第 5 期。

④ 韩康信：《新疆哈密焉不拉克古墓人骨种系成分研究》，《考古学报》1990 年第 3 期。

⑤ 吴廷桢、郭厚安主编：《河西开发史研究》，甘肃教育出版社 1996 年版，第 157 页。

⑥ 韩康信：《塞、乌孙、匈奴、突厥之种族人类学特征》，《西域研究》1992 年第 2 期。

共形最异，今之胡人青眼赤须状类猕猴者，本其种也。"20 世纪 60 年代，人类学家伊斯马戈洛夫在研究公元前 4—前 3 世纪中亚七河地区乌孙 31 具男性头骨和 31 具女性头骨后的结论是："七河地区的乌孙的人类学类型是在当地欧洲人种类型居民的基础上形成的，它们除主要表现明显的欧洲人种特点之外，也存在少量蒙古人种混血；此外，七河地区、天山、阿莱和东哈萨克斯坦乌孙的人类学类型彼此具有很近的亲缘关系；将早期和晚期乌孙头骨形态特征比较说明，乌孙的体质特点在 800 年的时间里没有表现出明显的变化。"也就是"南西伯利亚人种成分之一"①。虽然乌孙是欧罗巴人，但乌孙国内已存在蒙古人种的居民，那么与乌孙毗邻月氏更是欧罗巴人种和蒙古人种混合的国家，证据一是大月氏西迁时，小月氏却留在了祁连山区；证据二是塔里木盆地分布着许多月氏小国②，其中塔里木盆地东部小国的人种有明显的两种人种混合血统，如车师国，因此月氏是一个具有混合人种的国家及民族名称。

匈奴从公元前 177 年将月氏赶出河西走廊之时，便是其控制河西走廊的开始。即使西汉派遣张骞通西域、派大将霍去病进军西域，河西走廊实际上一直是匈奴与汉争夺的区域。当西汉的军事力量强过匈奴时，匈奴便失去对河西走廊的控制，反之当匈奴的军事力量超过西汉时，西汉便失去对河西走廊的控制。我们从以下史料中可以看出汉占据河西走廊后匈奴的处境是："匈奴失二山，乃歌云'亡我祁连山，使我六畜不蕃息；失我燕支山，使我嫁妇无颜色'。"③当西汉后期国力衰落时，匈奴就再次控制河西走廊，于是就出现东汉时期的"三通三绝"。关于匈奴的种族特征："'中国北方长城地带'青铜时代居民的人类学资料表明，匈奴人的人种构成具有突出的地域性，不同地区的匈奴人基本延续了较早时

---

① 韩康信：《塞、乌孙、匈奴、突厥之种族人类学特征》，《西域研究》1992 年第 2 期。

② W. W. Tarn，*The Greeks in Bactria and India*，Cambridge：Cambridge University，1951，pp.277，286，533.

③ 张澍：《凉州府志备考》（上册），三秦出版社 1988 年版，第 3 页，转引自安旭强《秦汉时期河西走廊农牧经济结构变迁述略》，《宜宾学院学报》2009 年第 10 期。

期的人种类型。'中国北方长城地带'东周时期南下的牧人在人种类型上属于'古蒙古高原类型',来源上应与蒙古高原以及外贝加尔石板墓的居民有一定的渊源关系。到战国晚期以后,当长城以北强大的匈奴联盟形成的时候,这部分古代居民很有可能最终加入到了匈奴联盟当中。"① 也就是说:"匈奴主体民族属于蒙古人种北亚类型,并非夏后氏之苗裔。至于其中所含的少量蒙古人种东亚和其他类型成分以及个别的欧罗巴人种成分则可能反映了匈奴对其他民族的征服以及长期的迁徙、融合过程中不可避免地出现的人种上的混血现象。"② 其中的北匈奴西迁欧洲,南匈奴进入长城和绿洲丝绸之路地带。秦汉统一中国后,在其统治下的国民便以秦人或汉人自居。他们的人种特征则是蒙古人种中的中间型。因此,匈奴和汉交替进入河西走廊,西方欧罗巴人种逐渐退出河西走廊,从而使塔里木盆地东缘的吐鲁番盆地与河西走廊交汇处成为东西人种的分界区域。

在河西走廊以东区域,即今天甘肃东部、宁夏、陕西、山西北部区域则是戎生活的区域。西汉以后的史籍称之为"西戎",因为其方位在汉之西。《史豁五帝本靓》谓:"西戎析支、渠搜、氐羌。"③《尚书·禹贡》记载:"撒皮、觉脊、析支、渠搜、西戎即叙。"④《后汉书·西羌传》也记载:"及平王之末,周遂陵迟,戎逼诸夏,自陇山以东及乎伊、洛,往往有戎,于是谓首有狄、源、圭体之戎,径北有义渠之戎,洛川有大荔之戎。"《史记·匈奴列传》也记载道:"自陇以西,有绵诸、统戎、翟邦之戎;歧、梁山、径、添之北,有义渠、大荔、乌氏、响衍之戎……各分散居溪谷,自有君长,往往而聚者百有余戎,然莫就相一。"到了秦穆公之时,"西戎八国合于秦"。戎八国在秦以西,故称西戎。八国中为后人熟知的就是义渠戎国。《墨子·节葬篇》云:"秦之西有义渠之国者,其亲戚死,

① 张全超、朱泓:《关于匈奴人种问题的几点认识》,《中央民族大学学报》2006年第6期。
② 马利清:《关于匈奴人种的考古学和人类学研究》,《中央民族大学学报》2007年第4期。
③ 李绍明:《关于羌族古代史的几个问题》,《历史研究》1963年第5期。
④ 李绍明:《关于羌族古代史的几个问题》,《历史研究》1963年第5期。

聚柴薪而焚之，熏之，谓之登遐，然后成孝子。"[1] 后来周兴起于戎地，建立周朝，义渠戎也为秦灭。由此可见，周人、秦人、汉人就是戎羌的后代而已。从体质特征上来说，他们也是蒙古人种的中间型。

由此可见，西汉以前，东西方文明汇合的塔里木盆地和河西走廊地带欧罗巴人种与蒙古人种的汇合，则是丝绸之路贯通的人本基础。

第三节　人文背景——东西方商品与文化交流

虽然汉文史籍记载张骞通西域为"凿空"之举，但这只是中国人自古以来"东向而望，不见西墙""孔雀东南飞"的认识。事实是在西汉以前就存在连接亚欧文明的三条通道："一是从关中或今河南北上经漠南阴山山脉至居延海绿洲（今内蒙古额济纳旗境内弱水下游），趋向天山南北麓至西域，即所谓的'居延路'或'草原路'；二是从关中过陇山，经河西走廊入西域，即所谓的'河西路'；三是由祁连山南，沿湟水至青海湖，再经柴达木盆地而达今新疆若羌的古'青海路'。"[2] 但因没有统一强大的王朝管理沿线贸易，使得沿路货物和文化交流始终以接力棒方式为主，也就是说，沿线聚落点都有传递商品和交流文化，但除了知道上家、下家以及交流商品之外，至于商品或思想最终到达什么地方并不清楚，直到现在的我们通过考古发掘才得知商品和艺术图案竟然能向西流动到欧洲或向东流动到黄河中下游区域。

在商品贸易方面：第一是玉石。学术界对丝绸之路以前是否存在玉石之路各抒己见[3]，但和田作为玉石产地之一以及和田白玉的独特性受到中

---

① 史文：《古羌人的起源及其迁徙》，《民族论坛》1987 年第 2 期。

② 张得祖：《古玉石之路与丝绸之路青海道》，《青海师范大学学报》2008 年第 5 期。

③ 如庄严认为："在丝绸之路形成 1600 年之前，我国中原地区到中亚一带就形成了一条比较繁荣的商道。商人们主要利用这条通道进行玉石贸易，因此人们称这条商道为玉石之路。这条古玉石之路始于于阗（今新疆和田），向西经乌兹别克斯坦、喀布尔、巴格达最后到达地中海沿岸的欧洲各国。向东一支经罗布庄、罗布卓尔、敦煌，到达玉门关，之后继续向东延伸，经兰州、西安、洛阳，而达安阳（周都殷墟）。后

原人的推崇则是事实。如东汉袁康在《绝越书》中记载："至黄帝之时，以玉为兵。"虽然文中没有说这些玉产自哪里，但后人研究表明："那时中国的产玉中心主要有三个：第一是位于南部长江流域江浙等地的良渚文化中心，其二是位于北方辽宁等地的红山文化中心，而最负盛名的则是位于西北昆仑山一代的和田玉中心。和田玉以其润泽的质地，丰富的色彩，得到了人们的喜爱和珍视。"① 羌人的白石崇拜、后起中原王朝皇室青睐玉石也间接印证了玉石流动的原因。这从先秦时期黄河长江流域皇室墓葬出土的和田玉可以证明。由于和田玉是以和田玉石的产地和田为中心而四散交流，因此它不仅仅向东沿河西走廊流通到中原地区，同时向西经过塔里木盆地后翻越帕米尔高原流通到中亚、西亚和欧洲。后来的丝绸之路也是沿此线路通行。第二就是玻璃。"出土于新疆拜城克孜尔的中国境内最早的玻璃珠是属于吸收古代西方制造玻璃的方法和玻璃的成分配方在当地制造的，时间在西周末和春秋初。中国最早的镶嵌（蜻蜓眼）玻璃珠是出土于河南淅川徐家岭和湖北随县擂鼓墩墓，年代属战国初期。从最近的分析研究表明，属于从西方引进的，它促进了 200 年后中国古代自制的镶嵌玻璃的产生。"② 这表明西方玻璃早在秦汉之前就已经传播到了塔里木盆地。除此之外，还有其他物品如"可能是知晓金属（青铜、铁）、玻璃、玉石镶嵌等制作技术的胡里安人和斯基泰人将技术和材料传至中亚，经由中国西

来中外学者所公认的丝绸之路所走的路线正是这条古玉石之路。"庄严：《"古玉石之路"的形成及其对中西文化交流的意义》，《兰台世界》2014 年第 3 期；钟华邦则认为：良渚文化遗址出土的玉器、殷商文化遗址出土的玉器等文物，其玉石原料是新疆和田玉经过"玉石之路"被远途运输到中原内地来的。改革开放后在长江三角洲地区发现了江苏梅岭玉，现在的研究证明良渚文化遗址出土的玉器、殷商文化遗址出土的玉器的原料不是来自新疆和田。因此，笔者对中国古代"玉石之路"提出了质疑。钟华邦：《中国古代"玉石之路"的质疑》，《宝石和宝石学杂》2014 年第 3 期。

① 庄严：《"古玉石之路"的形成及其对中西文化交流的意义》，《兰台世界》2014 年第 3 期。

② 干福熹：《玻璃和玉石之路——兼论先秦硅酸盐质文物的中外文化和技术交流》，《广西民族大学学报》（自然科学版）2009 年第 4 期。

北游牧部落传至中国内地，通行时间在 1500B.C—500B.C。"① 即青铜、铁等金属商品及制作技术也自西方传播到中国。自东向西的商品交易在西汉以前比较少，仅有陶器。如"1984 年著名考古学家裴文中从陶器在河湟流域的东西交流出发，认为古青海路（由祁连山南，沿湟水至青海湖，再经柴达木盆地而达今新疆若羌）是汉以前中西交通的最主要通道。虽然当时玉器尚未引起重视，但裴先生勾勒的这条通道却实实在在地穿越盛产美玉的昆仑山，极有可能就是昆仑玉东输之路。"② 即，青海道即是由东向西的陶器输出之道，也是后来由西向东的玉石输出之路。总体来说，商品的交流以由西向东为主。

在文化交流和吸收方面，因为东西方语言文字不同以及典籍缺失，我们无法得知先秦时期文化交流与相互吸收的整体状况，仅从考古出土的实物图案中看到文化因子的相互影响。如在且末县的扎滚鲁克古墓群和鄯善的洋海古墓群中发现的栽绒毯就是如此。专家认为"世界上现存最早的栽绒毯公认是俄罗斯巴泽雷克地区出土的人物鞍马纹方毯，其年代在公元前 5 世纪前后。鄯善洋海和扎滚鲁克墓地出土的栽绒毯年代也都较早，反映了西域栽绒毯的发展和延续的脉络。……这些栽绒毯主要采用马蹄扣，其风格深受希腊化艺术的影响。"③ 此外，在洛浦县"山普拉墓葬所出土的毛织物的典型代表作品有红地人兽树纹罽、卷藤花树罽、四瓣花毛绣织物及狮纹栽绒毛毯等，其四瓣花毛绣纹饰与营盘墓地所出土的漆奁纹饰基本一致，这种纹样在楼兰和尼雅遗址中的木雕图案中普遍存在，具有典型的贵霜文化和犍陀罗艺术特征，而狮纹毯图案造型夸张，神态生动，层次变化十分丰富，显示着浓厚的西亚造型风格。人兽树纹罽则呈现出典型的希

---

① 干福熹：《玻璃和玉石之路——兼论先秦硅酸盐质文物的中外文化和技术交流》，《广西民族大学学报》（自然科学版）2009 年第 4 期；唐启翠：《"玉石之路"研究回顾与展望》，《上海交通大学学报》2013 年第 6 期。

② 张得祖：《古玉石之路与丝绸之路青海道》，《青海师范大学学报》2008 年第 5 期；唐启翠：《"玉石之路"研究回顾与展望》，《上海交通大学学报》2013 年第 6 期。

③ 周菁葆：《丝绸之路与汉代西域的毛纺织技术》，《浙江纺织服装职业技术学院学报》2012 年第 3 期。

腊化特征，其人物卷发、高鼻、大眼睛的造型与古典雕刻中的人物形象十分近似，这种风格与其他遗址所出土的赫尔墨斯人像和尼雅遗址出土的人兽葡萄纹罽以及山普拉墓地出土的人像织物同属一类造型体系。可以明确地认为，它们是在吸收了希腊罗马艺术的基础上创造出的具有西亚和中亚本土特征的艺术形象。"① 可见，因塔里木盆地处于欧亚大陆汇合区域，器物所反映的艺术符号深受希腊和中亚、南亚文化的影响。但是否从齐家文化输出到塔里木盆地的陶器及其外形纹饰也被吸收，不得而知。因为且末县的莱利勒克遗址中有数量很多的陶器碎片，但却没有完整的陶器。在没有其他考古发现之前，目前所见文化上的交流仍以西向东为主。

从西汉以前的商品和文化交流的情况来看，都以由西向东为主，这与中国这一时期文明发展阶段有关。先秦时代的中国正处于内部文明的积累和交流阶段，直到秦汉建立了强大的统一多民族国家后，中国文明中的代表性物品和思想才开始向西传送，先秦时代东西方商品和文化交流由西向东为主也就可以理解了。随着秦汉统一国家政权的建立，丝绸之路贯通就为时不远了。

第四节　交通条件——沿线统一帝国开通道路

埃及、巴比伦、印度和中国被称为世界四大文明古国。这四大文明古国是丝绸之路能够开通的基础，因为文明之间的交流必须依靠道路。埃及、巴比伦和印度之间的交通因地理位置相邻且相继出现的统一政权注重道路的作用而贯通的时间早一些，后来在巴比伦的基础上兴起的波斯帝国、欧洲的亚历山大帝国则直接将欧洲和亚洲连接起来。如公元前6世纪中期，波斯帝国崛起后很快向东西扩张。兴盛时期的版图"西起埃及，北到黑海、里海一线，南到阿拉伯半岛，东到印度西北部。为了巩固对各

---

① 周菁葆：《丝绸之路与汉代西域的毛纺织技术》，《浙江纺织服装职业技术学院学报》2012年第3期。

地的统治，大流士一世在原来道路的基础上，修筑了覆盖全帝国的驿道
网（The Imperial Roads），其中最著名的是帝国西部的'王家大道'（The
Roy al Road）。它从都城之一的苏萨（Susa），经美索不达米亚，到达小亚
的以弗所（Ephesus）或撒尔迪斯（Sardis），全长2000多公里，沿途设有
驿站（现在已确认的有22个）。"① "帝国东部的一条主要交通干线是沿着
古老的美索不达米亚——米底（Media）之路，进而经巴克特里亚抵达印
度。"② "出产于巴克特里亚东部山区的名贵石头——天青石（lapis lazuli）
就沿此路线而输送到美索不达米亚和印度。"③ "亚历山大之前希腊的钱币
已在巴克特里亚流通，也说明波斯帝国时期从东地中海到兴都库什山之间
有可能存在长途商贸活动。"④ "大流士一世开通了埃及二十六王朝法老尼科
未完成的连接尼罗河与红海的运河。这些驿道和水路加强了各地的联系。
应该说在波斯帝国统治范围之内，各地交往的渠道是畅通的。"⑤ 可以说，波
斯帝国在建立起连通中亚和南亚次大陆的交通体系后，绿洲丝绸之路西段贯
通已经初见规模。波斯帝国之后兴起的亚历山大帝国于公元334年开始了对
波斯帝国的十年征战，使"从地中海到印度河，从黑海、里海、咸海到阿拉
伯海、波斯湾、红海，几乎被囊括在亚历山大的帝国之下。"⑥ 其中的陆路和
水路交通也随之连接起来。亚历山大于公元前323年病逝后，后继者马其
顿人仍然沿袭希腊化的进程，特别是将希腊城镇化及重视文化的做法沿袭
下来。"据统计，亚历山大及其后继者在东方建城至少在300个以上，其
中保留下名称者约275个。它们主要分布在东地中海沿岸（约160个）。"⑦

---

① 杨巨平：《亚历山大东征与丝绸之路开通》，《历史研究》2007年第4期。

② Josef Wiesehofer, *Ancient Pesia：From 550 BC to 650 AD*, London：I. B. Tauris
　Publishers, 1996, pp.76-77.

③ Frank L. Holt, *Alexander the Great and Bactria*, Leiden：E. J. Brill, 1989, p.28.

④ Frank L. Holt, *Into the Land of Bones：Alexander the Great in Afghanistan*, Berkeley：
　Univer sity of California, 2005, p.141.

⑤ 杨巨平：《亚历山大东征与丝绸之路开通》，《历史研究》2007年第4期。

⑥ 杨巨平：《亚历山大东征与丝绸之路开通》，《历史研究》2007年第4期。

⑦ 杨巨平：《亚历山大东征与丝绸之路开通》，《历史研究》2007年第4期。

其余的则在幼发拉底河中下游及其以东地区巴克特里亚及其相邻地区有名可据者有19个（其中亚历山大建了8座）①，在印度有27个②。这就是我们在两汉之前的塔里木盆地的古墓中看到许多希腊文化因子的原因。正是由于波斯、亚历山大、马其顿及后继者们的经营，当时的东西方商路主要有三条。"北路连接印度、巴克特里亚与黑海。中路连接印度与小亚，有两条支路：一条先走水路，从印度由海上到波斯湾，溯底格里斯河而上，抵达曾为塞琉古王国都城之一的塞琉西亚（Seleucia on Tigris）；一条全部走陆路，从印度经兴都库什山、阿富汗的巴克特拉（Bactra）、伊朗高原到塞琉西亚城。水陆两路会合后跨过底格里斯河和幼发拉底河，西达塞琉古王国的另一都城，即叙利亚的安条克（Antioch on the Orontes），由此转向西北到达小亚的以弗所。南路主要通过海路连接印度与埃及，从印度沿海到南阿拉伯，经陆路到佩特拉（Petra），再向北转到大马士革（Damascus）、安条克，或向西到埃及的苏伊士（Suez）、亚历山大里亚等地。"③ 这些商路与后来绿洲丝绸之路西段的海陆道路走向一致。

从史前考古和先秦史研究成果来看，东方的中国最早的人类就与丝绸之路密切相关。两汉匈奴时期中国人在实力不断西进的前提下，将西域纳入中国版图，从而在葱岭（帕米尔高原）实现了东西方文明的对接。

综上所述，绿洲丝绸之路在两汉匈奴时期贯通是天时、地利、人和的结果。天时就是汉匈时期世界气候处于第二个暖湿期，使得位于北温带靠寒区域丝绸之路沿线具有相对温暖的气候，有利于物产的生长和交易；地利就是位于绿洲东西文明当中的塔里木盆地和河西走廊地带的绿洲及水

① W. W. Tarn, *The Greeks in Bactria and India*, Cambridge：The Cambridge University, 1951，pp.277，286，533.

② M. Cary, *A History of the Greek World*, London：Methuen & Co. LTD，1959，pp.244-245.

③ W. W. T arn, *Hellenis tic Civilization*, London：Edward Arnold（Publishers）LTD，1952，pp.241-245；F. W. Walbank, *The Hellenistic World*, Glasgow：William Collins Sons & Co. Ltd.，1981，pp.199-200. 杨巨平：《亚历山大东征与丝绸之路开通》，《历史研究》2007年第4期。

源保障了此段交通道路的畅通；人和就是东西方不同人种和族群沿绿洲丝路定居、商品与文化交流、日益强大的东西方政权对交通的维系和保障。因此绿洲丝绸之路在汉匈时期贯通并非西汉的"凿空"之举，而是欧亚文明共同努力的结果。

第十二章　陆上丝绸之路与中华民族共同体和亚欧人类命运共同体

陆上丝绸之路从汉匈—亚历山大帝国时期开通到唐朝后期逐渐衰落，经历了 1100 多年的历史。紧随其后的海上丝绸之路兴起后，又走过了 1100 多年。现在中国在陆上丝绸之路和海上丝绸之路的基础上提出了"一带一路"倡议，目的就是通过海陆并进的方式走向世界和期待世界各国走进中国。那么回顾 2200 多年前陆上丝绸之路开通前后的民族迁徙与交融，为今天的中国和世界提供了哪些启示和借鉴，则是本章需要论述的问题。

第一节　陆上丝路促进西北绿洲区域民族交融

中国是由东部平原、北部蒙古高原、西北沙漠戈壁绿洲、西南青藏高原等四大生态文化区通过丝绸之路、长城和藏彝走廊连接和融合而形成的国家①，在四大生态文化区中，位于西北的沙漠戈壁生态文化区的人口承载率较少。这是由这里特殊的生态环境条件决定的。因为沙漠和戈壁都不适合人类居住，只有在沙漠和戈壁当中分布的绿洲才适合人类居住。绿洲与绿洲之间相连就形成了我们今天所说的丝绸之路。因此丝绸之路是这

---

① 徐黎丽：《通道地带理论——中国边疆治理理论初探》，《思想战线》2017 年第 2 期。

一生态文化区的各族人民生存与发展的生命线，也是西北各族人民交往交流交融的场域。

一、绿洲聚落的兴起

在中国西北沙漠戈壁绿洲生态文化区，人的生存主要依靠在沙漠戈壁中点缀的绿洲聚落。聚落的大小取决于绿洲大小，绿洲规模则完全依靠可以使用的河流或湖泊的水流量。这方面最典型的案例就是塔里木盆地边缘的绿洲聚落。塔里木盆地"西起喀什东至罗布泊，长约 1300km，南北最宽处相距 520km。地势自西南向北、东缓斜，昆仑山北麓海拔 1400—1500m，天山南麓海拔 1000m，东部罗布泊洼地 780m，盆地面积约 56 万 km^2。这个盆地的中央是中国最大的沙漠——塔克拉玛干大沙漠。沙漠的面积有 32 万 km^2。……塔里木盆地的水系，皆源于四周山地，流出山地的河流大小共 94 条，年径流量 368m^3，其补给都是来自山区降水。平原降水少不能形成地表径流，只有少数较大的河流如和田河、叶尔羌河、孔雀河等汇成被称为'无缰之马'的塔里木河。在这些河水的滋润下，沿盆地边缘形成了数百块绿洲，成为盆地内人类活动的主要场所和生态环境的重要组成部分。"[①] 这些绿洲，就成为西北沙漠戈壁绿洲生态文化区各族群生产生活单位，古代中文文献中记载的"西域三十六国"就是指它们。这些绿洲聚落，至今已经发展成为丝绸之路上的重要城镇。如喀什、库车、鄯善（楼兰）、吐鲁番等等。其中喀什在《汉书·西域传》《后汉书·西域传》中是这样被记载的："今属喀什噶尔地区的城邦、行国亦仅有疏勒、莎车、蒲犁、依耐、休循、捐毒、子合、尉头等七个国名。"其中休循、捐毒属于高鼻深目多须的欧罗巴人种的塞人行国，莎车则是定居塞人城邦的代表。如有汉文史料记载："王治莎车城，去长安九千九百五十里，户二千三百三十九，口万六千三百七十三，胜兵三千四十九人，有铁

---

① 李晓英、许丽：《楼兰城的兴衰与塔里木盆地环境演变之间的关系》，《干旱区资源与环境》2008 年第 8 期。

山、出青玉。"蒲犁、依耐、子合、西夜、德若则属于"与胡异，其种类
羌氐"的蒙古（黄色）人种的羌人城邦或行国。① 库车古名为龟兹，也是
面积较大的绿洲聚落，在古籍中被称为国，"龟兹国，王治延城。""龟兹
国……户六千九百七十，口八万一千三百一十七，胜兵二万一千七十六
人。"②"延城在白山南一百七十里。"③"所居城方五六里。"④ 唐时"城周
十七八里。"⑤"自汉历经魏晋南北朝至唐近千年时间，龟兹势力实际统治
着塔里木盆地北道诸国，即今日阿克苏、乌什、温宿、阿瓦提、巴楚、柯
坪、阿合奇、拜城、沙雅、新和、轮台、库尔勒地区，在西域历史上的
影响至为深远。"⑥ 楼兰（今鄯善）则是深入到塔里木河下游的最大绿洲聚
落。"从敦煌之西的玉门关或阳关，越三陇沙，过阿奇克谷地或白龙堆，
经土垠或楼兰古城，沿孔雀河岸西域腹地。"⑦ 从地理位置上来说，它是连
接河西走廊与塔里木盆地的枢纽绿洲。"汉昭帝元凤四年（前77年）遣
平乐监傅介子刺杀楼兰王，更名其国为鄯善。"⑧ 以上绿洲聚落均是靠四周
山脉水系维系的沙漠绿洲。河流一旦断流或改道，绿洲便不存在。楼兰就
是如此。因楼兰"处于塔里木河最下游，是塔里木河、孔雀河水量减少最
先受到影响的地方。所以，孔雀河改道、塔里木河断流，其下游的楼兰地
区水源枯竭。"⑨ 两汉时西域都护府的治所从乌垒迁到龟兹，也是因为水源
不足支撑更多的人口在乌垒居住。"乌垒城所利用的策达雅河水流量不过
0.28亿立方米，限制了它的绿洲面积。所以乌垒城周围的绿洲面积太小，

---

① 薛宗正：《从疏勒到伽师祇离》，《新疆社会科学》2005年第2期。

② （汉）班固：《汉书》，中华书局1962年版，第3911页。

③ （北齐）魏收：《魏书》，吉林人民出版社1995年版，第2261页。

④ （唐）李延寿：《北史》，中华书局1974年版，第3028页。

⑤ （唐）玄奘：《大唐西域记》卷一，《屈支国》，上海人民出版社1977年版，第123页。

⑥ 江成疆、李秀梅：《龟兹王都及汉唐都护府在龟兹考》，《喀什师范学院学报》1988年
第5期。

⑦ 孟凡人：《兰新史》，光明日报出版社1990年版，第46页。

⑧ 肖小勇：《楼兰鄯善与周邻民族关系史述论》，《新疆社会科学》2008年第4期。

⑨ 李晓英、许丽：《楼兰城的兴衰与塔里木盆地环境演变之间的关系》，《干旱区资源与环
境》2008年第8期。

难于承受西域都护府这样一个重要的机构。而古代龟兹绿洲由于有渭干河和库车河水的灌溉，它的绿洲面积较轮台县至少大五位以上。"[1] 因此班超击服匈奴后，将西域都护府治所从乌垒迁至龟兹它乾城，此城"位于龟兹王城东 40 里左右的塔汗其，今属库车县牙哈乡，那里有一城堡遗址，现在只剩下面还有一个仓库遗址，圆形，小窑，直径一公尺左右，其余窑已湮没不见，看来，古时驻军曾在这里囤过粮。塔汗其一名根据现代维吾尔语解释为'织口袋的人'，可是询问周围人民并无织口袋的人，可见这是相沿下来的地名，而'塔汗其'与班超所成它乾城音很近似，可能塔汗其是由它乾城的音变而得。"[2] 此城遗址之所以能够保存到现在，主要原因就是这里仍然是库车绿洲的组成部分。可以说如果塔里木盆地周边山脉保留充足的水源，塔里木盆地边缘的绿洲即使在蒸发量远远高于降雨量的情况下，仍然能够生存下来。吐鲁番就是这样的绿洲聚落。如"吐鲁番地区特殊的环境，形成了水资源的独特条件。盆地内部及南部库鲁克塔格降水十分稀少（仅仅十几毫米），但北部西部和天山山系的博格达山和喀拉乌成山年降水量却在 100—600mm，博格达山峰区 3500m 左右年降水量达800—900mm，山区具有良好的径流条件；海拔 4000m 以上都有终年融化不尽的积雪带，该两座山合计有总面积 139.95km^2 的 245 条现代冰川。这些山区的降水和冰雪融水吐鲁番盆地河流径流的主要来源，也是盆地内部地下水的来源。"[3] 因此丰富的水源发展起来的绿洲农业生态系统的良性循环是吐鲁番地区人口承载系统存在并发展的前提和基础。科学研究表明，"极端干旱的吐鲁番地区人口承载容量系统必须保证约占地表水资源量 20% 的生态用水，重点建设防护林体系，提高农田林网化，使绿洲农田林带覆盖率提高到 20% 以上，采取积极措施把天然草场采食率控制在

---

[1] 江成疆、李秀梅：《龟兹王都及汉唐都护府在龟兹考》，《喀什师范学院学报》1988 年第 5 期。

[2] 江成疆、李秀梅：《龟兹王都及汉唐都护府在龟兹考》，《喀什师范学院学报》1988 年第 5 期。

[3] 艾尼瓦尔·聂吉木：《干旱地区农业自然资源人口承载容量系统动力学研究——以新疆吐鲁番地区为例》，《干旱地区农业研究》2007 年第 3 期。

65%以下，并且合理开发利用自然资源，充分发挥地区的独特农业自然资源优势，以水利建设为中心发展生态农业和集约化农业。只有这样，吐鲁番地区人口容量系统才能够在将来高质量地承载90—110万人的最大人口规模。"[1] 因此丰富的水源造就的绿洲就是吐鲁番这个绿洲聚落自古至今存在于塔里木盆地东缘的根本原因，这也是整个塔里木盆地所有绿洲聚落生存的基础。

二、绿洲之间的连接

西北沙漠戈壁绿洲生态文化区不仅是西北各族人民生存发展的生态基础，更是他们走出绿洲与东方不同人类群体交流的基础。因此早在秦汉时期，这里的绿洲就已经连接起来，玉石从这里传播到东西方就是证明。两汉以后从长安到罗马形成的依靠绿洲建立驿站的定制不仅保障了古代东西文明的畅通，更为中国西北沙漠戈壁绿洲生态文化区的发展奠定了交通基础。这些驿站，或在原有的绿洲聚落里设立，或依人马体力极限最近的绿洲而定，从而使绿洲之间靠驿站连接起来，最终为这些绿洲纳入中国西北基层行政管理单位奠定了基础。如元狩二年（公元前121年），匈奴退出了河西，西汉在河西地区设置了武威、酒泉二郡[2]。到了元鼎六年（公元前111年）"乃分武威、酒泉地，置张掖、敦煌郡，徙民以实之。"[3]《汉书·地理志》记载：河西四郡的户口数如下[4]：

郡名	户数	人口数	辖县数
敦煌	11200	38335	6
酒泉	18137	76726	9
武威	17581	76419	10

① 艾尼瓦尔·聂吉木：《干旱地区农业自然资源人口承载容量系统动力学研究——以新疆吐鲁番地区为例》，《干旱地区农业研究》2007年第3期。
② （汉）班固：《汉书》，中华书局1962年版，第2478—2490页。
③ （汉）班固：《汉书》，中华书局1962年版，第151—159页。
④ 谷苞：《论西汉政府设置河西四郡的历史意义》，《新疆社会科学》1984年第4期。

郡名	户数	人口数	辖县数
张掖	24352	88731	10
总计	71270	280211	35

　　这些郡治地点之所以选择在这些地方，都与这些地方以前就是水源充沛、物产丰富、人口较多、地理位置重要的绿洲密切相关。河西四郡设立后更加强了绿洲之间的联系。如"河西四郡（武威、张掖、酒泉、敦煌）自汉武帝派驻了大量屯戍军队后，由于军队吏卒在衣食住行等方面都离不开市场商品交换，遂使得这一地区的市场发展起来。这里的市场除像内地一样设置于郡县治所及地方一些乡里外，在某些屯戍吏卒聚居的大坞壁及一些交通要道上的邮驿亦设有市。屯戍吏卒大量参与市场的买卖活动，使该地区市场商品琳琅满目，商品交易比较繁荣。"① 在河西四郡的西部，则是著名的玉门关和阳关。它们也是因为有绿洲才能建立关隘和驿站。如"玉门故关，在县西北一百一十七里，谓之北道，西趋车师前庭及疏勒，此西域之门户也。"② 但由于水源不断减少，绿洲面积随之不断缩小，"自东汉永平十七年（公元 74 年）玉门关东移今安西县双塔堡、五代宋初该关进一步东移今嘉峪关市关石峡"，当然"敦煌西北原有的旧玉门关并未随之废弃，仍在丝路交通中发挥着不易替代的重要作用。考其未废的原因，即在于敦煌一地作为西域门户和丝路交通枢纽的地位自汉洎宋未有改变或明显改变，因而作为由敦煌前往西域的必经要口——旧玉门关自然不会罢废弃置。"③ 现在的玉门关和阳关已经变成沙丘，尽管因旅游业的兴起而恢复和重建了汉唐关隘，但工作人员白天在两关工作，晚上回敦煌居住④。因

---

① 　高维刚：《从汉简管窥河西西郡市场》，《四川大学学报》1994 年第 2 期。
② 　（唐）李吉甫：《元和郡县图志》卷四十，中华书局 2005 年版，转引自李并成《东汉中期至宋朝初新旧玉门关并用考》，《西北师范大学学报》2003 年第 4 期。
③ 　李并成：《东汉中期至宋朝初新旧玉门关并用考》，《西北师范大学学报》2003 年第 4 期。
④ 　本书作者 2013 年 4 月 13—14 日在玉门关、阳关考察资料。

此水源和绿洲是驿站和关隘是否能够存在的关键因素。

　　塔里木盆地中的绿洲也因驿站功能的发挥而连接起来。如疏勒被称为汉城，它是班超率领汉军主要基地。后来班超移治龟兹它乾城，但其副手徐干仍驻节疏勒。在汉军的影响下，疏勒的经济文化有了飞跃性的发展，疏勒国增户加丁，已拥众 2100 户，胜兵 3000 余人。① 唐朝时期，随着"侯君集平高昌国，于西州置安西都护府，治交河城。"② 直接管辖西、伊、庭及稍后的焉耆地区。而交河作为高昌国的首府，早已是绿洲聚落，也是东西使节、商旅补给、休息的驿站。关于此点，我们可以从交河故城遗址中看到相关遗迹。显庆二年（公元 657 年）唐朝平定阿史那贺鲁叛乱后，"析其地置蒙池、昆陵二都护府，分种落列置县，西尽波斯国，皆属安西。""三年（公元 658 年）五月，移安西府于龟兹国。"③ 而龟兹始终作为丝绸之路北道最重要的绿洲聚落和驿站，最终成为中原王朝在塔里木盆地最重要的基层行政管理单位和城市。在丝绸之路南道最重要的绿洲于阗，唐朝则设置于阗毗沙都督府，属下十个州，"其中六城、西河州、东河州、河中州等四个州的地望和辖区可以考定。六城由 Cira（质逻；Tib.Jila）、Birgamdara（拔伽；Tib.Bergadra）、Pask ū ra（Tib. Osku）、Phama（潘野；Tib.Phanya）和 Gaysāta（杰谢）组成。分布在达玛沟河（Domokoriver）沿岸南北走向的狭长灌溉区中，地域与今和田地区策勒（Cira）县辖境大致相同。西河州（Tib.Shel chab gongma）位于喀拉喀什河（Kara kash）以西，辖区大致在今和田地区墨玉（Kara kash）县一带。东河州（Shel chab'og ma）位于玉龙喀什河（Yurung kash）以东，辖区大致在今洛浦（Lop）县一带。河中州（Tib.She lchab dbus）位于喀拉喀什河和玉龙喀什河的中间地带，即今和田县辖区。另有猪拔州见于

---

① 薛宗正：《从疏勒到伽师祇离》，《新疆社会科学》2005 年第 2 期。

② 柳洪亮：《安西都护府治西州境内时期的都护及年代考》，《新疆社会科学》1986 年第 2 期。

③ 柳洪亮：《安西都护府治西州境内时期的都护及年代考》，《新疆社会科学》1986 年第 2 期。

新出土和田汉文文书，但地望尚不得而知。其余五个州，一在东部坎城（Kh.Kamdva；Tib.Kham sheng）和蔺城（Kh.Nīa）地区，地在今克里雅河（Keriya）至民丰一带；西部吉良镇（Tib.Gyil yang；今克里阳/Kilian）和固（Kh.Gūma；Tib.Kosheng）镇所在的地区有一或两个州；西南以皮山城/镇为中心有一个州；北部以神山（Kh.Gara；Tib.Shing shan，今麻扎塔格/Mazar Tagh）为中心有一个州；另外一个州在南部或东南部。"① 由此可见，在于阗（今和田）境内，星罗棋布地点缀着大小不一的绿洲，其治所一般有城和市，与绿洲农业为基础的乡村互通有无，构成中国西北基层社会单位，对外则发挥连接中亚和南亚国家的驿站功能。

可以说，绿洲成为人类聚落后，因人的生产交流合作的需要就不可能孤立存在，而绿洲驿站功能的发挥则进一步促进了绿洲之间的连接。连接的结果则是陆权时代东西方不同文明交流不得不经过的丝绸之路的形成与发展。

三、陆上丝路促进各民族交融和西北区域发展

在西北这片广袤的生态文化区中，因为只有绿洲才能形成人类生存的聚落，绿洲之间的连接自然就形成道路，道路就成为西北这一生态文化区域内部社会发展、外部交流的通道。这条通道，是由东西向和南北向的支线相互交叉构成的交通网，促进了不同民族之间的交流与西北区域发展。

首先，途经这条道路的商贸将主要从事农业和牧业的西北各族人民吸引到丝绸之路上，加深了各职业各民族之间的交往交流交融。众所周知，绿洲农业和戈壁游牧业是西北沙漠戈壁绿洲生态文化区的主要生计方式。其中"游牧是在粗放经营条件下，解决牧场和牲畜之间矛盾的最好办法，是保护生态环境，恢复牧场繁殖力和提高其使用率，增强牧业经济效益的有力措施。这种游牧生产和生活是在严格遵循大自然的规律、保护生

---

① 　朱丽双：《唐代于阗的羁縻州与地理区划研究》，《中国史研究》2012 年第 2 期。

态平衡的条件下，有意识、有目的地进行的。"① 而绿洲农业也是以绿洲的
水资源为基础而发展起来的适宜绿洲人的生计方式。但由于西北绿洲的人
口承载率有限，用于游牧的戈壁沙漠地带也随着生态环境的日益恶化而呈
现出不稳定性，因此通过绿洲之间的商贸就成为绿洲各族民众的补充生
计。如维吾尔、塔吉克、柯尔克孜等等。还有一些民族则在不断实践的基
础上最终以商贸为主业。如粟特人，他们在西汉到隋唐期间一直活跃于绿
洲丝绸之路上，将以撒马尔罕为中心的中亚毛织品、金属器物、香料、农
作物种子等输送到中国，然后又将中国的丝绸、药材等输送到中亚。巴尔
托里德（V.V. Barthold）曾经这样评价粟特人沿丝绸之路的商贸活动："握
有丝路贸易独占权的粟特人的商业利益使得突厥和波斯人的关系破裂，并
导致突厥和拜占庭之间使者的往返，与中国的贸易也得到了很大发展。
'撒马尔罕的东门被称为——中国门'，粟特人的居留地出现在通向中国内
地的所有通道上，从经和阗到罗布泊的新疆南部的南路到经七河地区的最
北路。"在粟特人之后，从 16 到 17 世纪，从布哈拉、撒马尔罕等地东来
的安集延人则以叶尔羌（今莎车）为中转地，经营丝绸、茶叶、瓷器、皮
张、大黄和各种土特产，有些还途径阿克苏、吐鲁番肃州，将货物转销内
地。② 这些安集延人就是现在的乌孜别克人。因为"乌孜别克人集中居住
的地方为安集延城、安集延街、安集延村。这种称呼一直延续到民国前
期。"③ 有些资料则称他们为浩罕人。如在 1828 年，"据查寄居在新疆库车、
阿克苏、乌什、叶尔羌、和田、喀什噶尔、英吉沙各城市十年以内浩罕人
289 户，寄居十年以上而土著化了的浩罕人 2247 户。以每户 4 人算，当
时南疆各城约有浩罕人 8900 多人。到光绪三年（1877 年）为止，仅在南
疆的乌孜别克族人口就有 2000 户以上。"④ 可以说以粟特人和乌孜别克为
代表的民族沿丝绸之路的商贸即为沿线各个族群的民众提供了生产生活的

① 格·孟和：《论蒙古族草原生态文化观念》，《内蒙古社会科学》1996 年第 3 期。
② 米娜瓦尔·艾比布拉·努尔：《中国乌孜别克族》，宁夏人民出版社 2012 年版，第 2 页。
③ 房若愚：《新疆乌孜别克族经商传统与人口城市化》，《新疆社会科学》2005 年第 5 期。
④ 房若愚：《新疆乌孜别克族经商传统与人口城市化》，《新疆社会科学》2005 年第 5 期。

需要，也使自己的生计得到了满足。其他民族则以绿洲农业或戈壁游牧为主的同时，也通过丝绸之路互通有无，从而不仅使不同民族的民众能够在西北越来越恶化的生态环境中生存下来，而且促进了沿线从事不同职业的民族之间的从生计到观念之间的交流与融合。

其次，丝绸之路促进了中国西北沙漠戈壁绿洲生态文化区的繁荣与发展。"丝路通、西北兴；丝路阻，西北乱"[①]，则是丝绸之路对中国古代西北重要性的真实写照。由于西北沙漠戈壁绿洲生态文化区适合人居的地方只有沙漠戈壁中的绿洲，绿洲之间相互交流则形成丝绸之路，因此谁控制和掌握了丝绸之路交通，谁就掌握了西北各族人民的命运。一般来说，当丝绸之路掌握在统一帝国政权时，丝绸之路畅通，西北地区也因丝绸之路带来的从生计到文化的交流而兴盛。如唐建立了统一的多民族帝国后，将丝绸之路沿线驿站恢复，鼓励东西方商人、使节等沿丝绸之路进行大规模的商贸活动，西北地区随之兴盛。《资治通鉴》记载唐天宝年间"天下富庶者莫如陇右也"，就是指陇山以西的广大西北地区。但当丝绸之路成为一些小的地方或族群政权控制且不能通行时，西北地区也就成为战乱之地。仅在两晋南北朝时期，河西走廊不仅成为内地汉人避难的场所，也成为许多少数民族政权驻足的地方，如西凉、北凉、南凉等，因为丝绸之路沿线政权林立，关卡众多，商贸和文化交流不畅，西北地区的发展受到严重影响，这也是后来中国古代王朝在隋唐以来逐渐东移南迁的主要原因。因此，丝绸之路不仅决定西北的兴盛，也决定了西北边疆的安稳与太平。

第二节　陆上丝路开启中华民族源头与相互交融模式

从本书梳理的陆上丝绸之路开通前后的民族迁徙与交融的历史轨迹来看，有两个共同点，第一是在这一历史时期活动于丝绸之路上的规模较

---

① 徐黎丽、唐淑娴：《论陆上丝绸之路对中国西北地区发展的影响》，《北方民族大学学报》2016 年第 1 期。

大的民族均与中国现代人口较多民族的源头有关；第二是以生计为中心的相互交融模式。下面分别以匈奴、汉、羌为例论述丝绸之路在中华民族起源中的作用，分析生计方式如何在中华民族交融中发挥作用。

一、陆上丝路开通前后的民族开启中国现代民族源头

（一）匈奴是蒙古的源头

现代北方的蒙古族的源头可以追溯到匈奴。如苏联体质人类学者阿列克谢耶夫、格赫曼、杜门等"系统地分析了中央亚细亚，包括蒙古地区、图瓦地区、阿尔泰地区、哈卡斯地区以及外贝加尔地区匈奴人的遗骨，认为匈奴人是以蒙古人种因素为主体，混入少量欧罗巴人种成分的混合群体，这在蒙古和外贝加尔地区的情况是相同的。"[②] 中国吉林大学的朱泓教授等通过对我国境内和俄罗斯、蒙古境内出土的匈奴人骨材料进行研究后认为："匈奴中的古西伯利亚类型很可能就是在大漠以北的草原居民中发展起来的，而在我国境内鄂尔多斯高原和乌兰察布草原等地区所发现的东周时期有关人骨资料，很可能就代表了南匈奴的祖先类型。南北匈奴之间在种系构成方面本来就存在着不同的来源，而这种血缘成分的复杂性伴随着匈奴族大规模的军事征服活动，必然会愈演愈烈。正是这种族源方面的差异所造成的离心力，早已在貌似强大的匈奴共同体内部埋下了分裂的种子，最终导致了南北匈奴的分离。"[③] 从文化因素上来说，汉文《史记》记载匈奴为夏朝后裔，蒙古人则保留了匈奴人的文化遗产，如对"腾格里"（天）的敬仰；游牧生产生活方式的继承；语言、习俗和制度上的保留等等，因此蒙古人的源头最远可以上溯到匈奴，而匈奴的源头则是华夏中的夏。

---

② ［苏］阿列克谢耶夫、格赫曼、杜门：《中央亚细亚古人类学概览（石器时代—早期铁器时代）》，《蒙古的考古学民族学和人类学·新西伯利亚》1987 年第 208—241 页，转引自张全超、朱泓《关于匈奴人种问题的几点认识》，《中央民族大学学报》2006 年第 6 期。

③ 朱泓：《人种学上的匈奴、鲜卑与契丹》，《北方文物》1994 年第 2 期。

(二) 汉朝人成为汉族的源头

汉族作为华夏后裔和炎黄子孙本身就是中国农人与牧人融合的结果，但以汉作为民族名称，也要归功于两汉王朝的"汉"字，这一象形文字形象地表示出了这一起源于高原与平原之间的山区、兼营农业与牧业的人最终走向平原并以灌溉农业为生的人。两汉政权消失后，汉朝人逐渐变成汉人，并在前赴后继的由北向南一波接一波的沿长城和丝绸之路的民族迁徙大潮中从黄河流域迁入长江流域和珠江流域，三国两晋南北朝时期其实就是汉人从北方迁徙南方的重要时期。隋唐时期随着中原王朝的强大，汉人逐渐从东部的平原向北、西、南以戍边屯田的形式扩散，到了五代十国、宋辽金夏时期，汉人又再次向东向南迁徙，经过元、明、清三代的奠基，最终汉人稳妥地以东部平原为主要居住区域，并在人口仍然不断增长的近现代，发展出"闯关东""走西口""下南洋""去海外"的迁徙模式。我们从汉人的大姓家谱分布的时间和范围来看，虽然每个汉族大姓都有自己的汇聚区，但共同点是都有一个从西北东部、东部平原、长江流域、珠江流域、云贵高原等的逐渐迁徙的过程。因此，为丝绸之路作出不可磨灭贡献的作为华夏后裔的汉朝人是今天汉人的源头。

(三) 羌人成为藏族及其他西南少数民族的源头

在丝绸之路和藏彝走廊结合区域生存的羌人则成为现代藏族、彝族和众多西南少数民族的源头。证据有二：第一是从青藏高原的考古遗址分布在青藏高原的西藏日喀则市定日县、四川的三星堆和金沙、甘肃的夏河县和青海省的祁连山区来看，青藏高原上的人类首先生活在青藏高原南部、东部和北部的低海拔区域，除了南部的定日县在南亚区域外，其余都是羌人生活的区域。第二，从历史记载来看，羌人分东南、南部、西南和西北方向迁徙，向东南方向的一支成为氐、羌人的后裔，现在四川省阿坝藏族羌族自治州则成为唯一的以"羌"为名的自治州；向南部迁徙的羌人"经过漫长的发展过程，分别形成了今日藏缅语族之哈尼、傈僳、纳西、拉祜、白、景颇、普米、怒、独龙、阿昌等民族。古羌人向东南迁徙者，主要有巴人，形成了今日土家族的主要先民。"[1] 沿丝绸之路青海道进入今天新疆南疆的羌人，至今从若羌、且末、叶尔羌等地的名称和在此地发现的羌人考古遗迹、人骨来看，羌人融入塔里木盆地的诸多民族当中。从羌的源头来看，它是夏王朝建立的主体，它所在的区域，也都是夏王朝的建立者大禹治水经过的地方，因此羌与夏的关系非常密切。

　　通过以上三个现代民族源头的追溯，它们均与陆上丝绸之路开通前后的民族有密切的关系，而这些民族又从源头上来说与华夏相关，华夏又与戎、狄、羌等相关。当然，现在民族不可能与陆上丝绸之路开通前后的所有民族形成一一对应的关系。但以上三个规模比较大的民族与现代三个人口较多的民族之间的渊源关系则在一定程度上奠定了我们今天民族发展的格局，也为陆上丝绸之路开通后 1100 多年的民族交往交流交融奠定了人本基础。当唐后期海上丝绸之路代替陆上丝绸之路成为中国通往世界的通道后，陆上丝绸之路的作用因为生态环境的恶化和人为因素使其亚欧大动脉的作用有所下降，但它仍然断断续续地发挥着连接中国西北内部及中国与中亚、东欧的作用，尤其在促进中国民族之间和亚欧民族的融合方面，发挥了不可替代的作用。比如芬兰考察家马达汉 1906—1908 年在新疆南疆的和田实地考察时，就发现了 1300 年以前从土耳其的库法城逐渐向东迁徙的阿布达尔人。"他们主要居住在城郊吉沃兹村和玉龙喀什村附近的塔木艾格勒村，这样塔木艾格勒就成为他们部族的名称，在叶尔羌，阿布达尔人住在戈尔巴格街和近郊的贺兰堡村。在喀什噶尔，阿布达尔人住在汗渠近旁的派纳普村。特里亚河河畔有个村子叫奥卡，那里也住有阿布达尔人。"[2] 现在的和田，阿布达尔人已经融入维吾尔族人当中。在青藏高原的日喀则市，有好几个地方都带有"霍尔"这个名称，当地藏族人一般都认为凡是带有"霍尔"这个名称的地方，都是跨越丝绸之路从蒙古高

---

① 史文：《古羌人的起源及其迁徙》，《民族论坛》1987 年第 2 期。

② [芬兰] 马达汉：《马达汉西域考察日记（穿越亚洲——从里海到北京的旅行，1906—1908）》，王家骥译，阿拉腾奥其尔校订，中国民族摄影艺术出版社 2004 年版，第 79 页。

原到祁连山，再一步一步迁入青藏高原腹地的蒙古人后裔。可以说，陆上
丝绸之路在开启中华民族源头方面发挥了无法替代的重要作用。

二、开启以生计方式为核心的中华民族交融模式

（一）通过丝路延伸同一生计方式促进民族交融

　　通过梳理陆上丝绸之路民族迁徙的轨迹，我们发现了一个有趣的现
象，这就是农人总是千方百计地通过陆上丝绸之路将农业推广到不能种任
何农作物为止，牧人也是尽其所能通过陆上丝绸之路将牧业延伸到不能再
放牧为止。比如斯基泰人沿亚欧草原丝路交界处向西迁徙时，一直将游牧
生计方式带到黑海北岸，向南迁徙则将牧场延伸到锡尔河与阿姆河以北，
向东迁徙的乌孙、月氏也将游牧推广到河西走廊西部。在蒙古高原上的游
牧民族，他们在向西迁徙到相同纬度和海拔的牧场不可能时，就选择穿越
陆上丝绸之路向高山牧场进发。如乌孙在阿尔泰山的伊犁河谷是游牧的中
心，但随着乌孙的衰落和后起民族的争夺，乌孙则从伊犁河谷穿越草原丝
路来到绿洲之路经过的天山和昆仑山交汇的帕米尔高原，最后融入后起民
族当中。而乌孙只是其中之一，后来的柔然、回鹘、柯尔克孜等等均沿此
线路迁入帕米尔高原的牧场中生存。如柯尔克孜经历从西汉到清朝五次西
迁后，最终"一部分西迁至伊塞克湖、费尔干那盆地的山区地带，成为今
天中亚国家吉尔吉斯斯坦的主体民族；另一部分迁至帕米尔高原、喀喇昆
仑山附近的高山地带，形成我国的柯尔克孜族。"[①] 从蒙古高原的蒙古人作
为在蒙古草原兴起并且建立亚欧非三大洲的帝国，也有相同的经历。如他
们第一次西征将绿洲丝路和草原丝路贯通后，虽然建立了四大汗国，但由
于在多次沿草原和绿洲丝路西迁的民族或沿线民族已经占据了亚欧草原，
蒙古人则选择了向最后一片人口较少、海拔较高的青藏高原延伸其游牧生
计的方略，最终使蒙古人保持了游牧的生计方式。农人也一样，最典型的

---

① 杨亚雄：《试论西迁及其对柯尔克孜族形成的影响》，《北方民族大学学报》2015年第
　　3期。

案例就是汉人，他们沿长城和绿洲丝绸之路开垦农田。"有清一代，为维护其满蒙一体的基本方策和确保北疆的稳定，对蒙古畜牧业的主导地位是明确支持的，明令禁止内地人民出塞开垦。尽管汉人出塞私垦从未间断，田园渐次开辟，府县设立日多，但禁垦的法令严申如初。庚子之难后，危机日重的清政府为了开辟财源，从蒙地开垦中筹措军饷，断然放弃了对畜牧蒙古的保护。政府立场的转变最终导致塞外历史走向的巨大旋转。从此，背负沉重生存压力的内地移民如洪水泄闸，蜂拥北上；农垦浪潮席卷而来，势不可遏。以1902年贻谷放垦为标志，农垦实边取得了优势地位。1902—1910年，蒙古设州置县速度显著加快。据统计，这8年的设治数量占整个清代设治总数的50%以上。"[1] 位于绿洲丝绸之路要冲的河西走廊在"清代及民国时期，以河西走廊为主源地的汉族移民不断向祁连山北麓藏族、裕固族地区迁居，开辟出哈溪滩、马蹄寺、红湾寺等大片农区，并形成汉族人数占多数的局面。"[2] 虽然是否能够放牧或种田是由自然界所处的地形、气候、海拔和纬度的客观条件所决定，但我们以往总是忽视了即使在科技和文化发达的古代牧人和农人，他们对熟悉的生计方式的执着则是农田或牧场能够延伸的主观因素。这样做的结果加重了自然生态的承受能力，因而是违反自然规律的行为。但延伸牧场或农田的做法，使得来到延伸区域的牧人和农人因相同的生计方式形成你中有我、我中有你的相互交融局面。如"自古蒙藏是一家"、柯尔克孜与蒙古准噶尔的良好关系等等，最终为近代以来遭受西方列强入侵时凝聚成为中华民族共同体奠定了民族基础。

（二）通过丝路改变生计方式促进民族交融

前文论及的戎是生活在北部蒙古高原与南部东部平原之间山区、以农牧兼营生计方式存在的古代民族，戎人当中就有北方游牧人，他们进

---

[1]　闫天灵：《论民国时期对内蒙古开发道路的认识与认定》，《中国边疆史地研究》2004年第3期。

[2]　闫天灵：《清代及民国时期祁连山北麓的汉族移民与族别改易》，《中南民族大学学报》2008年第4期。

入山区后，生计方式变成山上放牧、山下种田的兼营模式，因而成为戎人的组成部分。当戎衰落后，继续南迁的人就变成了种田的汉人，因为他们的生计方式完全变成了农业。返回草原的人就成为匈奴人，因为他们的生计方式则完全变成了游牧。匈奴兴起后，南匈奴进入汉朝北部从事农业，也成为汉人的组成部分；西迁的北匈奴则进入欧洲之后成为欧洲国家和民族的组成部分；留在原地的人仍然从事游牧业，在鲜卑兴起后则成为鲜卑的组成部分。羌人则沿绿洲丝路西迁到昆仑山和喀喇昆仑山北麓，建立了诸多农牧兼营的小国，如难兜国，《汉书·西域传》记载："王治去长安万一百五十里，户五千，口三万一千，胜兵八千人，东北至都护治所二千八百五十里，西至无雷三百四十里，西南至罽宾三三十里，南与若羌、北与休循、西与大月氏接，种五谷蒲陶诸果，有银、铜、铁作兵。"根据苏北海教授的考证，"当在帕米尔的拔达克山及瓦罕河流域。而其所称'南至罽宾国界三百三十里，自难兜越兴都库什山以南的三百三十里左右的区域'，正是若羌部落游牧的地区，所以说'南接若羌'。"[1]由于塔里木盆地是四大文明的汇聚地，虽然这里的绿洲小国仍然以农牧兼营为主，但农牧兼营，且居于你来我往的绿洲丝绸之路上，最终这里就成为多元民族共存之地。

（三）以商为主的丝路成为不同生计民族交融的场域

无论绿洲或草原丝绸之路，之所以能够形成连接亚欧大陆的通道，商业或贸易起了关键性的连接作用，因此丝绸之路在某种程度上是亚欧大陆的商道。在草原丝绸商道上，以金属为中心的物品交流东到大兴安岭西至欧洲地中海沿岸，以马具、兵器和动物纹饰三要素为代表的器物遍及整个亚欧草原地带，使得从事游牧的不同人种和不同民族之间得以交流与融合。如今在四川、云南发现的与这些器物极为相似的文物则将北方草原和四川盆地及云贵高原连接在一起，不得不说这是草原和绿洲丝绸之路与以

---

[1]　苏北海：《两汉在西域昆仑山、喀喇昆仑山及帕米尔高原的统治疆域》，《新疆师范大学学报》1982年第1期。

藏彝走廊为中心的南方丝绸之路贸易的结果。绿洲丝绸之路上的商业更是繁荣。如"元狩元年，博望侯张骞使大夏来，言居大夏时见蜀布、邛竹、杖。"① 即通过羌人、月氏的东传西送，中亚国家之间的商品得以流通。隋唐突厥时期，瓷器、黄连、肉桂、生姜、土伏苓、无患子、桑树、马鞍、铜合金等，其中瓷器是中国重要的输出品；北宋时，茶叶通过草原丝绸之路传到西方。西方一些物产也传入中国。如葡萄、苜蓿、石榴、黄蓝许多带有"胡"字的胡麻、胡桃、胡豆、胡瓜、胡蒜等；还有各种各样的香料，如印度的胡椒、姜，阿拉伯的乳香，索马里的芦荟、苏合香、安息香，北非的迷迭香，东非的紫植等等。② 可以说，无论农人、牧人，由于生产生活需要，均到丝绸之路沿线的驿站和城镇卖出自己的多余产品，再买回自己需要的物品，富贵人家则收藏沿丝绸之路东来西去的奢侈品。在物品交流的同时，不同人种、不同族群和不同职业的人各取所需、相互补充和影响，陆上丝绸之路自然就成为亚欧人种、民族和职业群体从物品和观念交融的场域。

第三节　陆上丝路和长城、藏彝走廊一起成就了中国

长城、藏彝走廊和丝绸之路是中国内部的三大通道。之所以称这些地带为通道地带，是因为这些地带居于中国气候、地形从第一阶梯向第二阶梯过渡地带，也是中国地理位置的中心地带。这些通道地带，包括长城内外农牧过渡地带、丝绸之路沿线从灌溉农业向绿洲农牧业过渡地带、藏彝走廊沿线从东部平原的灌溉农业向高山牧业及从北部草原向南部山地过渡地带。其中长城以山脉为界、丝绸之路以沟壑为界、藏彝走廊以河流为界，将中国内部分为四个生态文化区域。这四个生态文化区域分别是东部平原生态文化区，包括珠江、长江、淮河、黄河、辽河、松花江、黑龙江

---

① （汉）司马迁：《史记》，中华书局 1959 年版，第 2991—2996 页。

② 张少华：《试论丝绸之路的文化意义》，《理论观察》2005 年第 6 期。

等平原区域；北部蒙古高原生态文化区，主要指大兴安岭以西、阿尔泰山以东高纬度高原区域；西南青藏高原生态文化区，主要指青藏高原及其周边次生高原区域；西北沙漠戈壁绿洲生态文化区，包括宁夏、甘肃、内蒙西部、新疆沙漠戈壁绿洲区域。中国最早的人类文明就出现在长城、丝绸之路和藏彝走廊的汇合之处，即今天的甘肃、陕西、四川等区域。随着中国人口不断增长，中国人逐渐沿着长城、丝绸之路和藏彝走廊拓展到四大生态文化区域，但中国的根始终在四大生态文化区域的中间位置上，这就是中国之所以为"中国"的原因，中国人"中"的思想无不与中国人早期生存区域的中间位置有关、中国人的"和"思想也无不与中国四大生态文化区域的根在中间位置有关。下面简述这四个生态文化区域的主要内容。

一、东部平原生态文化区

中国东部平原生态文化区的主要地理气候特征就是海拔低、空气潮湿。涉及的地理范围主要指北起黑龙江，向南经过松花江、辽河、黄河、淮河、长江，最终到达珠江流域。从大量的汉文史料中可以看出，中国最早的农业文明起源于黄河中下游地区，这一流域北有黄土高原和蒙古高原的包围，南有秦岭将其与长江流域分割开来，包括关中平原、华北平原。但随着汉代统一多民族国家的形成，长江流域逐渐成为农业文明的组成部分。长江流域北有秦岭南有南岭，将其自然地与北部的黄河流域和南部的珠江流域分开。长江流域以四川盆地、华中、华东平原及其盆地而著称。由五岭组成的南岭与南中国海构成的北部为山南部为海的自然边界则将珠江流域与长江流域分割开来。这一地带，以华南而著称。而在今天山海关以北的东北平原地区，有辽河、松花江、黑龙江、额尔古纳河及其众多的湖泊贯穿其中，为后起的中国北方粮仓。这一区域，则以南部的山海关、北部的额尔古纳河将其与南部的农业区、西部的游牧区及北部极地寒冷地带分开。由此可见，我们所说的东部平原生态文化区，从纬度上跨越了北亚热带、北温带、北寒带；从海拔上则均属于不超过 1000 米的平原地区，且多为河流中下游地区。江河之间则有不同的山脉相隔，形成松花江、黄河、长江、珠江等四个亚生态文化区。但其共同点则是丰富的水源为发展农业提供了条件，农业逐渐从粗放向集约过渡，最终发展高度发达的现代化农业经济等等。由于农业生产方式以土地为根，因而形成了定居模式，定居则极利于人口的繁衍，于是维持社会秩序、理顺社会关系就成为社会发展的根本。这是儒家思想形成的前提和背景。孔子作为儒家思想的首创者，从"己所不欲，勿施于人"的仁、"温故而知新"的学、"君子中庸，小人反中庸"的行等方面系统地论述了儒家思想的内容；孟子则在四心（恻隐之心，仁之端也；羞恶之心，义之端也；辞让之心，礼之端也；是非之心，智之端也）之上总结的人性善说、仁政说，则进一步奠定了儒家思想的政治性和实用性；最终"君君、臣臣、父父、子子"的秩序理念和"仁、义、礼、治、信"的道德观念就成为东部平原生态文化区域所有民众的行为准则。在语言和文字方面则以汉藏语系中的汉语和汉字为主。但汉语中的分支除了普通话和各地官话外，至今还保存着各地的土语，汉字也从古汉字到现代汉字转变。宗教信仰则经历了儒道释与多种民间信仰的博弈，最终形成儒释道融合的多元信仰，其中儒家进取思想是其安身立命之基，释道二教则是其精神解脱之途①。平原、农业、定居、等级、多神是这一生态文化区的特征。

二、北部蒙古高原生态文化区

中国北部蒙古生态文化区的地理气候特征为纬度高、空气寒冷干燥。涉及的地理范围东起大兴安岭、西至阿尔泰山、北与蒙古人民共和国接壤、南到长城。这一带正如格鲁塞所说"就是那伸展于欧亚大陆北部的一条长方形的领土，草原地带从满洲边界直至布达佩斯和西伯利亚森林，是在它的北方边缘延伸着。在那里，除了一些孤立的小块土地以外，地理条件不允许农业生活的发展，把居民们限制于永远过着畜牧的生活、游牧

---

① 杨满仁：《论沈括的佛教思想及其创作》，《北方论丛》2010年第2期。

生活。"① 它的典型代表区域就是蒙古高原。蒙古高原东至大兴安岭，北达贝加尔湖，南至长城脚下②。大约在"距今4000—3500年之间，整个蒙古草原由暖温型气候向凉干型气候转变，随之而来的便是湖沼消减，森林退缩，草原面积扩大。渔猎文明和农业文明转型为游牧文明。"③ 成书于南北朝时期的诗句"天苍苍、野茫茫、风吹草低见牛羊"就是对属于蒙古高原的阴山牧场的赞美。这一区域的语言属于阿尔泰语系蒙古语族的蒙古语则是蒙古高原上民众使用的主要语言；在宗教信仰上，"历史上，在蒙古高原出现过的所有游牧民族都曾信仰萨满教，有的至今仍在信仰。动、植物图腾和自然崇拜成为一种共同的文化现象，圣天、狼图腾或狼崇拜、树木崇拜、熊图腾以及山岭、敖包、河流、泉水、湖泊的祭祀活动等在北方阿尔泰语系诸民族中普遍存在。"④ 但元代以后，蒙古高原上的居民逐渐接受藏传佛教。可以说，草原、游牧、蒙古语言及文字、藏传佛教，使这一区域与其他区域形成了鲜明的对比，因而自然形成蒙古高原生态文化区。

三、西南青藏高原生态文化区

中国西南青藏高原生态文化区就是指具有"世界屋脊"之称的青藏高原。其典型地理与气候特征就是高海拔、空气寒冷干燥。青藏高原大部在中国西南部，面积240万平方公里，平均海拔4000—5000米。包括西藏自治区和青海省的全部、四川省西部以及甘肃、云南的一部分。它四周被高山环绕，南有喜马拉雅山，北自西向东有昆仑山和祁连山，西有喀喇昆仑山，东则有夹杂在川西和云贵高原间的横断山脉，这些山脉海拔大多超过6000米，喜马拉雅山不少山峰超过8000米。这些山脉的中间地形从

---

① ［法］勒尼·格鲁塞：《草原帝国》，魏英邦译，青海人民出版社1991年版，第2—3页。
② 呼拉尔顿泰·策·斯琴巴特尔：《蒙古高原游牧文化的特质及其成因》，《青海民族学院学报》2006年第3期。
③ 董恒宇：《内蒙古草原文化在中国和世界文化发展史中的地位和作用》，《内蒙古统战理论研究》2004年第5期。
④ 呼拉尔顿泰·策·斯琴巴特尔：《蒙古高原游牧文化的特质及其成因》，《青海民族学院学报》2006年第3期。

西南到东北倾斜，造就了雅鲁藏布江、长江、黄河等河流的形成及上游向东北方向流去的方向；高原内部则为次一级的山脉分隔成许多盆地、宽谷。盆地或宽谷中则分布着大小不一的湖泊或溪流。青海湖、纳木错湖就是它们中的代表。总体来说这一生态文化区域像一个被托起的高台，高台则是亚洲许多大河的发源地，如长江、黄河、澜沧江（下游为湄公河）、怒江（下游称萨尔温江）、森格藏布河（又称狮泉河，下游为印度河）、雅鲁藏布江（下游称布拉马普得拉河）以及塔里木河等都发源于此①，因此又被称为中国的水塔。虽然青藏高原从纬度上来说跨北亚热带、北温带，但又因海拔高则使气候随海拔不断增高而落差较大使得青藏高原大部分地区属于高山草场，高山牧业及河谷农业成为其主要生计方式；在青藏高原上生活的藏族和其他民族则以汉藏语系中藏缅语族中的藏语支为其主要语言和文字；在宗教信仰上，吐蕃人以苯教为其主要信仰，以后则随着苯教与佛教的结合，藏传佛教逐渐成为其主要宗教信仰。但苯教仍存在于民间，以后藏传佛教分为很多不同支派。各支派的教义及规范也各不相同，如密宗哲学的基本思想是：地、水、火、风、识、空等六大元素弥漫于宇宙，缘起万物，是世界的本源，也是色身即有形之身的本源。六大元素中的物质因素为明，事物本体为空②，这样明与空的关系就是指人与自然、人与人的关系。其他支派思想不同，但均重视人与自然的关系。可以说因高海拔形成的生态环境创造的高山牧业、河谷农业及其高原生活方式，独特的语言与文字，人与自然互动和谐的价值观人生观，成为西南青藏高原生态文化区的特色。

四、西北沙漠戈壁绿洲生态文化区

中国西北沙漠戈壁绿洲生态文化区的地理气候特征是海拔介于西南青藏高原和北部蒙古高原的中间地带，气候因处于亚洲腹地的沙漠戈壁区

---

① 百度百科：《青藏高原》，2011 年 5 月 15 日，见 http://baike.baidu.com/view/4979.htm。

② 乔根锁：《论藏传佛教哲学思想的基本内容和主要特点》，《中国藏学》1998 年第 1 期。

域而极其干燥。包括宁夏、甘肃、内蒙古西部和新疆，这一区域虽然占全
国陆地面积的三分之一，但沙漠戈壁绿洲则是这一区域的主要地形，其中
沙漠面积最大，大的沙漠有新疆南疆的塔克拉玛干大沙漠、北疆的古尔班
通沙漠、甘肃河西走廊东部和宁夏南部的腾格里沙漠，大片的沙漠使得
本来就很干燥的空气雪上加霜，沙漠地带形成的沙尘天气是这一区域人
类生活的灾害之一。其次是戈壁，这类地形中的水分比沙漠区域稍多一
些，但只有那些耐干的植物才能生存。能够适应人类生存的区域便是绿
洲，而绿洲与戈壁和沙漠面积相比，可谓少之又少，它们仅仅分布在沙漠
和山脉连接处的水源地带，因此历史上绿洲农业和戈壁游牧业是其主要的
生计方式。除此之外，因绿洲连接的丝绸之路贯通其中，居住在绿洲上
的人类也成为东西方商贸的承担者，商业也成为其补充生计。在语言方
面，历史上这一区域的东部曾因汉、藏、蒙等驻足而使用这些语言，西部
则为突厥语。汉语普通话通行，但各地因民族不同，仍然使用自己的语言
和文字。宗教信仰上也呈现出东部多为藏传佛教和其他民间信仰、西部
则多为伊斯兰教的格局。多元生态孕育多元文化是这一生态文化区域的
特色。

　　四大生态文化区域之所以能够连接成为一个国家，就是依靠丝绸之
路、长城和藏彝走廊三大通道的连接。其中的陆上丝绸之路作为西北沙漠
戈壁绿洲生态文化区的枢纽与其他三个生态文化区域互补合作，在中国首
都长安的古代时期促进国家内部融合与繁荣。因为西北沙漠戈壁绿洲生态
文化区域占中国领土的三分之一、国界的三分之一，战略位置非常重要。
中国古人就曾说过："朝廷御边，轻东南而重西北"，"做事于东南、成事
于西北"。就充分说明丝绸之路贯通其中的西北是中国作为国家成败的关
键。我们可以从中国东移南迁后的历史中感受到此点。隋唐以后，中国汉
族政权的首都逐渐从西安向洛阳、开封、杭州、北京、南京等移动，这些
区域都属于中国东南部的平原地带，适合以灌溉为基础的集约型农业经济
的发展，且的确养育了人口众多的中国人。沿东海、南海兴起的海上丝绸
之路也使中国由海路与亚非许多国家建立了外交关系。但近代以来欧洲殖

民者用坚船利炮从中国的东、南海路打开了中国的大门，妄图迫使中国成为它们的殖民地，中国东移南迁后积累的一千多年的东方文明被破坏抢夺。而被忽视的中国西北因为没有强大的经济和政治实力无法挽救中国的命运。如果我们在经略东南平原地区的同时，不放弃作为中国人起源兴起的广大西北地区，那么中国在海上遇到外敌入侵时，中国人就可以凭借蒙古高原、青藏高原和承载丝绸之路的沙漠戈壁绿洲等三大生态文化区域的军事、政治、经济和文化实力，保卫河湖密布的平原地区并向海洋拓展。如果中国历代王朝始终将西北作为起源之地经营，那么在西北边疆遇外敌入侵时，西北本身就可以凭借自己的力量和蒙古高原、青藏高原的力量保卫西北边疆，更可以依靠东南平原的经济文化力量为后盾。但是历史没有如果。我们从历史中学习到的教训就是：丝绸之路作为西北沙漠戈壁绿洲生态文化区的枢纽，将整个西北的沙漠戈壁绿洲与其他三个生态文化区域连接起来，相互补充、相互依靠，国家内部的凝聚力和向心力不断深化，最终中国四大生态文化区域通过三大通道不断交融的基础上形成了"你中有我、我中有你"的东方大国，因而陆上丝绸之路在成就中国陆地版图中的作用不可忽视。

第四节　"一带一路"成就亚欧人类命运共同体

我们从以上章节的论述中虽然可以体会到陆上丝绸之路不仅是中国人与亚欧大陆其他国家进行交往的通道，更是整个亚欧大陆人类文明的通道。但它却在中国唐朝后期逐渐走上衰落之路，致使亚欧大陆上的陆路交通从此走上分裂、衰败之路。直到近代世界大国重返亚太、亚欧心脏腹地，中国作为陆上丝绸之路的贯通者和维护者，自然在重返亚欧陆路中有着历史积淀和现实需要，因此"一带一路"就成为今天我们重返陆上丝绸之路的倡议。因此本节着重讨论陆上丝绸之路为什么会衰落？又为什么会重新被重视，它在亚欧人类命运共同体建设中的重要作用如何？

一、陆上丝绸之路衰败的原因

本书在第一章着重探讨了陆上丝绸之路开通的自然地理和人文因素，其中的自然地理因素就是北温带中的中温带是适合人类生存的区域。但从汉匈—亚历山大帝国贯通陆上丝绸之路到唐朝后期，丝绸之路贯通已有千年之久，无论从板块继续北移和挤压的角度和第三个寒冷期的学说入手，都足以说明陆上丝绸之路经过千年运行后已经向更北的寒冷方向移动，而更加突显的青藏高原阻挡了印度洋暖湿气流的进入，强劲的西风带从陆上丝绸之路吹过更加剧了陆上丝绸之路区域的生态恶化。我们从非洲北部撒哈拉沙漠到中国鄂尔多斯的库布其沙漠的沙漠带就能感知丝绸之路的沙化。这就是陆上丝绸之路衰落的自然地理因素，这是人类无法改变的因素。正如著名哲学家普列汉诺夫所说："行船的技术确乎不是在草原上发生的，一个没有金属的地方的居民不能发明优于石器的工具。""自然界本身，即围绕人的地理环境，是促进生产力发展的第一推动力。""社会生产力的发展在很大程度上取决于地理环境的特点。"[1] 这是唐朝放弃陆上丝绸之路东移南迁的自然因素，也是欧洲无法在沙漠中建立城堡而放弃中东中亚的原因。

陆上丝绸之路沿线自然条件恶化后，无论是东方的唐朝还是先后在中亚的波斯帝国、阿拉伯帝国和欧洲的拜占庭帝国，都只有沙进人退的办法，加之丝绸之路的中间段——中亚中东段因自然条件限制带来的绿洲小国无法维系陆上丝绸之路，结果使得陆上丝绸之路衰落。可以说亚欧陆上丝绸之路的衰落是整个亚欧大陆人类文明衰落的体现。比如在东方的唐朝因安史之乱和与阿拉伯帝国战争的失败，导致国力大减而东移南迁，于是从东海和南海开辟海上丝绸之路，陆上丝绸之路区域则相继成为青藏高原和蒙古高原的蒙古的联合之路，他们作为中国华夏后裔继续维系丝绸之路，如蒙古帝国四大汗国均在陆上丝绸之路沿线，但欧洲从东西罗马分裂及衰落后形成的"小国易治"传统及欧洲开辟的新航路，使得陆上丝绸之

---

[1]　转引自曹诗图、黄昌富《"地理环境决定论"新析》，《经济地理》1989 年第 3 期。

路的作用大打折扣。这就是陆上丝绸之路衰落的人为原因。

二、"一带一路"倡议能够运行的原因

陆上丝绸之路从开通到衰落再到"一带一路"倡议，中间经过了2000多年，但它之所以能够运行，首先与亚欧大陆中间曾经存在过陆上丝绸之路的事实分不开。中国作为人类四大文明古国之一是中国人为之自豪的事情。这四大文明古国都在中国的西部。如印度古代文明在今天印度的西北部，位于中国西南部，幼发拉底河和底格里斯河中间的古巴比伦文明则在中国的西部，埃及则在古巴比伦的西南部。以后在地中海沿海兴起的希腊文明也在中国的西部。即人类早期的文明古国均在中国的西部，中国的文明也首先兴起于中国西部的黄河中上游地区，在四周拓展的基础上形成由四大生态文化区组成的中国。但早期文明集中于黄河中上游区域的中国，作为地球人类文明的组成部分，与其他处于其西部的文明古国联系，则是中国人作为人类组成部分的必然诉求，而丝绸之路就成为中国向西与亚欧其他文明联系的通道。由于中国在秦汉匈奴时代整合中国内部四大生态文化区域的基础上建立了强大的统一王朝，才有条件和时机与西方三大文明进行联系，因此丝绸之路在汉匈时期开通且时断时续是亚欧大陆历史发展的必然。后经分分合合的历史沉淀，最终使丝绸之路自汉至唐成为中国与西方文明交流合作的唯一陆上通道。唐后期藩镇割据以后，中国境内的丝绸之路被西部多民族政权控制，中亚、中东、欧洲也相继进入民族国家的时代，航海技术导致的海上交通兴起等等，中国也逐渐向东向南发展并以海上丝绸之路代替了陆上丝绸之路与发达国家交流，因此自宋到民国时期，陆上丝绸之路逐渐从国家通道变成西北地域通道，其通道功能大大降低。但正是通过陆上丝绸之路兴盛到衰落的历史，中国政府意识到陆上丝绸之路通过的区域对中国发展的重要性，因此中华人民共和国成立后开始将重工业的发展放在陆上丝绸之路沿线，如1954年在兰州成立的中国第一个炼油厂、玉门油田及新疆塔克拉玛干油田等等。沿丝绸之路沿线的风能、石油、天然气、多种金属资源，使丝绸之路再次成为中国发展

的动力。2013—2014 年中国以古老的丝绸之路为历史依据，再次提供丝绸之路经济带和 21 世纪海上丝绸之路的战略，中国再次依靠丝绸之路向西开放，但此次向西开放，不仅是陆权时代向西开放的延续，也是全球化时代陆、空两极的向西开放。

其次，经过 2000 多年的历史演进，人类创造的科技和文化可以克服古代人类无法克服的沙漠交通与管理困境。在陆上丝绸之路沿线，有许多地点都与行程有关，比如三十里铺、二十里铺、十八里铺等等，这些地名实际反映了陆上丝绸之路的靠马、驼的行程里数和绿洲所在地，因为靠畜力驮物每天最多的行程就是 30 里左右，但如果行经到 30 里时没有绿洲的驿站补给就必须再向前走，或在不到 30 里时有绿洲驿站或车马店就不得不歇息下来。这就是为什么有这么多不同里数的地点的原因。但是在“一带一路”提出的 2013—2014 年，作为陆上丝绸之路的东方出发国，中国已经在陆地交通、海上航行、航空运输方面走在了世界的前面。比如，陆地交通不仅有乡道、县道、省道、国道，而且高速公路已经覆盖全国，以前靠马、驼每天最多行程 30 里路的历史早已一去不复返了；海上运输需要的各种型号的船舶应有尽有，与此同时，中国还具备了建造航空母舰、大型海上钻井平台、进行海洋探索的“蛟龙号”，为中国通过海洋与世界各国的联系奠定了良好的海上运输条件；在航空运输方面，实现了从进口到自我研发的转变，民用机、军用机型号多元且针对性强，国内国际航线遍及全球。因此，在陆上丝绸之路交通条件得到巨大飞跃的今天，“一带一路”的提出就是顺应历史发展的需要。这一倡议，就是在历史上的陆上和海上丝绸之路基础上，利用全球人类创造的交通成果，将世界连接在一起，互通有无，共同发展。

三、通过“一带一路”建设人类命运共同体

从人类发展历史来看，地球至今仍然是唯一适合人类生存的星球，因此我们不得不依靠地球资源分享好运，结成好运共同体；也不得不共同面对灾害与疾病，结成命运共同体。对地球上的人类来说，因为人类的足

迹首先遍及亚欧非，因此亚欧非被称为地球的老大陆。新航路发现的大陆称为新大陆。新大陆的发现是欧洲人对整个人类的贡献。因为从陆上丝绸之路开通前后的亚欧人类迁徙状况来说，先是不同人种的星星点点的文明散落在亚欧非的江河流域，随后逐渐发展成为文明古国，文明古国继续发展，对接在一起，陆上丝绸之路的贯通就是亚欧文明古国对接的结果。对接以后，从东向西、从北向南的人类迁徙就有了从气候到人文都适合人类迁徙的通道——陆上丝绸之路。具体来说，先是欧罗巴人种的人类在亚欧腹地创造了马拉战车和种植小麦，并不断地向东、南、西方向扩散，后有东方的蒙古人种不断地从东向西迁徙和因地球板块北移和气候寒冷而从北向南的人类迁徙，最终使得欧洲成为人满为患的区域，于是起源于地中海沿岸的欧洲人在长期与海洋打交道的基础上创造了技术先进的航船，最终将富余人口迁到美洲、大洋洲等新大陆，因此陆路和海路都成为人类不断增长的人口迁徙依靠的通道。近一个世纪以来，我们更多地使用速度更快的航空交通使我们人类更快地遍及地球上能够使人生存的区域。现在随着人类人口继续增长，人类中的先进国家正在探索宇宙间是否有与地球一样的星球，可以将拥挤的地球人口迁徙到这样的星球，但是我们还没有发现，因此地球就是我们人类从猿人开始到现在唯一能够生存的星球，我们自然就是一个命运共同体。包括陆上丝绸之路在内的陆上通道、围绕四大洋的航线、穿梭在空中的航线是我们人类命运共同体互通有无的大动脉。不同人种、不同民族通过这些大动脉相互汇聚、交流，互通思想与观念，不同职业群体的人通过这些大动脉寻找机会，如牧人从北向南经过陆上丝绸之路寻找高山牧场，农人则通过陆上丝绸之路将农田扩散到沙漠绿洲，商人就沿陆上丝绸之路将农牧人的商品互换，于是命运共同体就自然形成。海运兴起后，来自遥远的异国他乡的产品进一步丰富了人类的物质和精神生活，空运则进一步使人类利用到更多的自然资源为人类服务。因此，地球是我们结成命运共同体的载体。

与此同时，当天灾人祸降临时，我们人类更需要结成患难与共的命运共同体。仅在 20 世纪前半期我们人类就在一战和二战中饱受了人类自相残杀的恶果。如，一战期间，协约国总士兵阵亡：5497600 人；同盟国总士兵阵亡：3382500 人；交战双方受伤总数：约 1000 万人；平民死亡总数：6493000 人。[①] 二战期间，全世界一共约 7000 万人死亡，全世界一共约 1.3 亿人受伤。[②] 而人类历史上各个国家内部的分裂、统一和国家之间因土地、民族、宗教等导致的战争和冲突更是不计其数。除此之外，我们也在与人类紧紧相伴的疾病中不得不结成命运共同体，如黑死病、天花、麻疹、埃博拉、疯牛病、流感、艾滋病、"非典"、新冠肺炎，这些传染性疾病也因我们是一类物种而在人之间传染。因此我们人类依靠地球丰富的资源而结成共同消费的好运共同体，同时我们也因天灾人祸而结成患难与共的命运共同体，只有这样，我们才能好坏共担、生死相依，即人类命运共同体。

---

① 百度百科：《第一次世界大战》，2020 年 2 月 9 日，见 https：//baike.baidu.com/item/ 第一次世界大战 /68516？fr=kg_qa。

② 百度百科：《第一次世界大战》，2020 年 2 月 9 日，见 https：//baike.baidu.com/item/ 第一次世界大战 /68516？fr=kg_qa。

参 考 文 献

中文书籍：

1. 赵鸿藻、丑万涛主编：《合水史话》，甘肃文化出版社 2005 年版。

2.（汉）司马迁：《史记》，中华书局 1959 年版。

3.（晋）陈寿：《三国志》，中华书局 1959 年版。

4.（唐）令狐德棻等：《周书》，《异域列传下》，中华书局 1959 年版。

5. 甘肃省社会科学学会联合会、甘肃省图书馆合编：《丝绸之路文献叙录》，兰州大学出版社 1989 年版。

6. 汪灏等编：《广群芳谱》卷一二，康熙四十七年内府刻本。

7. [伊朗] 志费尼：《世界征服者史》上册，何高济译，翁独健校，内蒙古人民出版社 1980 年版。

8. 李志常：《长春真人西游记》，商务印书馆 1937 年版。

9. 邢广程主编：《边疆蓝皮书：中国边疆发展报告（2019）》，社会科学文献出版社 2019 年版。

10. [法] 勒内·格鲁塞：《草原帝国》，蓝琪译，项英杰校，商务印书馆 1998 年版。

11. 雷海宗：《伯伦史学集》，中华书局 2002 年版。

12. [日] 江上波夫：《骑马民族国家》，张丞志译，光明日报出版社 1988 年版。

13. [希] 希罗多德：《历史》卷五，王以铸译，商务印书馆 2007 年版。

14. [苏] 波德纳尔斯基：《古代的地理学》，梁昭锡译，商务印书馆 1986 年版。

15. [俄] 阿尔茨霍夫斯基：《考古学通论》，楼宇栋译，科学出版社 1956 年版。

16. 盖山林：《劓面石刻与古代游牧民族劓面古俗的东传》，《宁夏国际岩画研讨会文集》，宁夏人民出版社 2001 年版。

17. 张学文、张家宝：《新疆气象手册》，气象出版社 2006 年版。

18. 汤惠生：《经历原始青藏高原地区文物调查随笔》，广西人民出版社 2004 年版。

19. (唐) 杜佑：《通典》卷第一百九十七，《突厥上》，中华书局 1988 年版。

20. 唐嘉弘：《春秋时代的戎狄夷蛮》，《先秦史研究》，云南民族出版社 1987 年版。

21. (宋) 范晔：《后汉书》，中华书局 1965 年版。

22. 蒙文通：《周秦少数民族研究》，龙门联合书局 1955 年版。

23. (汉) 班固：《汉书》，中华书局 1962 年版。

24. 杜正胜：《西周封建的特质——兼论夏政商政与戎索周索》，《中国上古史论文选集》，华夏出版社 1979 年版。

25. 拉铁摩尔：《中国的亚洲内陆边疆》，唐晓峰译，江苏人民出版社 2005 年版。

26. 马长寿：《北狄与匈奴》，生活·读书·新知三联书店 1962 年版。

27. 蒙文通：《周秦少数民族研究》，龙门联合书局 1958 年版。

28. 童书业：《春秋左传研究》，上海人民出版社 1980 年版。

29. 段连勤：《北狄族与中山国》，河北人民出版社 1982 年版。

30. 杨国勇：《两周时代山西境内的戎狄》，《山西地方史论坛》，山西人民出版社 1985 年版。

31. 何光岳：《北狄源流史》，江西教育出版社 2000 年版。

32. 许慎：《说文解字》，中华书局 1963 年版。

33. 章炳麟：《章太炎全集》（三），上海人民出版社 1984 年版。

34. 吕思勉：《古史辩》（七），上海古籍出版社 1941 年版。

35. 田昌五：《古代社会形态研究》，天津人民出版社 1980 年版。

36. 杨宽：《周史》，上海人民出版社 1999 年版。

37. 韩康信等：《中国西北地区古代居民种族研究》，复旦大学出版社 2005 年版。

38. 顾陈高：《春秋大事表》，光绪十四年本。

39. 蒲朝跋：《月氏文化：中国北方民族文化史》，黑龙江人民出版社 1993 年版。

40. 杨建新：《中国西北少数民族史》，民族出版社 2003 年版。

41. 王钟翰：《中国民族史》，中国社会科学出版社 2001 年版。

42. 谭其骧：《长水集·西汉地理杂考》，人民出版社 1987 年版。

43. 李亚农：《西周与东周》，上海人民出版社 1956 年版。

44. 郭沫若：《中国史稿》，人民出版社 1962 年版。

45. 张澍：《凉州府志备考》（上册），三秦出版社 1988 年版。

46. 吴廷桢、郭厚安主编：《河西开发史研究》，甘肃教育出版社 1996 年版。

47. 张澍：《凉州府志备考》（上册），三秦出版社 1988 年版。

48. 孟凡人：《楼兰新史》，光明日报出版社 1990 年版。

中文论文：

1. 文静：《漫话"黄河古象"》，《丝绸之路》2001 年第 5 期。

2. 徐江伟：《"血色曙光——华夏文明与汉字的起源"之一 华夏文明生成的人文地理环境探析》，《社会科学论坛》2012 年第 1 期。

3. 梁继涛、张德宝、薄志宏：《华夏古陆考异》，《中国地质科学院南京地质矿产研究所所刊》1991 年第 2 期。

4. 薛宗正：《黠戛斯的崛兴》，《民族研究》1996 年第 1 期。

5. 卡哈尔曼穆汗：《塞、匈奴、月氏、铁勒四部名称考》，《西域研究》2000 年第 4 期。

6. 杨巨平：《希腊化文明的形成、影响与古代诸文明的交叉渗透》，《陕西师范大学学报》1998 年第 3 期。

7. 刘欣如：《从雅利安人到欧亚游牧民族：探索印欧语系的起源》，《历史研究》2011 年第 6 期。

8. 胡果文：《碰撞与迁徙：公元前九至前七世纪欧亚草原上的历史场景》，《华东师范大学学报》2000 年第 5 期。

9. 吴新智、崔娅铭：《过去十万年里的四种人及其间的关系》，《科学通报》2016 年第 24 期。

10. 奇云、李大可：《丹尼索瓦人基因组——2012 年生命科学研究的六大突破之一》，《生命世界》2013 年第 5 期。

11. 华大基因：《藏族人高原适应能力或源于已灭绝的丹尼索瓦人》，《青海科技》2015 年第 5 期。

12. 付巧妹：《阿尔泰尼安德特人含有早期现代人类基因》，《化石》2016 年第 2 期。

13. 孟群：《古丝绸之路的兴衰》，《中国投资》2014 年第 9 期。

14. 唐启翠：《"玉石之路"研究回顾与展望》，《上海交通大学学报》2013 年第 6 期。

15. 谷苞：《论西汉政府设置河西四郡的历史意义》，《新疆社会科学》1984 年第 4 期。

16. 贾应逸：《汉代西域都护府的由来——兼谈郑吉的历史功绩》，《新疆大学学报》1977 年第 4 期。

17. 周振鹤：《西汉西域都护所辖诸国考》，《新疆大学学报》1985 年第 2 期。

18. 柳洪亮：《安西都护府西州境内时期的都护及年代考》，《新疆社会科学》1986 年第 2 期。

19. 李明伟：《安西大都护府的伟大功绩和突厥对丝绸之路的贡献》，《西北民族研究》2001 年第 3 期。

20. 邝晔：《元代色目人对中国经济和文化的贡献》，《史学月刊》1958 年第 9 期。

21. 赵俪生：《明朝的西域关系》，《东岳论丛》1980 年第 1 期。

22. 齐清顺：《西域、新疆与新疆省》，《西北史地》1981 年第 3 期。

23. 耿世民：《新疆古代语文的发现和研究》，《新疆大学学报》1979 年第 3 期。

24. 王斐烈：《论吐火罗语》，《学术界》1944 年第 5 期。

25. 黄盛璋：《和田塞语七件文书考释》，《新疆社会科学》1983 年第 3 期。

26. [法] 列维：《所谓乙种吐火罗语即龟兹国语考》，冯承钧译，《师大学术季刊》1930 年第 4 期。

27. 王冀青：《斯坦因所获粟特文〈二号信札〉译注》，《西北史地》1988 年第 1 期。

28. 陈宗振：《突厥文及其文献》，《中国史研究动态》1981 年第 11 期。

29. 陈庆英、端智嘉：《一份敦煌吐蕃驿递文书》，《社会科学》（甘肃）1981 年第 3 期。

30. [英] 唐·丹·莱斯利：《阿拉伯和波斯文献中有关中国的史料》，陈海龙译，《中国史研究动态》1984 年第 4 期。

31. 贾应逸：《丝绸之路初探》，《新疆大学学报》1980 年第 4 期。

32. 郭卫东：《丝绸、茶叶、棉花：中国外贸商品的历史性易代》，《北京大学学报》2014 年第 4 期。

33. 张得祖：《古玉石之路与丝绸之路青海道》，《青海师范大学学报》2008 年第 5 期。

34. 齐陈骏：《丝路考察纪略》，《兰州大学学报》1982 年第 4 期。

35. 高建新：《"丝绸之路"开拓"胡文化"的输入》，《阴山学刊》2013 年第 6 期。

36. 张来仪：《蒙古帝国与丝绸之路的复兴》，《甘肃社会科学》1991 年第 6 期。

37. 裴文中：《史前时期之东西交通》，《边政公论》1948 年第 7 卷第 4 辑。

38. 唐启翠：《"玉石之路"研究回顾与展望》，《上海交通大学学报》2013 年第 6 期。

39. 干福熹：《玻璃和玉石之路——兼论先秦硅酸盐质文物的中外文化和技术交流》，《广西民族大学学报》（自然科学版）2009 年第 4 期。

40. 孙培良：《丝绸之路概述》，《陕西师范大学学报》1978 年第 3 期。

41. 昆都：《丝绸之路的连通和地区运输走廊》，《俄罗斯研究》2013 年第 6 期。

42. 姚建华、郎一环、沈镭：《古丝绸之路与新亚欧大陆桥——河西走廊经济发展思考》，《干旱区地理》1996 年第 1 期。

43. 赵华胜：《美国新丝绸之路战略探析》，《新疆师范大学学报》2012 年第 6 期。

44. 张瑞莲：《飞越草原的格里芬》，《中国艺术》2017 年第 8 期。

45. 张龙海：《欧亚草原斯基泰时代铜镜初论》，《温州大学学报》2018 年第 4 期。

46. 沈爱风：《"斯基泰三要素"探源——上古亚欧草原艺术述略之一》，《苏州工艺美术职业技术学院学报》2009 年第 3 期。

47. 乌恩：《欧亚大陆草原早期游牧文化的几点思考》，《考古学报》2002 年第 4 期。

48. 赤新：《斯基泰等文化对鄂尔多斯青铜器鸟（首）纹饰影响浅析》，《艺术探索》2009 年第 2 期。

49. [美] 乐仲迪：《阿兰游牧部落印章上的牡鹿纹》，娜达罕译，毛铭校，《内蒙古大学艺术学院学报》2017 年第 2 期。

50. 孙永刚：《剺面习俗小议》，《赤峰学院学报》2009 年第 12 期。

51. 李建华：《关于斯基泰历史研究的几个问题》，硕士学位论文，广西师范大学历史文化与旅游学院，2008 年。

52. 刘雪飞：《斯基泰人与希腊罗马世界的关系》，硕士学位论文，华东师范大学人文学院历史学系，2007 年。

53. 侯存治、于鹏飞摘译：《古代斯基泰人》，《民族译丛》1983 年第 3 期。

54. 刘雪飞、刘啸：《"游牧"与"Nomades"关系辨识》，《经济社会史评论》2017 年第 4 期。

55. 王三三：《古典时期"斯基泰人"概念的历史衍化》，《北方民族大学学报》2012 年第 5 期。

56. 彭树智：《一个游牧民族的兴亡——古代塞人在中亚和南亚的历史交往》，《西北大学学报》1994 年第 1 期。

57. 王欣：《从巴克特里亚到吐火罗斯坦——阿富汗东北部地区古代民族的变迁》，《世界民族》2006 年第 4 期。

58. 张志尧：《略论我国阿尔泰、天山北部与东部的塞人——匈奴文化》，《中央民族学院学报》1988 年第 6 期。

59. 赵明海：《"塞种"概念辨析》，《黑龙江史志》2011 年第 10 期。

60. 徐艳芹：《从新近的考古发现看斯基泰人在中西交流中的作用和地位》，《平顶山学院学报》2015 年第 6 期。

61. 张学文、张家宝：《新疆气象手册》，气象出版社 2006 年版。

62. 王炳华：《古代新疆塞人历史钩沉》，《新疆社会科学》1985 年第 1 期。

63. 那顺布和：《论斯基泰赘面习俗的东传及其意义》，《北方文物》1992 年第 1 期。

64. 刘珂，蔡郎与：《试论"塞人"黄金工艺入滇》，《中华文化论坛》2016 年第 9 期。

65. 杜平、孙家煌：《古代欧亚大陆游牧民族社会组织与制度同象论》，《西北史地》1999 年第 2 期。

66. 游学华：《陕西蓝田人研究综述》，《历史教学》1980 年第 8 期。

67. 牟昀智、杨子赓：《北京猿人生活时期的地层与古气候演变》，《兰州大学学报》1982 年第 3 期。

68. 周义华：《北京猿人和丁村人的氨基酸年龄测定》，《人类学学报》1989 年第 2 期。

69. 原思训、陈铁梅、高世君：《用铀子系法测定河套人和萨拉乌苏文化的年代》，《人类学学报》1983 年第 1 期。

70. 李国桢：《关中的远古农业博物馆——长安半坡的仰韶文化遗址》，《陕西农业科学》1957 年第 2 期。

71. 李维明：《试析三星堆遗址》，《四川文物》2003 年第 5 期。

72. 石兴邦：《有关马家窑文化的一些问题》，《考古》1962 年第 6 期。

73. 俞伟超：《关于"卡约文化"的新知识》，《青海考古学会会刊》1981 年第 3 期。

74. 竺可桢：《中国近五千年来气候变迁的初步研究》，《中国科学》1973 年第 2 期。

75. 周书灿：《戎夏一源说续》，《中州学刊》2011 年第 5 期。

76. 张晟：《羌戎说》，《青海民族学院学报》2000 年第 4 期。

77. 李范文：《先秦羌戎融华考》，《宁夏社会科学》1992 年第 2 期。

78. 唐嘉弘：《春秋时代的戎狄夷蛮》，《先秦史研究》，云南民族出版社 1987 年版。

79. 苗威：《山戎、东胡考辨》，《中国边疆史地研究》2008 年第 4 期。

80. 雷紫翰、姚磊：《近百年戎族特征及称谓研究综论》，《史学月刊》2014 年第 8 期。

81. 张得祖：《昆仑神话与羌戎文化琐谈》，《青海民族学院学报》1995 年第 2 期。

82. 魏文成：《红山文化为山戎〔SARUUL〕即蒙古上古文明》，第十四届人类学高级论坛人类学与山地文明会议论文，2015 年。

83. 李绍明：《关于羌族古代史的几个问题》，《历史研究》1963 年第 5 期。

84. 史文：《古羌人的起源及其迁徙》，《民族论坛》1987 年第 2 期。

85. 沈长文：《长狄新考》，"庆祝先秦史学会成立二十周年暨王玉哲教授九十华诞学术研讨会"论文汇编，2001 年。

86. 陈玉珍：《由姓氏看北狄的来源》，《黑龙江史志》2010 年第 9 期。

87. 叶林生：《禹的真相及夏人族源》，《苏州大学学报》1997 年第 4 期。

88. 杨铭：《汉魏时期氐族的分布、迁徙及其社会状况》，《民族研究》1991 年第 2 期。

89. 李成：《渭水流域仰韶文化灶址的初步研究》，《考古与文物》2011 年第 2 期。

90. 齐国琴、林钟雨、安家援：《大地湾遗址动物遗存鉴定报告》，见《秦安大地湾——新石器遗址发掘报告》，文物出版社 2006 年版。

91. 张忠培：《渭河流域在中国文明形成与发展中的地位》，《考古学研究》2014 年第 2 期。

92. 马兴:《春秋时期山西境内的北狄》,《河北师范大学学报》2004 年第 4 期。

93. 张建昌:《氐族的兴衰及其活动范围》,《兰州大学学报》1982 年第 4 期。

94. 胡小鹏:《仇池氐族杨氏政权浅探》,《西北师范大学学报》1987 年第 3 期。

95. 袁琳蓉:《百年来羌族宗教研究的回顾与反思》,《民族学刊》2014 年第 3 期。

96. 徐中舒:《中国古代的父系家庭及其亲属称谓》,《四川大学学报》(哲学社会科学版)1980 年第 1 期。

97. 吴新智、崔娅铭:《过去十万年里的四种人及其间的关系》,《科学通报》2016 年第 24 期。

98. 杨建军:《羌族起源神话》,《西北民族研究》2003 年第 4 期。

99. 钱安靖:《论羌族原始宗教》,《社会科学研究》1990 年第 5 期。

100. 邓宏烈:《国内外羌族宗教文化研究评述》,《中央民族大学学报》2010 年第 1 期。

101. 胡鉴明:《羌族之信仰与习为》,《金陵大学金陵学报·边疆研究论丛》1941 年第 10 期。

102. 苏北海:《两汉在西域昆仑山、喀喇昆仑山及帕米尔高原的统治疆域》,《新疆师范大学学报》1982 年第 1 期。

103. 王力:《东汉时期羌族内迁探析》,《中国边疆史地研究》2007 年第 3 期。

104. 刘宁:《新疆地区古代居民的人种结构研究——以楼兰、乌孙、车师、回鹘为例》,博士学位论文,吉林大学考古学及博物馆学,2010 年。

105. 钱伯泉:《乌孙和月氏在河西的故地及其西迁的经过》,《敦煌研究》1994 年第 4 期。

106. 孟凡人:《乌孙的活动地域和赤谷城的方位》,《西北师范大学学报》1978 年第 1 期。

107. 刘国防:《汉代乌孙赤谷城地望蠡测》,《中国边疆史地研究》2016 年第 1 期。

108. 龚骏:《月氏与乌孙的西迁过程考》,《新中华》1944 年第 9 期。

109. 郝树声:《论月氏在河西的几个问题》,《甘肃社会科学》1994 年第 6 期。

110. 韩建业：《新疆的青铜时代和早期铁器文化时代》，文物出版社 2007年版。

111. 林梅村：《吐火罗人与龙部落》，《西域研究》1997 年第 1 期。

112. 林梅村：《大月氏人的原始故乡——兼论西域三十六国之起源》，《西域研究》2013 年第 2 期。

113. 林梅村：《吐火罗人与龙部落》，《西域研究》1997 年第 1 期。

114. 黄靖：《大月氏的西迁及其影响》，《新疆社会科学》1985 年第 2 期。

115. 任萌：《公元前一千纪东天山地区考古学文化遗存研究》，博士学位论文，西北大学考古学系，2012 年。

116. 戴春阳：《月氏文化族源、族属刍议》，《西北史地》1991 年第 1 期。

117. 赵建龙：《关于月氏族文化的初探》，《西北史地》1992 年第 1 期。

118. 李芳：《建国以来月氏、乌孙研究综述》，《西域研究》2010 年第 3 期。

119. 侯丕勋：《"祁连小月氏"族源新探》，《青海民族研究》2001 年第 4 期。

120. 周一良：《北朝的民族问题与民族政策》，《燕京学报》1950 年第 39 期。

121. 苏北海：《大月氏的西迁及其活动》，《新疆大学学报》1989 年第 2 期。

122. 王丹：《贵霜帝国和贵霜钱币》，《中国钱币》1998 年第 1 期。

123. 梁景之：《胜兵解析》，《青海师范学院学报》1987 年第 2 期。

124. 张全超、朱泓：《关于匈奴人种问题的几点认识》，《中央民族大学学报》2006 年第 6 期。

125. 林干：《国学者研究匈人和匈奴述评》（下），《内蒙古社会科学》1990 年第 1 期。

126. 乌恩：《论匈奴考古研究中的几个问题》，《考古学报》1990 年第 4 期。

127. 白莉：《北匈奴西迁至中亚及继续西迁之原因》，《和田师范专科学校学报》2007 年第 5 期。

128. 王兴锋：《百年来匈奴族历史地理研究综述》，《唐都学刊》2016 年第 5 期。

129. 李吉和：《匈奴的内徙及其影响》，《内蒙古社会科学》2004 年第 1 期。

130. 邹君孟：《华夏族起源考论》，《华南师范大学学报》1985 年第 1 期。

131. 霍彦儒：《"炎黄子孙"称谓的历史演变及其意义》，《协商论坛》2008 年第 4 期。

132. 张正明：《先秦的民族结构、民族关系和民族思想》，《民族研究》1983年第 5 期。

133. 尚新丽：《西汉人口数量变化考论》，《郑州大学学报》2003 年第 3 期。

134. 李旭东：《古今"安西"、"疏勒"地名起源考——兼论西域"安西"、"疏勒"是怎样移居河西走廊的》，《阳关》1998 年第 2 期。

135. 张学玲：《汉唐时期河西走廊经济变化与城镇发展间的互动》，《北方民族大学学报》2013 年第 4 期。

136. 李并成：《汉唐时期河西走廊的水利建设》，《西北师范大学学报》1991年第 2 期。

137. 齐作锋：《武威历史上的民族变迁与融合》，《发展》2013 年第 6 期。

138. 叶永新：《汉与匈奴第一次、第二次和亲考略》，《中国边疆史地研究》1998 年第 4 期。

139. 王庆宪：《匈奴地区的中原人口及汉匈关系》，《中央民族大学学报》2006年第 6 期。

140. 王庆宪：《从两汉简牍看匈奴与中原之间的经济文化交流》，《中央民族大学学报》2004 年第 3 期。

141. 张晓晓、张钰、徐浩杰、朱佳君：《河西走廊三大内陆河流域出山径流变化特征及其影响因素分析》，《干旱区资源与环境》2014 年第 4 期。

142. 竺可桢：《中国近五千年来气候变迁的初步研究》，《中国科学》1973 年第 2 期。

143. 高玉山、桑琰云、徐刚、李月灵：《楼兰的兴衰与环境变迁、灾变》，《阜阳师范学院学报》2004 年第 3 期。

144. 张彦虎：《汉唐时期西域生态环境与屯垦开发研究》，《石河子大学学报》2012 年第 1 期。

145. 安旭强：《秦汉时期河西走廊农牧经济结构变迁述略》，《宜宾学院学报》2009 年第 10 期。

146. 韩康信：《新疆哈密焉不拉克古墓人骨种系成分研究》，《考古学报》1990

年第 3 期。

147. 韩康信、左崇新:《新疆洛浦桑普拉古代丛墓葬头骨的研究与复原》,《考古与文物》1987 年第 5 期。

148. 韩康信:《疆孔雀河古墓沟墓地人骨研究》,《考古学报》1986 年第 3 期。

149. 韩康信:《新疆洛浦山普拉古墓人骨的种系问题》,《人类学学报》1988 年第 3 期。

150. 韩康信:《新疆古代居民的种族人类学研究和维吾尔族的体质特点》,《西域研究》1991 年第 2 期。

151. 韩康信:《新疆古代居民种族人类学的初步研究》,《新疆社会科学》1985 年第 6 期。

152. 韩康信:《塞、乌孙、匈奴、突厥之种族人类学特征》,《西域研究》1992 年第 2 期。

153. 李绍明:《西羌》,《文史知识》1984 年第 6 期。

154. 马利清:《关于匈奴人种的考古学和人类学研究》,《中央民族大学学报》2007 年第 4 期。

155. 张得祖:《古玉石之路与丝绸之路青海道》,《青海师范大学学报》2008 年第 5 期。

156. 庄严:《"古玉石之路"的形成及其对中西文化交流的意义》,《兰台世界》2014 年第 3 期。

157. 干福熹:《玻璃和玉石之路——兼论先秦硅酸盐质文物的中外文化和技术交流》,《广西民族大学学报》(自然科学版) 2009 年第 4 期。

158. 唐启翠:《"玉石之路"研究回顾与展望》,《上海交通大学学报》2013 年第 6 期。

159. 张得祖:《古玉石之路与丝绸之路青海道》,《青海师范大学学报》2008 年第 5 期。

160. 周菁葆:《丝绸之路与汉代西域的毛纺织技术》,《浙江纺织服装职业技术学院学报》2012 年第 3 期。

161. 杨巨平:《希腊化文明的形成、影响与古代诸文明的交叉渗透》,《陕西师范大学学报》1998 年第 3 期。

162. 李普、钱方、马醒华、浦庆余、邢历生、鞠石强:《用古地磁方法对元谋人化石年代的初步研究》,《中国科学》1976 年第 6 期。

163. 游学华:《陕西蓝田人研究综述》,《历史教学》1980 年第 8 期。

164. 牟昀智、杨子赓:《北京猿人生活时期的地层与古气候演变》,《兰州大学学报》1982 年第 3 期。

165. 周义华:《北京猿人和丁村人的氨基酸年龄测定》,《人类学学报》1989 年第 2 期。

166. 原思训、陈铁梅、高世君:《用铀子系法测定河套人和萨拉乌苏文化的年代》,《人类学学报》1983 年第 1 期。

167. 李国桢:《关中的远古农业博物馆——长安半坡的仰韶文化遗址》,《陕西农业科学》1957 年第 2 期。

168. 李维明:《试析三星堆遗址》,《四川文物》2003 年第 5 期。

169. 石兴邦:《有关马家窑文化的一些问题》,《考古》1962 年第 6 期。

170. 徐黎丽:《道地带理论——中国边疆治理理论初探》,《思想战线》2017 年第 2 期。

171. 徐黎丽、唐淑娴:《论陆上丝绸之路对中国西北地区发展的影响》,《北方民族大学学报》2016 年第 1 期。

172. 李晓英、许丽:《楼兰城的兴衰与塔里木盆地环境演变之间的关系》,《干旱区资源与环境》2008 年第 8 期。

173. 薛宗正:《从疏勒到伽师祇离》,《新疆社会科学》2005 年第 2 期。

174. 江戍疆、李秀梅:《龟兹王都及汉唐都护府在龟兹考》,《喀什师范学院学报》1988 年第 5 期。

175. 肖小勇:《楼兰鄯善与周邻民族关系史述论》,《新疆社会科学》2008 年第 4 期。

176. 艾尼瓦尔·聂吉木:《干旱地区农业自然资源人口承载容量系统动力学研究——以新疆吐鲁番地区为例》,《干旱地区农业研究》2007 年第 3 期。

177. 谷苞:《论西汉政府设置河西四郡的历史意义》,《新疆社会科学》1984

年第 4 期。

178. 高维刚：《从汉简管窥河西西郡市场》，《四川大学学报》1994 年第 2 期。

179. 薛宗正：《从疏勒到伽师祇离》，《新疆社会科学》2005 年第 2 期。

180. 柳洪亮：《安西都护府治西州境内时期的都护及年代考》，《新疆社会科学》1986 年第 2 期。

181. 李并成：《东汉中期至宋朝初新旧玉门关并用考》，《西北师范大学学报》2003 年第 4 期。

182. 朱丽双：《唐代于阗的羁縻州与地理区划研究》，《中国史研究》2012 年第 2 期。

183. 米娜瓦尔·艾比布拉·努尔：《中国乌孜别克族》，宁夏人民出版社 2012 年版。

184. 房若愚：《新疆乌孜别克族经商传统与人口城市化》，《新疆社会科学》2005 年第 5 期。

185. 格·孟和：《论蒙古族草原生态文化观念》，《内蒙古社会科学》1996 年第 3 期。

186. 李维明：《试析三星堆遗址》，《四川文物》2003 年第 5 期。

187. 石兴邦：《有关马家窑文化的一些问题》，《考古》1962 年第 6 期。

188. 杨满仁：《论沈括的佛教思想及其创作》，《北方论丛》2010 年第 2 期。

189. 董恒宇：《内蒙古草原文化在中国和世界文化发展史中的地位和作用》，《内蒙古统战理论研究》2004 年第 5 期。

190. 呼拉尔顿泰·策·斯琴巴特尔：《蒙古高原游牧文化的特质及其成因》，《青海民族学院学报》2006 年第 3 期。

191. 乔根锁：《论藏传佛教哲学思想的基本内容和主要特点》，《中国藏学》1998 年第 1 期。

192. 曹诗图、黄昌富：《"地理环境决定论"新析》，《经济地理》1989 年第 3 期。

193. 杨建华、包曙光：《俄罗斯图瓦和阿尔泰地区的早期游牧文化》，《西域研究》2014 年第 2 期。

外文资料：

1. Robert Drews, *The Coming of the Greeks: Indo-European Conquests in the Aegean and the Near East*, Princeton: Princeton University Press, 1988.

2. David Anthony, *The Horse, The wheel, and Language: How Bronze-age Riders from theEurasion Stepes Shaped the Modern World*, Princeton: Priceton University Press, 2007, p.397.

3. Meyer M., Fu Q., Aximu-Petri A., et al., *A mitochondrial genome sequence of a hominin from Sima de los Huesos*, Nature, 2014.

4. Meyer M., Arsuaga J.L., de Filippo C., et al., *Nuclear DNA sequences from the Middle Pleistocene Sima de los Huesos hominins*, Nature, 2016.

5. Lahr M.M., Foley R.A., *Towards a theory of modern human origins: geography, demography, and diversity in recent human evolution*, American Journal of Physical Anthropology, 1998.

6. Lycett S.J., *Understanding ancient hominin dispersals using artefactual data: A Phylogeographic Analysis of Acheulean Handaxes*, PLOS One, 2009.

7. Oswald Szemerényi, *Four old Iranian ethnic names: Scythian; Skudra; Sogdian; Saka*, ŏsterreichische Akademie der Wisésenschaften, 1980.

8. Denis Sinor, *The Cambridge History of Early Inner Asia*, Cambridge: Cambridge University Press, 1990.

9. Strabo, Geography, *Loeb Classical Library*, MA: Harvard University Press, 1982.

10. Jacobson E., *The Art of the Scythians: the Interpenetration of Cultures at the Edge of the Hellenic World*, New York: Brill Press, 1995.

11. Herodotus, *The History, Loeb Classical Library, with an English Translation by A D Godley*, Harvard: Harvard University Press, 1999.

12. E. Marian Scott, Andrey Yu. A lekseev, and Ganna Zaitseva, *Impact of the Environment on Human M igration in Eurasia*, London: KluwerA cademic Press, 2004.

13. GR. Tsetskhladze，*Ancient Greeks West and East*，New York：Brill Press，2018.

14. Paul Lagasse，*The Colubia Encyclopedia*，New York：Columbia University Press，2000.

15. ［日］江上波夫：《骑马民族国家》，张丞志译，光明日报出版社 1988 年版。

16. Herodotus，*History*，*Loeb Classical Library*，London：William Heinemann，New York：G. P. Putnam's Sons Press，1926.

17. Library，*with an English Translation by Bernadotte Perrin*，Harvard：Harvard University Press，1996.

18. Guy Halsal，*Barbarian Migrationsand the Roman West*，Cambridge：Cambridge University Press，2007.

19. E. A. Thompson and Peter J.，*Heather*，*The Huns*，Wiley- Blackwel，1999.

20. 查士丁：《庞培·特罗古斯〈腓力史概要〉》，亚特兰大 1994 年版。

21. 普鲁塔克：《希腊罗马名人传》上卷，黄宏煦译，商务印书馆 1990 年版。

22. Justin. *Epitome of the Philippic History of Pompeius Trogus*，translated by J. C. Yardley；with introduction and explanatory notes by R. Develin，Scholars Press，1994.

23. Arthur Cotterell，*Chariot：Fron Chaiot to Tank*，*the Astounding Rise and Fall of the World's First War Machine*，Woodstock，New York：The Overlook Press，2005.

24. Esiod Homeric Hymns，*Epic Cycle*，*Homerica*，*Loeb Classical Library*，with an English Translation by Hugh G.Evelyn-White，Harvard：Harvard University Press，1998.

25. 顾立雅：《中国治国术的起源》，芝加哥大学 1970 年版。

26. Qin P.，Stoneking M.，*Denisovan ancestry in east Eurasian and native American populations*，Mol Biol Evol，2015.

27. Huerta-Sánchez E.，Jin X.，Asan，et al.，*Altitude adaptation in Tibetans caused by introgression of Denisovan-like DNA*，Nature，2014.

28. [日] 松田寿男：《古代天山历史地理学研究》，陈俊谋译，中央民族学院出版社 1987 年版。

29. [美] Craig. G.R. Benjamin，*The Yuezhi. Origin*，*Migration and the Conquest of Northern Bactria. Turnhout*，Belgium Brepols Publishers，28 Apr 2007；

30. [加拿大] 蒲立本：*Chinese and Indo-European*，journal of royal asiatic society，1966.

31. [日] 榎一雄：《小月氏与尉迟氏》（下），斯英琦、徐文堪译，《民族译丛》1980 年第 4 期。

32. [美] 克雷格·本雅明：《有大批的游牧武士正在逼近——征服希腊—巴克特里亚，世界史上的第一件大事》，孙岳译，《全球史评论》2012 年第 10 期。

33. W. P. Yetts，*Links Between Ancient China and the West*，Geographical Review，Vol. XV I，1926.

34. W. W. Tar n，*The Greeks in Bactria and India*，Cambridge：The Cambridge University Press，1951.

35. Josef Wiesehofer，*Ancient Pesia：From 550 BC to 650 AD*，London：I. B. Tauris Publishers，1996.

36. Frank L. Holt，*Alexander the Great and Bactria*，Leiden：E. J. Brill，1989.

37. Frank L. Holt，*Into the Land of Bones：Alexander the Great in Afghanistan*，Berkeley：Unive sity of California Press，2005.

38. W. W. Tarn，*The Greeks in Bactria and India*，Cambridge：The Cambridge University Press，1951.

39. M. Cary，*A History of the Greek World*，London：Methuen & Co. LTD，1959.

40. W. W. Tarn，*Hellenis tic Civilization*，London：Edward Arnold（Publishers）LTD，1952.

41. F. W. Walbank，*The Hellenistic World*，Glasgow：William Collins Sons & Co. Ltd.，1981.

网络资料：

1. 蒋波：《甘肃和政县出台化石占据 6 项世界之最》，2020 年 1 月 11 日，见 http：//www.people.com.cn/GB/wenhua/1088/2155322.html。

2. 百度百科：《和政县》，2020 年 1 月 11 日，见 https：//baike.baidu.com/item/%E5%92%8C%E6%94%BF%E5%8E%BF/4676587?fr=aladdin。

3. 百度百科数字博物馆：《和政古动物化石博物馆》，2020 年 1 月 11 日，见 https：//baike.baidu.com/item/%E5%92%8C%E6%94%BF%E5%8F%A4%E5%8A%A8%E7%89%A9%E5%8C%96%E7%9F%B3%E5%8D%9A%E7%89%A9%E9%A6%86/12646743?fr=aladdin。

4. 百度百科数字博物馆：《和政古动物化石博物馆》，2020 年 1 月 11 日，见 https：//baike.baidu.com/item/%E5%92%8C%E6%94%BF%E5%8F%A4%E5%8A%A8%E7%89%A9%E5%8C%96%E7%9F%B3%E5%8D%9A%E7%89%A9%E9%A6%86/12646743?fr=aladdin。

5. 搜狗百科：《三星堆遗址》，2020 年 2 月 21 日，见 https：//baike.sogou.com/v10407.htm?fromTitle=%E4%B8%89%E6%98%9F%E5%A0%86%E9%81%97%E5%9D%80。

6. 搜狗百科：《新亚欧大陆桥》，2020 年 1 月 21 日，见 https：//baike.sogou.com/v691318.htm?fromTitle=%E6%96%B0%E4%BA%9A%E6%AC%A7%E5%A4%A7%E9%99%86%E6%A1%A5。

7. 人民网：《正确认识"一带一路"》，2018 年 2 月 26 日。

8. 搜狗百科：《六大经济走廊》，2020 年 2 月 21 日，见 https：//baike.sogou.com/v140940133.htm?fromTitle=%E5%85%AD%E5%A4%A7%E7%BB%8F%E6%B5%8E%E8%B5%B0%E5%BB%8A。

9. 搜狗百科：《洋海古墓群》，2020 年 2 月 4 日，见 15https：//baike.sogou.com/v10215078.htm?fromTitle=%E6%B4%8B%E6%B5%B7%E5%8F%A4%E5%A2%93%E7%BE%A4。

10. 中央电视台探索与发现频道：《洋海古墓——永恒的守望》，2020 年 2 月 15 日，见 http：//tv.cntv.cn/video/C14092/53c7022fe43e4d831b5273869a132a4c。

11. 百度百科：《中国地形图》，2016 年 6 月 14 日，见 http：//baike.sogou.com/v83290750.htm?fromTitle。

12. 百度百科：《六盘山脉》，2016 年 6 月 14 日，见 http：//baike.sogou.com/v75562.htm。

13. 百科：《狄姓》，词条解释，2016 年 8 月 23 日，见 http：//baike.so.com/doc/6043617-6256631.html#6043617-6256631-4。

14. 百科：《狄道》，词条解释，2016 年 8 月 23 日，见 http：//baike.so.com/doc/6044658-6257673.html。

15. 百度百科：《大通河（黄河支流湟水的支流（青海）》，2020 年 2 月 2 日，见 https：//baike.baidu.com/item/ 大通河 /6357082?fr=aladdin。

16. 百度百科：《湟水（黄河上游重要支流）》，2020 年 2 月 2 日，见 https：//baike.baidu.com/item/ 湟水 /2624680?fr=aladdin。

17. 2019 年度世界十大考古新发现（美国考古学会评选），2020 年 2 月 24 日，https：//mp.weixin.qq.com/s?src=11&timestamp=1582503119&ver=2177&signature=h87eUNbkL6-wWdCOYC5PgkNQnec909lFBl2a7FNOEP3X5UeVVadbSQ*6TX*wDhEx-wfGpEXnpYt*lrDeXMqy*vIdAdeHxNL8JrLU2Y2-QzNr0gwV1wg5irhjCsbWEHi4&new=1。

18. 百度百科：《山普拉古墓》，2016 年 1 月 19 日，见 http：//baike.baidu.com/link?url=uskajUcY4vU5k-FocQ6s5flmrsct4fPPKRiKLqXmv5U5A_vW3Qq5LUJPgjHHXaWZIm4ZJvmIWR6XHOvEx8W1NK。

19. 百度百科：《扎滚鲁克古墓群》，2016 年 1 月 15 日，见 http：//baike.baidu.com/view/1064353.htm。

20. 中央电视台探索与发现频道：《洋海古墓——永恒的守望》，2020 年 2 月 15 日，见 http：//tv.cntv.cn/video/C14092/53c7022fe43e4d831b5273869a132a4c。

21. 百度百科：《哈密五堡墓地》，2016 年 1 月 15 日，见 http：//baike.baidu.com/view/6323086.htm。

22. 百度百科：《五堡古墓群》，2015 年 1 月 19 日，见 http：//baike.baidu.com/view/509721.htm。

23. 百度百科：《阿拉沟金饰》，2016 年 1 月 19 日，见 http：//baike.baidu.com/view/87337.htm。

24. 百度百科：《青藏高原》，2011 年 5 月 15 日，见 http：//baike.baidu.com/view/4979.htm。

25. 百度百科：《第一次世界大战》，2020 年 2 月 9 日，见 https：//baike.baidu.com/item/ 第一次世界大战 /68516?fr=kg_qa。

后　记

　　本书需要感谢田俊迁老师、陈逸超同学、季文倩同学在戎、狄、月氏、斯基泰人等四个民族写作过程中给予大力支持。本书第四章第二节戎的迁徙与活动、第五章第二节狄的迁徙的初稿由田俊迁老师执笔；第七章月氏一、二、三、四节初稿由陈逸超同学完成；第三章第二节斯基泰人中有关向黑海北岸迁徙的部分资料由季文倩同学查阅；第十章第二节的内容初稿由许浩东同学完成。

　　本书其余所有章节初稿、修改、校对及注释核对由徐黎丽完成。

　　本书聚焦于公元前9000至公元202汉匈灭亡期间在陆上草原丝绸之路与绿洲丝绸之路之间的民族迁徙与交融。这种迁徙与交融，分两种形式：第一种是因板块北移、气候寒冷而造成的草原丝绸之路地带民族向南迁徙从而引起的民族交融。但向南迁徙的路线亚欧因大陆中间的青藏高原隆起，所以向南迁徙一般都是从草原丝绸之路来到绿洲丝绸之路后，要么沿青藏高原东部的藏彝走廊（茶马古道）向南迁徙，要么沿青藏高原西侧的帕米尔高原西侧向南迁徙，直达印度西北部。后来者没有更好的区域可以迁徙时，就只得向青藏高原深处进发，如蒙古人。除了板块和气候因素外，草原民族熟悉的游牧生计方式也在他们各自迁徙过程中起了很重要的作用。从他们向南迁徙的区域来看，一般都是寻找可以游牧的牧场，只有在求之不得的情况下，才会从事他们不熟悉的河谷农业，从而融入当地民族当中。继续从事游牧的民族，也与迁入地的不同民族相互交流和影响，从而从物品、婚姻到观念都有融合的表现。他们迁徙过程中形成的南北的道路就与东西向的草原和绿洲丝绸之路形成了纵横交错的道路网。第二种就是继续沿草原丝绸之路和绿洲丝绸之路自东向西或从西向东的迁徙与融合。由于来自草原的畜牧产品和来自农田的农产品沿草原和绿洲丝绸之路驿站、集市交换和买卖，于是在驿站和集市的基础上就逐渐形成了镇和城。住在村里的农民和"逐水草而迁徙"的牧民与住在城和镇上的商人在集市中形成了各取所需、相互影响的从生产到生活的关系。以上两种迁徙与融合有一个共同点：由于在草原丝绸之路活动的游牧人是长期与寒冷气候相适应而形成的欧罗巴人种，而绿洲丝绸之路东段因地处中温带而以蒙古人种为多，于是草原与绿洲丝绸之路南北之间的迁徙与融合就成为人种与民族的双重融合。汉匈以后，随着沿草原与绿洲丝绸之路东西南北之间的迁徙与融合的速度因交通技术不断改进而加速，就为亚欧之间更加深入地交往交流交融奠定了从交通到人本的基础，也为今天中华民族共同体和亚欧人类命运共同体的构建奠定了人类的基础。

　　本书中的一些论点仍因地理、考古和体质人类学资料的缺乏而存在主观判断的成分，期许专家学者批评指正。

责任编辑:宫　共
封面设计:源　源

图书在版编目(CIP)数据

贯通草原和绿洲丝路的古代民族/徐黎丽 著. —北京:人民出版社,2020.6
ISBN 978-7-01-022091-8

Ⅰ.①贯…　Ⅱ.①徐…　Ⅲ.①古代民族-民族历史-研究-亚洲②古代
民族-民族历史-研究-欧洲　Ⅳ.①K308②K508

中国版本图书馆 CIP 数据核字(2020)第 074985 号

贯通草原和绿洲丝路的古代民族
GUANTONG CAOYUAN HE LÜZHOU SILU DE GUDAI MINZU

徐黎丽　著

人民出版社 出版发行
(100706　北京市东城区隆福寺街 99 号)

北京佳未印刷科技有限公司印刷　新华书店经销

2020 年 6 月第 1 版　2020 年 6 月北京第 1 次印刷
开本:710 毫米×1000 毫米 1/16　印张:16.75　字数:247 千字

ISBN 978-7-01-022091-8　定价:46.00 元

邮购地址 100706　北京市东城区隆福寺街 99 号
人民东方图书销售中心　电话 (010)65250042　65289539